역발상 트렌드 2023

역발상 트렌드 2023

초판 1쇄 발행 2023년 3월 6일

지은이 민병운, 정휘관, 진대연
발행인 박윤우
편집 김송은, 김유진, 성한경, 장미숙
마케팅 박서연, 이건희, 이영섭
디자인 서혜진, 이세연
저작권 백은영, 유은지
경영지원 이지영, 주진호
발행처 부키(주)
출판신고 2012년 9월 27일
주소 서울 서대문구 신촌로3길 15 산성빌딩 5-6층
전화 02-325-0846 | **팩스** 02-3141-4066
이메일 webmaster@bookie.co.kr
ISBN 978-89-6051-972-5 13320

만든 사람들
편집 김송은 | **디자인** 이세연

역발상 트렌드 2023

메가 트렌드를 뒤집는 역발상 전략 15

민병운 · 정휘관 · 진대연 지음
서강 트렌드 사이언스 센터 감수

REVERSE

TREND

부·키

지은이

민병운

서강대학교에서 신문방송학을 전공했고, 연세대학교 경영전문대학원에서 경영학 석사학위, 서강대학교 신문방송학과에서 광고학 박사학위를 받았다. 삼성전자 본사 인사팀, 에프오티 공동창업자 겸 COO를 거쳐 현재 테미스코프 리서치 앤 컨설팅 CEO와 서강 트렌드 사이언스 센터 부센터장을 맡고 있으며, 서강대학교 지식융합미디어대학 겸임교수로 재직 중이다. 그동안 삼성전자, 신세계백화점, SSG닷컴, 스타필드, 신세계까사, 한화호텔&리조트, 코오롱, 카카오, SM엔터테인먼트 등 주요 대기업과 한국 및 실리콘밸리 스타트업의 마케팅 컨설팅과 자문을 진행했으며, 현대경제연구원, IBK 경제연구소, 한국경제, 퍼블리 등에 마케팅과 트렌드 칼럼을 기고했다. 저서로는《코로나 시대의 역발상 트렌드》《코로나19 이후 지속 가능한 소비와 광고》《리:티핑 포인트》등이 있다. 여러 연구 성과와 저서들을 바탕으로 서강언론학회 신진연구자상과 서강학술상, 연세 MBA 학술연구 대상을 수상했다.
Instagram: @reverse_insight | LinkedIn: @byungwoonmin

정휘관

한국외국어대학교에서 문학사, 서강대학교에서 문학석사를 받았고, 서강대학교 신문방송학과에서 박사과정을 수료했다. 중앙자살예방센터 미디어홍보팀장으로 자살 예방 캠페인과 공익광고 등을 담당했으며, 식품의약품안전처에서 안전 정책 홍보 담당을 거쳐 대한민국시장군수구청장협의회 소통지원팀장으로 시군구 중심의 정책 홍보 및 캠페인 등을 진행했다. 그 성과를 인정받아 식품의약품안전처장상, 행정안전부장관상을 수상했다. 현재는 헬스커뮤니케이션 전문 회사인 하우즈커뮤니케이션앤컨설팅 이사와 서강헬스커뮤니케이션센터 선임연구원으로서 보건복지부, 질병관리청, 한국보건의료연구원 등 다양한 기관에서 헬스커뮤니케이션 관련 연구 및 컨설팅을 진행하고 있다. 저서로는《코로나 시대의 역발상 트렌드》가 있다.
Blog: blog.naver.com/hwikwan | LinkedIn: @hwikwan

진대연

서울과학기술대학교에서 전자정보학을 전공했다. 에버노트, 체그, 으흠 등 실리콘밸리 기업의 APAC 사업개발을 맡았으며, 플로우, 어웨어 등 스타트업의 성장을 돕는 비즈니스를 담당해 왔다. 현재는 협업툴 콜라비의 COO로 일하고 있다. 개인적으로는 '업무 향상을 돕는 생산성 도구들'이라는 주제로 당근메일 뉴스레터와 판사스틱(fansaastic) 커뮤니티를 운영 중이며, 네이버, 중앙일보, 조선비즈 등 다수의 기업에서 개인과 조직의 생산성 향상, 실리콘밸리의 조직문화, 스타트업을 위한 그로스 전략에 관한 컨퍼런스 강의도 진행하고 있다. 저서로는《아이패드2 WIDE 가이드북》《에버노트에 날개를 달자》《코로나 시대의 역발상 트렌드》가 있다.
Brunch: https://brunch.co.kr/@davejin | LinkedIn : @davejin

차례

역발상 1 ┃ 소비 & 마케팅

역발상 3 　 미디어 & 콘텐츠

역발상 5   정책 & 미래전략

트렌드 책들의 트렌드를 읽으면
세상이 보인다

매년 10월이면 트렌드 책들이 쏟아져 나오기 시작한다. 대형 서점의 경우 매대 두 개를 트렌드 책이 차지할 정도이다. 그중 트렌드 도서의 저자로서 우리가 읽어야 할 트렌드 책이 얼마나 많은지, 특징이 무엇인지 궁금해졌다. 그리고 수많은 트렌드 책의 공통점과 차이점이 무엇인지도 알고 싶었다. 그래서 경제 · 경영 카테고리 중에서 부동산 · 주식 등 투자 관련 책을 제외한, 2023년을 전망하는 트렌드 책만 추려보니 40여 권이 나왔는데, 그 면면을 살펴보니 몇 가지 눈에 띄는 특징이 있었다.

피트니스부터 교회, 목회까지…… 세분화되는 트렌드

매년 트렌드 책의 출간 종수는 계속 증가하는 추세이다. 2017년에는 9종이던 것이, 2018년 12종, 2019년 13종, 2020년 13종으로 주춤하는 듯했으나, 코로나 팬데믹이 선언된 2020년 이후에는 다시 급증해, 2021년 30종, 2022년 36종, 2023년 40종이 출간되었다. 아마도 갈수록 시장의 불확실성과 변동성이 커지는 만큼 미래에 대한 전망도 많아지고, 독자들의 관심도 높아지기 때문일 것이다.

트렌드 책은 양적으로만 늘어난 것이 아니다. 과거에는 하나의 트렌드 책에서 수많은 주제를 다뤄 왔다면, 이제는 주제별, 산업별로 특화된 트렌드 책들이 출간되고 있다. 예를 들어 K바이오 트렌드, 금융 영업 트렌드, 물류 트렌드, 글로벌 한류 트렌드, 채용 트렌드, 푸드

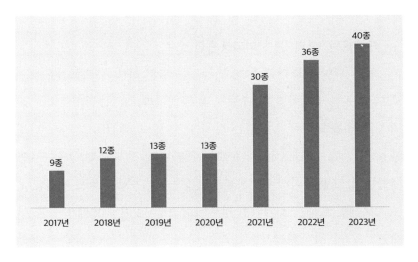

그림 1 | 트렌드 책들이 얼마나 늘어났는지를 잘 보여 주는 그래프

트렌드, 블록체인 트렌드, 시니어 트렌드, 암호화폐 트렌드, 문화 트렌드, 대한민국 인구 트렌드, 메타버스 트렌드, 피트니스 트렌드, 여행 트렌드, ESG 트렌드, 공간 트렌드 등이 그것이다. 모두 특정 주제와 산업에 '트렌드'를 달고 나온 책들이고 그 면면이 매우 다양하다. 그런 만큼 해당 산업에 대한 이해는 도울 수 있을 것으로 보인다.

게다가 경제·경영 카테고리 외의 영역에서도 트렌드 책들이 잇달아 나오고 있다. 교육과 관련된 교육 트렌드, 에듀테크 트렌드, 교육 리더십 트렌드가 있고, 심지어 한국 교회 트렌드, 목회 트렌드까지 시장에 나와 있다. 절대 가치를 논하는 종교 영역에도 트렌드가 있다니, 트렌드 책 시장은 하나님도 피해 갈 수 없나 보다. 이쯤 되면 트렌드를 다루지 않는 카테고리가 과연 있을까 싶다. 그야말로 대한민국을 '트렌드 공화국'이라 부를 만하다.

트렌드의 3분의 1은 하이테크 관련

최근 수년간 출간된 트렌드 책들을 보면 하이테크를 전문적으로 다루는 책이 많아졌고, 그렇지 않은 책이라도 기본적으로 하이테크 관련 내용을 다루고 있다는 것을 알 수 있다. 예컨대 2023년 집계한 40여 권의 트렌드 책을 기준으로 살펴보면, 전체 트렌드 수는 325개였는데, 그중 하이테크가 차지하는 수는 143개로 44%를 차지했다. 또 중복되는 트렌드를 제외한 경우에도 2023년 전체 트렌드 수는 78개였고, 그중 하이테크가 차지하는 수는 24개로 30.8%를 차지하고 있다. 확실히 기술이 시대의 흐름을 좌우하고 있다는 것을 실감할 수 있는데, 이는 최근 문제 해결의 중심에 기술이 있다는 것을 감안하면 당연한 결과라고도 할 수 있다.

이를 좀 더 구체적으로 살펴보면 가장 많이 언급된 하이테크는 단연 웹 3.0이다. 웹 3.0은 40번이나 언급될 정도로 2023년 전체 메가 트렌드 중에서 가장 높은 비중을 차지하고 있다. 플랫폼 사용자들이 만든 콘텐츠로 플랫폼뿐 아니라 사용자들도 금전적인 이익을 얻을 수 있게 한다는 웹 3.0은 앞으로 콘텐츠, 플랫폼, 투자 생태계 전반에 큰 영향을 미칠 것으로 예상되고 있다.

그리고 새롭게 등장한 하이테크도 있는데, 바로 각각 12번씩 언급된 버추얼 휴먼과 아바타이다. 몇 년 전까지만 해도 버추얼 휴먼과 아바타의 활용은 시기상조라는 말이 많았다. 그러나 코로나 팬데믹으로 3년간 비대면에 익숙해진 일상을 보내면서 관련 기술도 발전하고, 사람들의 거부감도 줄어들면서 메가 트렌드로 급부상했다. 특히, 버추얼 휴먼은 버추얼 인플루언서, 버추얼 홍보대사, 버추얼 쇼호스트 등 다양한 비즈니스에 활용되기 시작했고, 아바타의 경우 아바타 패션쇼, 아바타 싱어, 아바타 틱톡 등 단순한 이미지를 표현하는 것을 넘어서 실제로 이를 활용하는 단계까지 발전하고 있다. 2023년에는 코로나19 팬데믹이 사실상 해제되면서 좀 더 미래지향적인 기술들이 대두되기 시작했다. 아마도 미래에 닥칠 문제를 미리 대비하는 데까지 기술의 역할을 기대하는 사람들의 심리가 반영된 것이리라.

트렌드 책이 만드는 이상한 트렌드

트렌드 책 시장이 성장하면서, 다루는 분야가 다양해지는 것은 좋다. 하지만 한 나라에서 트렌드 책이 이렇듯 많은 데다, 해마다 나오는 것은 사실 이상 현상anomalies이다. 단행본으로 트렌드 책이 이렇게 많이 나오는 시장은 전 세계에서 우리나라밖에 없다. 그리고 트렌드는 보통 3~5년을 두고 바라보는 현상인데, 우리나라에서는 1년을 주기로 예상되는 현상에 신조어를 만들어 붙이고, 그 신조어에 따라 거꾸로 트렌드가 생긴다. 일종의 '트렌드 책이 만드는 트렌드 시장'인 것이다.

그 결과 심지어 밈meme을 트렌드로 착각하여 제시하는 일까지 벌어진다. 밈은 짧게는 한 달, 길어야 3개월 정도 이슈가 됐다가 금방 사라지는 것이다. 예를 들어 '어쩔티비'가 있다. "어쩌라고, 가서 TV나 봐"라는 뜻의 이 신조어는 상대방이 귀찮게 하거나 대답하기 곤란한 질문을 했을 때 받아치는 답변으로 통했다. 그런데 이를 두고 어떤 트렌드 책은 '어쩔'을 붙여서 대화하는 것이 트렌드라고 분석했다. 하지만 이 '어쩔티비'가 한 방송 프로그램에 등장하자 자막은 "멤버들이 이렇게 쓰는 걸 보니 어쩔티비도 사실상 사망 선고"라고 표현했다. 어떤 신조어가 공중파에 소개되면 그건 밈으로서의 가치가 끝난다는 것이다.

그런데 사람들은 흔히 이렇게 한순간 반짝인 밈을 트렌드로 착각하는 경향이 있다. 밈이 트렌드라고 현혹되는 것은 이른바 단기 급등주에 투자하는 것과 같다. 단기 급등주에 올라타면 한순간 큰돈을 벌

수도 있지만, 대부분은 큰 손해를 보기 쉽다. 주식시장에서 단기 급등주를 '밈 주식'이라고 부르는 것도 이 때문이다. 그래서 사람들이 트렌드라고 쫓는 것이 혹시 밈은 아닌지, 단기 이슈에만 눈이 멀어 판단력이 흐려져 있지는 않은지 정신을 바짝 차려야 한다.

트렌드와 시장은 일치하지 않는다

게다가 트렌드 책들이 만드는 시장의 왜곡 현상도 큰 문제이다. 우리가 트렌드와 관련해서 가장 많이 듣는 질문은 "이런 트렌드가 있다고 하는데, 정말 그 시장이 있나요?"이다. 그에 대해서는 똑 부러지게 답변하기 어렵다. 어떤 트렌드가 있다고 해서 그 트렌드를 공유하는 사람이 얼마나 있고, 또 그 트렌드를 중심으로 어떤 비즈니스가 일어나는지는 거의 알 수 없다. '있다고 하니까 있다고 믿는 것', 그것이 우리가 알고 있는 트렌드의 실상이다.

이런 문제가 발생하는 근본적인 원인이 바로 트렌드 책의 범람에 있다. 트렌드는 흐름이고 현상일 뿐인데, 너무 많은 트렌드 책이 매년 시장과 소비에 대한 목소리를 높이다 보니 '트렌드가 곧 시장'이라는 공식이 생기기도 한다. 그러나 트렌드가 시장이라고 착각하고 달려들면 큰 손해를 볼 수 있다. 트렌드를 너무 맹신하다가는 '없는 시장', 신기루에 불필요한 재원을 낭비할지도 모른다. 너도 나도 트렌드만 쫓다가 오히려 과도한 경쟁에 빠져들 위험이 있기 때문이다.

또 하나 본질적인 문제는 많은 트렌드 책이 비슷한 주제를 가지고 트렌드라고 주장하다 보니 이를 메가 트렌드라고 착각하기 쉬운 데에 있다. 사실 어떤 메가 트렌드가 있다고 해서 그 트렌드를 따라가는 사람들만 있는 것은 아니다. 그 트렌드에 역행하는 사람들도 분명히 있다.

예를 들어 보자. 코로나19 팬데믹 때 집에서 모든 일상을 보내는 '홈 라이프'가 메가 트렌드라고 했지만, 반대편에서는 슬기로운 집콕 생활보다 안전한 집 밖 활동을 추구하는 '아웃 라이프'가 있었다. 그리고 개인 취향을 극도로 세분화한, '초개인화'를 추천하는 트렌드가 대세일 거라고 했지만, 소속 집단 마케팅으로 충성도를 높이는 집단적 '브랜드 커뮤니티'가 있었다. 더군다나 코로나 블루를 극복하려면 '정신 건강'을 챙겨야 한다며 명상과 심리치료가 헬스케어 시장을 주도할 것이라고 했지만 멘탈 케어보다 몸을 먼저 움직이는 것이 더 중요하다는 '신체 건강주의자'들이 있었다.

한 방향으로만 흐르는 트렌드는 없다

한마디로 어떤 트렌드든 한 방향으로만 흐르지는 않는다. 이런 관점에서 아마존 창업자이자 이사회 의장 제프 베조스Jeff Bezos는 "정답이 있는 사업만 하면 누구나 할 수 있을 것이다. 그리고 우리가 아는 사업만 하면 곧 망할 것이다"라고 말했다.[1] 즉 어떤 사업에 정답이 있다면 그 사업은 진입장벽이 낮고, 수많은 경쟁자들이 몰릴 가능성이 높다는 뜻이기도 하다. 반대로 생각하면 의외의 선택을 할수록 새로운 비즈니스의 기회는 더 많을 수 있다는 의미이다. 제프 베조스의 말은 정답이라고 생각하고 메가 트렌드만 쫓으면 오히려 위험할 수 있다는 깨달음을 전하고 있다.

지금까지 지적된 이런 문제들은 트렌드 전문가들도 공통적으로 인지하고 있는 부분이다. 하지만 누구도 그것에 대해 직설적으로 언급하지 않는다. 이 문제에 대한 대안이 무엇인지 구체적으로 내놓기 어렵기 때문이다.

우리는 이와 관련해 그 대안, 특히 메가 트렌드에 대한 대안으로 '역발상 트렌드'를 제시하고자 한다. 역발상 트렌드란 많은 트렌드 책들이 공통적으로 주장하는 메가 트렌드의 반대 방향에 형성되어 있는 트렌드를 말한다. 이른바 메가 트렌드의 그늘에 가려서 충분히 소리를 내지 못하고 있는 흐름들이다.

이런 역발상 트렌드에 대해 어떤 사람들은 메가 트렌드에 반하는 마이크로 트렌드가 아니냐고 반문할 수 있다. 그리고 그런 마이크로 트렌드는 시장이 작지 않을까 하는 의구심도 들 수 있다. 하지만 역발상 트렌드는 단순히 메가 트렌드의 틈새에서 발견되는 마이크로 트렌드가 아니다. 메가 트렌드의 대척점에서 메가 트렌드만큼 큰 시장을 형성하고 있는 또 하나의 거대한 물결이다.

역발상의 본질은 '발견'과 '전환'

이런 역발상 트렌드를 알게 된다면 몇 가지 생각의 전환을 경험할 수 있다. 먼저 "메가 트렌드만 있는 줄 알았는데 이런 반대되는 흐름도 있네?" 하는 '새로운 발견'이다. 이 새로운 발견은 곧 새로운 시장으로의 확장 가능성을 의미한다. 남들이 다 똑같은 방향을 향해 갈

때, 역발상으로 새로운 기회를 발견할 수 있기 때문이다.

그리고 "역발상 트렌드를 통해 메가 트렌드를 뒤집어 볼 수 있겠다"는 '발상의 전환'을 할 수 있다. 즉 메가 트렌드의 장점을 인정하면서도 부작용을 받아들이고, 그 속에서 역발상 트렌드도 존재할 수 있다는 사고 과정을 도출해 내면서 발상의 전환을 경험해 볼 수 있다. 보다 용감하게는 단순히 발상을 전환한다는 경험에 그치지 않고 자신만의 발상 전환 아이디어를 키워 갈 수도 있다.

우리는 그런 역발상 트렌드 대상을 선별하기 위해 2023년을 전망한 트렌드 책 40여 종의 내용을 분석했다. 각 트렌드 책들의 세부 주제를 분석하고, 키워드에 따라 체계적으로 분류한 것이다. 거기서 가장 많이 언급된 메가 트렌드 15개—언급이 많이 된 횟수 기준으로 웹 3.0 〉 경기침체와 불경기 소비 〉 인공지능 〉 알파세대 〉 메타커머스 〉 OTT 〉 메타버스 〉 선제적 대응 기술 〉 세컨드 하우스 〉 버추얼 휴먼 〉 아바타 〉 저출산 고령화 〉 인덱스 관계 〉 주4일제와 워케이션 〉 디지털 헬스케어—를 뽑았다. 그리고 그 각각의 메가 트렌드를 다시 짚어 보고, 메가 트렌드가 안고 있는 한계점과 역효과를 따져 보았다.

그 과정에서 과학적 근거를 마련하기 위해 각 메가 트렌드에 해당하는 키워드에 대한 소셜 빅데이터 분석 플랫폼의 긍정·부정 분석을 더했다. 그런 과정을 거쳐서 나온 메가 트렌드에 반하는 역발상 트렌드들의 상호 검증을 위해 관련 전문가 인터뷰를 바탕으로 한 코멘트도 담았다. 마지막으로 각 역발상 트렌드에 대한 독자분들의 입체적인 이해를 돕기 위해 책 말미에 '함께 읽으면 더 좋은 책'을 추천해

메가 트렌드	언급 횟수	서브 키워드
웹 3.0	40	탈중앙화, 토큰, 코인, 중앙은행 디지털화폐CBDC, 탈중앙화 자율조직DAO, 디파이(분산형 금융), 크립토(암호화폐, 가상자산)
경기침체와 불경기 소비	30	인플레이션, 체리슈머, 비소비, 무지출, 돈짠돈짠, 스크루플레이션, 생존 재테크
인공지능	26	로보택시, 인공지능 배송, 반려로봇, 1인 1로봇, 스마트 팩토리, 인공지능 경제, 서비스 로봇
알파세대	18	M세대, Z세대, A세대(알파세대), 디지털 네이티브, 디지털 온리, 이대남, 이대녀
메타커머스	17	O2O, M2O, 이커머스, 메타커머스, 라이브 커머스, 구독 커머스, 퍼포먼스 마케팅 2.0
OTT	16	넷플릭스, 오리지널 콘텐츠, 스크린 투어리즘, 하이퍼리얼리즘, 뉴미디어, 숏포머블 콘텐츠, 리얼리티 예능
메타버스	15	스마트 라이프, 메타버스 오피스, 메타버스 면접, 줌 피로, 소셜 디스턴스, 오큘러스, 호라이즌 워크룸
선제적 대응 기술	13	스마트 홈, 보안, 디지털 안전, 사물인터넷IoT, 스마트 게이트, 인공지능 스피커, 터널 연동 자동 제어
세컨드 하우스	13	수도권 집중, 지방 소멸, 로컬리즘, 재택 라이브, 로코노미, 오토캠핑, 공유 별장
버추얼 휴먼	12	디지털 가면, 버추얼 스포츠, 버추얼 미팅, 버추얼 회식, 버추얼 인플루언서, 버추얼 홍보대사, 버추얼 쇼호스트
아바타	12	아바타 패션, 아바타 싱어, 아바타 메이크업, 아바타 산업, 아바타 이모지, 매직 아바타, 틱톡 아바타
저출산 고령화	12	5070, 시니어 이코노미, 베이비부머, 인구 변화, 솔로이코노미, 싱글라이프, 시니어 케어
인덱스 관계	10	목적 지향적 관계, 관계 축소, 큐레이션 관계, 관계의 효용성, 분류하기, 자기중심성, 관계 관리
주4일제와 워케이션	10	주거 구독, 워라밸, 워라블, 원격근무, 오피스 빅뱅, 재택근무, 하이브리드 워크
디지털 헬스케어	7	웨어러블 디바이스, 스마트 워치, 손안의 주치의, 온라인 진료, 비접촉 진료, 원격진료, AI 가상 의사

그림 2 | 상위 15개의 메가 트렌드와 서브 키워드

두었다.

종합하자면 이 책은 기존 트렌드 책들을 한 권에 정리하고, 그 해의 메가 트렌드들을 역발상으로 뒤집은 책이다. 그래서 이 책은 트렌드 책이면서 동시에 그 발상의 전환을 화두로 던지는 책이다.

뇌 속에 존재하는 이 긴장 관계들을 알고 나면 트렌드 연구의 결과들을 더 의식적으로, 더 탁월하게 다룰 수 있다. 거대 트렌드는 항상 핵심적 감정을 갖고 있기 때문이며, 모든 트렌드에는 항상 반대 트렌드가 있게 마련이다.

《뇌, 욕망의 비밀을 풀다》 중에서

REVEЯSE TREND

역발상 1

소비 & 마케팅

1장	# 열정 시대 VS. 알파세대
	세대 가스라이팅은 이제 그만, 열정 경제 시대가 온다

'알파세대'라는 새로운 종족의 탄생

드디어(!) Z세대에 이은 새로운 세대가 메가 트렌드로 언급됐다. 그동안 많은 업계에서 'X 〉 Y 〉 Z세대에 이은 다음 세대는 무엇일까'라는 궁금증이 있었는데, 그에 대한 답이 나온 것이다. 그 이름도 영롱한 '알파세대generation alpha'이다. 사실 알파세대는 2018년 호주의 사회학자이자 인구통계학자인 마크 맥크린들Mark Mccrindle이 일찍이 정의한 세대로, 2010년부터 2024년까지 태어난(혹은 태어날) 이들을 일컫는다.[1] 이 개념은 최근 들어 대표적인 트렌드 책들에서 언급되면서 생명력을 얻어 가고 있다.

많은 트렌드 책에서 알파세대를 언급할 때 가장 자주 인용하는 일화가 있다. 생후 18개월 아기가 말을 배우는 과정에서 처음 한 말이 엄마·아빠가 아니라 아마존 인공지능 스피커의 명령어인 "알렉사 Alexa"였다는 것이다.[2] 이 이야기는 2018년《뉴욕포스트New York Post》에서 처음 소개되면서 알파세대의 탄생을 이야기하는 신화처럼 여겨지고 있다. 이처럼 알파세대는 태어날 때부터 디지털 기기와 가까운 온전한 '디지털 네이티브digital native'이고, 인공지능 시대에 나고 자란 '디지털 온리digital only' 세대이다. 알파세대는 과거 세대와 달리 종이 책을 넘기는 것보다 디지털 디스플레이를 터치하는 걸 먼저 익히고, 텍스트보다 이미지나 영상을 더 선호한다.

알파세대를 설명할 때 전면에 내세우는 키워드가 디지털, 인공지능, 메타버스와 같은 '잘 팔리는' 기술이다. 기본적으로 알파세대는 인스타그램, 유튜브, 틱톡 등의 소셜미디어 플랫폼을 즐기고, 메타버스 플랫폼 중에서는 마인크래프트MineCraft를 가장 많이 사용한다. 그리고 이들이 즐기는 소셜미디어와 메타버스 플랫폼을 살펴보면 알파세대는 스스로 콘텐츠나 캐릭터를 창조하면서 사람들과 공유하는 것에 익숙하다는 것을 알 수 있다.[3] 이렇게 디지털 기술을 자유자재로 활용할 수 있다 보니, 알파세대는 기존 세대보다 디지털 구조를 쉽게 이해하고, 따라서 경제관념도 실물경제를 넘어 디지털 자산을 기반으로 한 암호화폐나 NFT(대체 불가능 토큰) 시장으로 확장될 수 있다.[4]

알파세대는 일상이든 학습에 있어서든 관심이 있는 분야에 대해서 다양한 시도를 해 보고, 스스로 문제를 해결해 나가는 자기주도적 경향이 강하다. 이것 역시 디지털 기술의 영향이라고 할 수 있다. 디지털 메커니즘에 대한 높은 이해도와 디지털 기기를 다루는 기술은 문제를 빠르게 파악하고 쉽게 수정할 수 있도록 도와주기 때문이다. 그래서 마크 맥크린들은 알파세대가 "기술적으로 집약된 세대가 될 것"이라고 말했다.

이렇게 보면 알파세대는 X 〉Y 〉Z세대를 잇는 세대라기보다는 완전히 새로운 종족으로 받아들이는 것이 자연스럽다. 그런 의미에서 이들을 영어 알파벳이 아닌 그리스어 자모의 첫 글자를 딴 '알파α' 세대라고 하는 것이다. 실제로 이들의 영향력은 새로운 곳에서 발견된다. 앞서 언급된 틱톡과 마인크래프트뿐 아니라 실시간 위치 공유 소셜미디어인 '젠리zenly' 역시 알파세대의 단면을 보여 주는 좋은 사례이다. 알파세대는 친구들에게 "어디야?"라고 묻지 않고, 서로 위치가 공유된 젠리를 보고 한곳에 모인다. 물론 최근 경제 상황으로 인해 젠리 서비스는 종료되었지만 그에 따라 젠리 사용자가 경쟁사였던 아이쉐어링iSharing으로 대거 옮겨 갔고, 아이쉐어링의 사용자 수는 3500만 명을 돌파하기도 했다.[5]

이렇게 알파세대의 등장을 통해 새로운 디지털 플랫폼이 활성화되는 것을 보면 새로운 세대는 곧 새로운 비즈니스의 창출과 연결된다는 것을 알 수 있다. 그래서 모든 디지털 환경이 고도화되고 있는 상황에서 디지털 기술에 가장 익숙한 알파세대가 미래를 주도하게 될 것이라는 의견에는 동의한다. 특히, 성장이 정체되어 있는 기업이나 미래 신사업을 준비해야 하는 경영자와 마케터 입장에서는 알파세대가 시사하는 바가 적지 않을 것으로 보인다. 하. 지. 만.

끝나지 않은 MZ세대 논란, 알파세대는?

미래의 알파세대를 영접하기 전에 '현재'를 살고 있는 MZ세대에 대한 문제를 잠깐 짚고 넘어가자. 여전히 많은 트렌드 책이 MZ세대를 중요하게 다루고 있기 때문이다.

　　MZ세대는 1980~1994년 사이에 태어난 밀레니얼 세대를 뜻하는 'M세대'와 1995~2004년 사이에 태어난 'Z세대'를 함께 부르는 말이다. 이렇게 보면 이 책을 읽고 있는 상당수의 독자분들 역시 MZ세대로 예상된다. 하지만 여러분에게 "어느 세대입니까?"라고 묻는다면 명확하게 대답할 수 있는 사람은 많지 않을 것이다. 실제로 2022년 2월 한국리서치 조사에 따르면, MZ세대 용어 인지도에 대해 물어본 결과 응답자 중 44%가 "들어 본 적은 있지만 어떤 의미인지 잘 모른다"고 답했다. 심지어 "MZ세대가 서로 비슷한 경험과 가치관을 공유하는지"에 대한 질문에 68%가 "그렇지 않다"고 답했고, MZ세대를 하나로 묶어서 지칭하는 것에 대해 M세대의 47%, Z세대의 61%가 "적절하지 않다"고 답했다.[6]

　　이렇듯 MZ세대에 대해서는 세대 당사자들도 잘 모르고 있고, 특정 세대에 묶이는 것을 스스로 불편해 하기도 한다. 그래서인지 많은 업계에서도 여전히 MZ세대를 잘 이해하지 못하고 있는 것으로 보인

그림 1-1 | MZ세대 용어 인지도(좌)와 MZ세대의 공통점(우)(경험과 가치관 공유)에 대한 조사
결과(자료: 한국리서치)

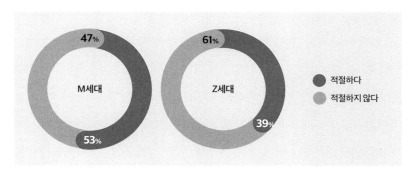

그림 1-2 | MZ세대를 하나로 묶어서 지칭하는 것에 대한 적절성(자료: 한국리서치)

다. 실제로 M세대와 Z세대는 너무 다르다. 그런데 같이 묶는 이유는
무엇일까? 시장 규모가 커지니 어쩔 수 없이 묶었다는 게 일반적인 견
해이다. 즉 MZ세대는 시장이 만들어 낸 기이한 세대 조합이라는 것이

다. 심지어 MZ세대를 기준으로 하면 대학교에서 학생들을 가르치는 교수와 학생들이 같은 세대일 때도 있다. 그래서 M세대는 Z세대와 묶여서 머쓱하고, Z세대는 M세대와 묶여서 황당하다.

그래서 MZ세대에 대해 사람들이 느끼는 감정도 썩 좋지 않다. 소셜 빅데이터 분석 플랫폼인 썸트렌드Sometrend를 통해 'MZ세대'에 대한 긍·부정 분석을 한 결과, 부정적 반응이 35%나 됐고, 'X소리, 오남용, 불편하다, 관심 없다' 등의 연관어가 두드러졌다.

MZ세대에 대한 논란이 남아 있는 가운데 등장한 알파세대는 어떨까? '알파세대'에 대한 긍·부정 분석 결과는 더 심각했다. 부정적 반응이 44%나 됐고, '우려되다, 이상하다, 준비되지 않다, 한계 있다, 빈약하다' 등의 연관어가 도출됐다. 이렇게 보면 MZ세대든 알파세대든 함께 살아가는 우리에게 여전히 해결해야 할 문제가 있어 보인다.

덧붙이자면 이미 알파세대의 다음 세대도 나와 있다. 아마 금방 눈치 챘겠지만 알파세대의 다음 세대는 '베타β'세대이다. 이 역시 알파세대를 만든 마크 맥크린들이 이름 붙였다. 지금도 많은 트렌드 책이 맥크린들의 개념을 그대로 인용해서 쓰고 있으니 조만간 베타세대 역시 책이나 다른 콘텐츠를 통해 쉽게 접할 수 있을 것으로 보인다.

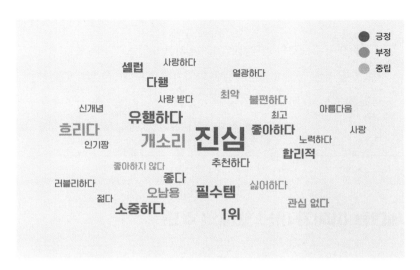

그림 1-3 | 소셜 빅데이터 분석 플랫폼의 'MZ세대' 긍·부정 분석 결과(자료:썸트렌드)

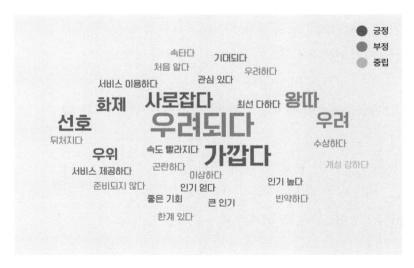

그림 1-4 | 소셜 빅데이터 분석 플랫폼의 '알파세대' 긍·부정 분석 결과(자료:썸트렌드)

세대를 인구 규모로만 파악하면 거대한 시장이 있는 것처럼 보입니다. 하지만 우리는 그 안에 얼마나 많은 다양성이 존재하는지 쉽게 간과하고 있습니다.

→ 시니어 패션 콘텐츠 기업 더뉴그레이 권정현 대표

세대는 이해가 아닌 오해의 수단

알파세대가 메가 트렌드로 다뤄지면서 새로운 시장의 가능성을 열긴 했지만 많은 사람이 알파세대에 대해 무작정 반기기만은 어려운 이유가 있다. 근본적으로 '세대론'에 문제가 있기 때문이다. 세대론에 따르면 한 사람이 단순히 특정 세대와 그 세대의 특징으로 규정된다. 많은 전문가와 언론에서 정의한 Z세대의 특징을 살펴보자.

1995년부터 2004년 사이에 태어난 Z세대는 아보카도를 좋아하고, 자신을 표현할 때 네온 컬러를 쓰는 것을 주저하지 않는다. 그리고 이들은 스마트 워치를 기본적으로 착용하고, 일상에서 일어나는 모든 일들과 신체 데이터를 스마트 디바이스로 전송하여 체크한다.

이렇듯 한 세대의 특징이 성급하게 일반화되어 퍼져 나가고 많은 사람에게 인식됐을 때, 여러 오해와 문제점을 낳을 수 있다.

예를 들면 이렇다. 한 학교 앞 토스트 가게 사장님은 Z세대의 마음을 사로잡기 위해 토스트 가게 내부를 네온 컬러로 꾸미고, 아보카도를 재료로 토스트 패키지를 현란하게 만들었다. 하지만 장사는 잘 되지 않았다. 왜냐하면 아보카도는 Z세대만 먹는 것이 아니고, 동물성 오일을 싫어하는 채식주의자들이 즐겨 먹는 식재료 중 하나였기 때문이다. 아보카도가 최근 음식 시장에서 급부상한 것은 채식주의의 열풍과 음식을 통해 건강을 챙기기 시작한 전 세계적인 흐름 때문이지 Z세대가 갑자기 태어나서 "난 아보카도가 좋아요!"라고 말했기 때문이 아니다.

스마트 워치와 소셜미디어 사용에 대한 부분도 오해가 있다. Z세대 중에는 스마트 워치를 불편해 하고, 하루 종일 소셜미디어에 빠져 살기보다는 필요에 따라 가끔 엿보는 경우도 많았다. 그런데 강제로 Z세대로 분류된 이들은 주변에서 기대하는 Z세대로 살고 있지 않은 자신의 모습에서 위기의식을 느낀다고 한다. 그런 점에서 세대론은 전형적인 '포모FOMO, Fear Of Missing Out(자신만 뒤처지거나 소외되어 있는 것 같은 두려움을 가지는 증상)'를 불러일으키는 부작용을 안고 있다. 사람들을 세대로 나눠서 분류하고 정형화시키는 것은 '세대 가스라이팅'일 수 있다.

결과적으로 세대 구분은 '이해가 아닌 오해의 수단'이 될 수 있다. 한 방송에서 "Z세대는 소유가 아니라 공유를 선호한다"고 말했다가 엄청난 비난을 받았다. Z세대가 공유를 선호하는 게 아니라 소득은 낮고 물가는 미친 듯이 올라가니 어쩔 수 없이 공유 경제를 이용할 수밖에 없는데, 그런 현실을 간과하고 Z세대가 공유를 '선호'한다고 오해한다는 의견이 많았던 것이다.

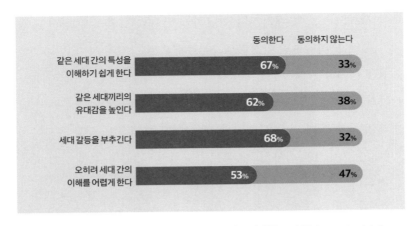

그림 1-5 | 출생연도에 따라 세대를 구분하는 용어 사용에 대한 조사 결과(자료 : 한국리서치)

실제로 한국리서치 조사에 따르면 출생연도에 따라 세대를 구분하는 방식과 용어가 세대 갈등을 부추기며(68%), 세대 간의 이해를 어렵게 한다(53%)고 나타났다.[7]

그거 알아요?
세대는 한국에서만 통한다는 거

더 문제가 되는 건 이 세대론이 우리나라에서만 통한다는 점이다. 구글 트렌드에서 'generation MZ'로 MZ세대에 대한 전 세계의 관심도를 살펴본 결과(2023년 1월 기준) 우리나라가 100으로 가장 높고, 미국은 3에 지나지 않았다.[8] 심지어 관심도가 1 이상 집계된 나라는 8개 나라뿐이었고, 그 외의 나라는 MZ세대에 대해 말 그대로 '1도 관심이 없었다.' 우리나라만 세대에 집착하고 있는 것이다. 그래서인지 우스갯소리로 한국에서 태어나면 자연스럽게 갖고 태어나는 세 가지가 있다고 한다. 성姓, 성별, 그리고 세대이다. 이쯤 되면 'K-세대'라고 해야 되는 게 아닐까?

세대는 만들어진 트렌드

사실 세대론은 학술적으로 비교 연구를 할 때 종종 사용되기 때문에 완전히 무시할 수는 없다. 한 세대만이 공통적으로 경험한 가치가 있고, 그 세대만의 특징이 있는 것은 사실이기 때문이다. 이 책을 집필하고 있는 우리도 세대 간 비교 연구로 학술 논문을 여러 편 게재했다. 그러나 알다시피 학술 논문들은 세부적인 주제를 다루고 있기 때문에, 논문을 쓸 때 한 세대에 대한 연구를 그 세대의 공통적인 특징이라고 일반화하기 어렵다는 단서를 꼭 붙인다.

즉 세대론은 그 시대에 태어난 사람들을 이해하는 수많은 기준 중 하나일 뿐이지, 그것이 곧 트렌드라고 말할 수 없다는 뜻이다. 만약 특정 세대의 특징을 규정해야 한다면 그런 특징이 다른 세대에도 나타날 수 있다는 점을 밝혀야 하며, 다른 세대에서도 나타난 사례를 함께 언급해 줘야 한다. 그리고 세대 외에도 시장을 분석하는 다양한 관점과 방법론이 있다는 것을 얘기해 줘야 한다. 그러지 않고 특정 세대만을 내세워서 비즈니스와 연결시키면 분석 결과에 심각한 오류와 버그를 발생시킬 수 있다. 그래서 최근 미국에서는 이 세대론에 대해 일침을 가하기도 했다.[9] 세대 구분은 모호하고 과학적 근거가 없으며, 세대 명명은 사이비 과학을 조장하고 사회과학 연구를 방해하기 때문에 세대 구분의 중단을 촉구한다는 내용이었다.

세대가 아닌 시대를 볼 때

이에 따라 역발상 트렌드는 세대론 자체를 혁파하는 것으로 시작한다. 이제 세대가 아닌 시대를 봐야 한다. 세대가 만들어진 트렌드라면 시대는 실제 있는 현상이다. 그리고 시대는 특정 세대에 집착하지 않고 전 연령대를 아우르는 특징을 담고 있다. 그렇다면 2023년은 어떤 시대라고 할 수 있을까? 많은 전문가가 불확실성의 시대, 만성 위기의 시대 등 여러 면에서 불안한 이야기를 하고 있다. 그러나 앞으로를 위해 그 이면에 감춰진 희망을 봐야 한다. 2023년을 대비하고, 적응하고, 살아가는 사람들의 특징이 무엇인지를 들여다볼 때이다.

그래서 우리는 2023년을 한마디로 '네오필리아neophilia(새로운 것을 좋아하는 심리 또는 사회 현상)가 네오포비아neophobia(새로운 것을 두려워하는 심리 또는 사회 현상)를 이기는 시대'라고 정의하고자 한다. 용어가 거창하긴 하지만 쉽게 얘기해서 네오필리아는 '새로움을 추구하는 욕구'이고, 네오포비아는 '새로움을 회피하는 욕구'이다.[10] 필리아philia가 '무언가를 사랑하는 행위'를 뜻하고, 포비아phobia가 '두려움'과 '공포'를 뜻하는 단어이니 어감에서 어떤 차이가 있는지 충분히 유추할 수 있다.

2022년까지 전 세계 사람들은 코로나19 바이러스를 두려워했다. 바이러스가 창궐하던 초기에는 마스크를 쓰고 다니지 않으면 다른 사람들에게 바로 감염되어 죽을지도 모른다는 공포에 사로잡혀 있었으며, 코로나19 팬데믹 이후에는 급속도로 진행된 디지털 전환에 적응하지 못해 도태될지도 모른다는 불안에 떨었다. 그야말로 네오포비아의 3년이었다. 하지만 2023년은 코로나19 팬데믹이 사실상 해제되면서 마스크를 벗어 던지고, 그에 따라 새로움과 즐거움을 추구하는 욕구가 높아지는 네오필리아 시대가 될 것이라고 본다.

이에 대해 글로벌 트렌드 예측 기업인 WGSN은 앞으로 '새로운 희망의 시대'가 올 것이라고 전망한다. 새로운 희망의 시대를 주도하는 사람들은 코로나19 팬데믹을 거치면서 디지털 기술의 힘이 중요하다는 것을 깨닫고, 이를 적극적으로 활용해서 미래를 대비해야 한다는 것을 알게 되었다. 나아가 디지털 기술이 우리에게 새로운 즐거움을 줄 수 있다는 것도 깨달았다. 그리고 이들은 나이가 적든 많든 자기 자신을 확실히 대변하고자 한다. 새로운 것을 배우고 경험하고 창출하는 일에도 적극적이다.[11] WGSN은 이 흐름이 앞으로 전 세계적으로 가속화될 것이라고 전망한다.

세대 구분이 없는 '열정 경제'의 등장

새로움과 즐거움을 추구하는 네오필리아 시대는 사람들의 '열정 경제 Passion Economy'에 불을 지필 것이다. 열정 경제란 새로운 것을 배우면서 자신의 특기를 다른 사람에게 가르치는 경제 생태계를 뜻한다. 예전을 떠올려 보면, 사람들이 무엇인가를 배우고 가르치는 활동이 특정 학교나 학원에서만 발생하는 제한성을 가지고 있었다. 요즘에는 기술의 발달로 특정 지역을 넘어 언제 어디에서나 배우고 가르칠 수 있게 되었다. 마스터클래스Masterclass, 코세라Coursera, 유데미Udemy, 클래스 101, 탈잉 등 온라인 클래스 플랫폼은 사람들이 새로운 분야에서 자신의 생각, 아이디어, 기술을 수익화할 수 있도록 도와준다. 이런 열정 경제에는 나이 제한이 없다. 즉 연령대를 뛰어넘어 디지털을 활용하여 경제를 창출할 수 있는 시대가 오고 있다. 이 밖에도 스포츠 비즈니스와 여행 비즈니스처럼 실외에서 다양한 체험과 경험을 할 수 있도록 돕는 경제도 창출되고 있다. 이런 다양한 방식의 비즈니스는 사람들의 창업에 대한 두려움을 없애 주는 계기가 되기도 한다. 시니어 패션의 선두주자인 더뉴그레이 권정현 대표는 "그동안 디지털 열정 경제에서 침묵했던 고연령층에서 더 큰 기회가 만들어질 수도 있다"고 조언했다.

온라인 교육보다 취미 클래스 시장에 주목하라

최근 3년간 집에서 대부분의 일상생활을 누려야 했던 사람들에게 온라인은 업무의 공간과 학습의 시간을 제공했다. 일상을 보내는 데에 필수적인 역할을 오프라인을 대신해 온라인이 해 왔던 것이다. 그렇게 3년의 시간을 보내고 나니 사람들은 온라인에서의 학습이 효율적이고 효과적이라는 것을 알게 되었다. 동시에 여유 시간에 취미를 하나쯤 갖는다는 것이 얼마나 소중한 것인가를 깨닫게 되었다. 즉 사람들의 학습 반경이 온라인 교육에서 취미 클래스로 확장되기 시작한 것이다.

실제로 뱅크샐러드 데이터 리포트에 따르면, 전 연령대에서 온라인 클래스를 활용해 취미 활동을 하는 사람들이 크게 늘고 있다. 클래스101, 탈잉, 패스트캠퍼스 등으로 대표되는 온라인 클래스 플랫폼 이용자는 그동안 꾸준히 증가해 왔으며, 실외에서 마스크를 벗기 시작한 이후에도 이 추세를 이어가고 있다. 특히, 세부 콘텐츠를 기준으로 살펴보면, 전 연령대에서 취미 클래스의 소비가 10대 115%, 20대 92%, 30대 93%, 40대 107%, 50대 110%로 크게 증가한 것으로 나타나고 있다.[12]

온라인 취미 클래스는 소비자가 아닌 생산자 관점에서도 흥미로운 추세를 보이고 있다. 온라인 클래스 플랫폼들에 따르면 20~30대는 크몽, 숨고, 오투잡 등을 통해, 40~50대는 클래스101, 쿡민레시피 등을 통해 자신의 재능 콘텐츠를 올려놓고 판매하고 있다.[13] 즉 플랫

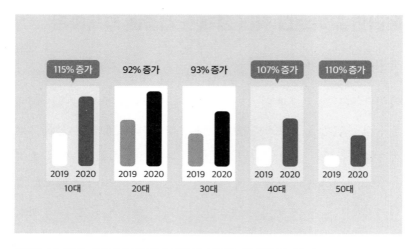

그림 1-6 | 2019~2020년 연령별 온라인 취미 클래스 결제 건수 증감 비교(자료: 뱅크샐러드 데이터 리포트)

폼에 따라 주 사용 연령층은 다르지만 모든 연령대가 콘텐츠 생산자이고, 전 연령대에서 열정 경제가 활성화되고 있는 것이다.

모든 연령대가 참여하는 열정 경제는 음악과 춤을 즐기는 취미 활동에서도 두드러진다. 일례로 1인 1반려악기 문화를 만들어 가는 문카데미가 있는데, 문카데미는 악기를 배우고 싶은 사람들에게 악기를 쉽게 빌려주고 집에서 레슨을 받을 수 있게 도와주는 플랫폼이다. 흥미로운 것은 문카데미의 악기는 주로 가야금, 해금 등 전통악기인데, 이를 배우고자 하는 사람들이 고연령층에서 젊은 연령층으로 확대되고 있다는 점이다.[14]

TV방송을 비롯한 다른 매체들에서 춤 경연 프로그램이 많이 나오자 어머니와 딸, 아버지와 아들, 부부가 함께 춤을 배우는 문화도 나타

났다. Mnet의 〈스트릿 우먼 파이터(스우파)〉〈스트릿댄스 걸스 파이터
(스걸파)〉〈스트릿 맨 파이터(스맨파)〉의 인기에 힘입어 춤을 배우려는
다양한 연령대의 초보자들이 댄스학원으로 몰려간 것이다. 실제로 댄
스 스튜디오 업계에 따르면 최근 춤을 배우고자 하는 사람들은 10대
뿐 아니라 40~50대에 이를 만큼 연령대가 눈에 띄게 넓어졌다고 한
다. 〈스우파〉 우승팀 홀리뱅의 취미 클래스를 연 클래스101도 "10대
자녀가 50대 어머니와 함께 수강해도 괜찮은지 등 폭넓은 연령대의
문의를 받고 있다"고 전했다.[15]

이렇게 모든 연령대가 참여하는 음악과 춤의 열정 경제는 국민
예능 프로그램인 KBS 〈전국노래자랑〉에서도 확인할 수 있다. 최근
MC로 예능인 김신영이 발탁되면서 〈전국노래자랑〉은 전 연령대를
아우르는 프로그램이 됐다. 출연자부터 게스트, 관람객, 시청자까지
모든 연령대가 참여하기 시작한 것이다. 이에 대해 한 시청자는 "이런
변화에서 '시대의 전환'을 실감한다"고 표현하기도 했다.[16] 더뉴그레
이의 권정현 대표는 이런 현상을 두고 "모든 연령대가 주체적인 삶을
살기 시작하면서 자연스럽게 취미를 즐기게 되고, 그것이 정신적 노
화를 늦출 수 있는 원동력이 된다"고 설명했다.[17]

소셜 믹스가 아닌 소셜미디어 믹스

온라인 취미 클래스의 확산은 소셜미디어의 사용에서도 변화를 가져

왔다. 온라인 취미 클래스에서 문학이나 글쓰기를 접한 젊은 연령층은 책과 오디오북에 관심을 갖기 시작했고, 이미지와 동영상에 익숙해진 고연령층은 반대로 틱톡과 같은 숏폼 소셜미디어의 사용 시간을 늘리기 시작한 것이다. 우리가 알고 있던 소셜미디어의 사용 관행이 열정 경제 안에서는 서로 섞이는 양상을 보인다. 그것을 '소셜미디어 믹스social media mix'라고 한다.

코로나19 팬데믹을 거치면서 사람들이 집에서 유튜브나 넷플릭스를 주로 보고 책을 읽지 않게 됐다는 통계가 있었다. 그러면서 젊은 연령대로 갈수록 텍스트를 멀리하고 책을 읽지 않는다는 착각이 생겼다. 하지만 실제로는 그렇지 않다. 앱/리테일 분석 서비스 업체인 와이즈앱이 조사한 결과에 따르면, 우리나라의 10~20대 소셜미디어 사용에서 텍스트를 중심으로 한 트위터가 영상을 중심으로 한 틱톡의 사용자를 앞선 것으로 나타났다. 한국 10~20대의 트위터 사용자는 349만 명인 반면 틱톡 사용자는 274만 명으로 집계된 것이다.[18]

동시에 틱톡에서는 흥미로운 열정 경제 콘텐츠가 포착됐다. 틱톡에서 '북톡(#booktok)'을 검색하면 '책 언박싱' '책장에 정리된 책들' '좋아하는 문장 낭독' '책을 읽으며 리액션하기' '책 속 캐릭터 연기' 등 수많은 책 콘텐츠가 등장한다. 이런 북톡 콘텐츠는 2022년 말까지 조회 수가 약 910억 회에 달한다. 뿐만 아니라 젊은 여성들 사이에서는 틱톡에서 자신이 좋아하는 책을 '핫걸북스(#hotgirlbooks)'로 공유하는 것이 자연스러운 일이 되었다. 핫걸북스의 조회 수는 약 1200만 회를 넘겼다. 더욱 놀라운 것은 틱톡에 공유되고 있는 책 콘텐츠가 전

그림 1-7 | 틱톡에서 #booktok 검색 화면 캡쳐(출처: 틱톡)

자책이 아닌 종이책을 대상으로 하고 있다는 점이다. 젊은 연령층 사이에서 책을 읽는다는 것은 '멋'이고, 책 자체가 패션 아이템이 되기도 한다.[19]

틱톡 내에서의 이런 변화는 실제 종이책 판매에도 엄청난 영향을 미쳤다. 미국의 서적 데이터 서비스인 NPD 북스캔NPD Book Scan에 따르면, 2021년 미국에서만 8억 2500만 권의 종이책이 판매됐는데 이는 책 판매 데이터가 집계된 2004년 이후 가장 많은 수치였다. NPD 북스캔은 이 기묘한 성과를 북톡의 영향으로 보고 있다. 북톡은 책 순위의 역주행도 만들어 냈다. 2011년 출간된 매들린 밀러Madeline Miller의 소설 《아킬레우스의 노래The Song of Achilles》는 틱톡에서 재조명된 후 일주일에 1만 부씩 판매되더니 뉴욕타임스 베스트셀러 21주 연속 1위를 달성했다. 2017년 출판된 E. 록하트E. Lockhart의 소설 《우리는 거짓말쟁이We Were Liars》 또한 북톡을 통해 4년 만에 베스트셀러가 됐다.

이러다 보니 미국 최대 서점 반스앤노블Barnes & Noble은 온·오프라인 매장에 '북톡BookTok'이라는 카테고리를 만들고 북톡 차트를 따로 소개하고 있다. 나아가 반스앤노블과 틱톡은 독자들이 틱톡에서 좋은 책을 공유할 수 있도록 '북톡 챌린지(#BookTokChallenge)'를 진행했고, 모든 연령대에서 참여가 활성화됐다.[20] 숏폼 플랫폼이 젊은 연령층의 전유물이라고 생각됐지만 종이책을 중심으로 소셜미디어 믹스가 일어났고 온·오프라인 믹스로도 이어진 것이다. 이제 미국에서는 틱톡이 아마존보다 책을 더 잘 판다. 그래서 출판 업계는 틱톡을 종이책 홍보의 가장 중요한 채널로 생각한다.

팬데믹을 통해 틱톡 내에서 종이책과 동영상의 유기적 상호 작용이 일어났다. 틱톡을 통해 좋아하는 책을 추천하고 공유하면서 종이책 시장이 활성화됐고, 그것을 모든 사람들이 즐기는 문화가 형성됐다.

영국출판협회 CEO 스티븐 로딩가 Stephen Lodinga[21]

이런 흐름에서 125년 된 뉴욕 공립도서관은 인스타그램에서 책을 읽는 '인스타 노블insta novel'을 선보이기도 했다. 인스타그램의 스토리와 하이라이트 기능을 활용해 인스타그램에서 고전 소설을 읽게 만든 것이다. 이는 종이책에 대한 젊은 연령층의 관심을 좀 더 확산시키고, 기존의 종이책에 익숙했던 고연령층에게도 신선한 소셜미디어 콘텐츠를 제공하겠다는 의도가 반영된 것이다. 인스타 노블은 뉴욕 공립도서관의 방문 연령대를 폭넓게 확산하는 계기가 되기도 했다.[22]

종이책을 중심으로 한 소셜미디어 믹스 현상은 오디오북으로도 이어진다.[23] 우리나라에서도 젊은 연령대가 책에 대해 높은 관심을 보이자 네이버, 카카오페이지, CJ ENM, 그리고 음악 스트리밍 서비스를 제공하는 스포티파이Spotify까지 오디오북 시장에 진출하고 있다.[24] 이렇게 플랫폼과 콘텐츠가 다양해지자 노안이나 눈의 피로로 책을 읽기 어려워했던 고령층까지 오디오북을 소비하기 시작했다.[25] 그래서 KBS 성우 출신들로 이뤄진 낭독 공연팀인 '북텔러리스트'도 생겼고, 낭독 공연도 활성화되기 시작했다.[26] 폭발적으로 성장하고 있는 오디오북 시장에 사용자 연령대의 확산이 촉매제로 작용한 것이다.

열정 경제의 소셜미디어 믹스는 단순히 종이책과 오디오북 확산에만 그치지 않는다. 이커머스와 숏폼 플랫폼에 익숙해지기 시작한 고연령층이 숏폼과 라이브 커머스를 통해 쇼핑을 하기 시작한 것이다. 중국에서는 틱톡의 전체 사용자 중 40세 이상이 25%를 넘게 차지하고 있고, 이전보다 연령대가 높은 인플루언서들이 이들의 구매를 유도하고 있다. 베트남에서는 페이스북을 통한 60대 이상의 구매가 매년 30%씩 증가하고 있다.[27] 그리고 GS샵 TV 홈쇼핑 채널에는 넷플릭스 드라마 〈블랙의 신부〉 출연진이 등장하기도 했다. 드라마 배우들과 쇼호스트가 고연령층이 주로 보는 홈쇼핑에서 넷플릭스 드라마를 소개했고, '라이브 톡'을 유도했다. 결과적으로 이 방송은 동 시간대 GS샵 방송 대비 시청률이 63% 높게 나타났고, 라이브 톡 메시지도 2만 건을 훌쩍 넘었다. 그리고 이 방송을 본 시청자들은 넷플릭스에 가입하기도 했다.[28]

결국 젊은 연령층이 이미지, 영상 중심의 소셜미디어에서 텍스트, 책, 오디오 중심의 소셜미디어로 소비 영역을 넓히고, 고연령층은 반대로 텍스트 중심에서 이미지, 영상 플랫폼으로 나아가고 있다. 모든 연령층에서 새로운 것을 접하고자 하는 열정이 강하게 드러나고 있는 것이다.

사서 고생하는 여행자 호모 비아토르

온라인에서 취미 클래스가 활성화되고, 소셜미디어 믹스가 일어나고

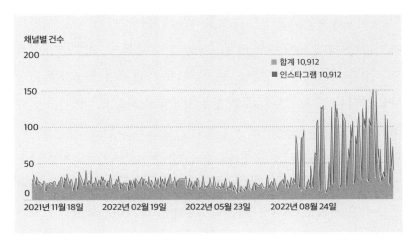

그림 1-8 | 소셜 빅데이터 분석 플랫폼의 '배낭여행' 언급량 분석 결과(자료: 썸트렌드)

있다면 오프라인에서는 어떤 열정 경제가 나타날까? 바로 여행이다. 그리고 그 중심에 사서 고생하는 열정 여행자, '호모 비아토르homo viator'[29]가 있다. 코로나19 팬데믹이 종료되면서 여행 수요가 많아질 것이라는 건 누구나 예상할 수 있는 일이다. 하지만 여행과 열정 경제가 더해지면? 누구도 예상하지 못한 색다른 트렌드가 생긴다. 그동안은 여행 하면 쉼, 여유를 떠올렸지만 이제 걸어서 여행지 구석구석을 다녀 보는 도보여행, 그리고 20년 전에 많이 떠났던 배낭여행이 다시 활성화되기 시작한 것이다. 사람들은 이제 그간 잘 알려지지 않았던 곳들을 누비고 싶어 한다. 기존의 여행 경험에서 벗어나 색다른 모험을 추구하길 원하기 때문이다. 그러면서 현지 지역사회와 소통하고 싶어 하기도 한다. 이것을 북유럽에서는 '프리루프트슬리프friluftsliv', 즉 자유롭게 자연과 함께하는 야외 생활이라고 하는데, 여행 업계에 따르면, 이것이 2023년의 주요 여행 테마로 자리 잡게 될 전망이다. 실제로 소셜 빅데이터 분석 플랫폼 썸트렌드에서 '배낭여행'에 대한 언급량을 분석한 결과, 실외 마스크 착용이 해제된 2022년 9월 이후 언급량이 폭발적으로 증가했다.

유럽의 바이웨이 트래블Byway Travel은 사람들에게 "그 위를 나는 것이 아니라 그곳을 여행함으로써 세상을 발견하라"는 슬로건을 내세우기 시작했다. 일본 JR 큐슈는 오지 섬으로 가는 관광열차를 신설했고, 미국에서는 자유롭게 타고 내릴 수 있는 기차여행이 부활하고 있다.[30]

열정적으로 스포츠를 즐기는 여행, 스포츠케이션의 등장

또 다른 열정 경제 속 여행 트렌드로 주목받고 있는 것이 스포츠케이션sportscation이다. 최근 3년간 활발한 야외 활동을 하지 못했던 사람들이 스포츠가 결합된 테마 여행을 찾기 시작한 것이다. 여행 업계는 스포츠케이션을 그동안 집에만 머물면서 억눌렸던 사람들의 스트레스와 새로운 스포츠에 대한 호기심이 결합된 결과로 보고 있다.

스포츠케이션 트렌드에 따라 인터파크투어는 자전거를 즐기는 사람들을 대상으로 '괌 사이클링' 여행 상품을 출시하기도 했다. 이상품을 통해 괌에서 열리는 국제 사이클링 대회에도 참여할 수 있다. 꼭 대회에 참여하지 않더라도 자전거를 통해 괌을 여행할 수 있는 기회를 마련한 상품이다. 인터파크투어는 여기에 괌 마라톤 대회에 참여할 수 있는 상품도 준비 중이다.[31] 그리고 최근에는 강원도 태백 운탄고도를 트래킹하는 상품도 출시됐다. 이는 석탄을 싣고 달리는 차들이 오가던 폐광 지역을 걷는 상품으로, 트래킹을 스포츠로 즐기는 사람들을 위한 것이다.

한편 풋볼리스트Footballist는 '진짜 유럽축구 배낭여행'을 출시하기도 했다. 영국 프리미어리그EPL 개막전부터 런던, 맨체스터 등에서 열리는 축구 빅 매치를 직접 보기 위해 떠나는 여행이다. 경기가 없는 날에는 주요 명문 구단의 홈 구장을 방문하는 일정도 있다. 모든 일정에는 풋볼리스트 축구 전문기자가 동행하며 스포츠에 지식 콘텐츠를 결합했다.[32]

만들거나 사용하거나, 디지털로 연결된 창업 시대

열정 경제에서는 생산적인 활동도 일어난다. 바로 창업이다. 《매일경제》와 신한카드 빅데이터연구소가 함께 조사한 보고서에 따르면, 코로나19가 확산된 2년 동안 전체적으로 창업은 감소했지만 20대와 60대의 창업은 오히려 늘어난 것으로 나타났다. 20대 창업은 2019년

12.5%, 2020년 13.3%, 2021년 14.2%로 계속 증가했다. 60대 창업 역시 2019년 10%, 2020년 11.2%, 2021년 11.4%로 늘었다.[33] 일각에서는 20대와 60대 창업이 동시에 늘어나게 된 원인으로 취업에 대한 어려움과 퇴직으로 인한 어쩔 수 없는 선택을 꼽기도 하지만 한편으로는 새로운 경제 활동 방식의 등장으로 보고 있다.

열정 경제의 창업은 그전까지와는 방식이 좀 다르다. 디지털을 활용한 무인 창업이 대세이다. 직장을 다니는 사람이 소득을 올리기 위해 부업으로 창업을 할 경우, 인건비 부담을 줄이려고 사람을 쓸 필요가 없는 무인 창업을 선택하는 경우와 디지털 기기 사용에 익숙해진 고연령층의 무인 창업이 더해진 결과이다. 무인 창업은 카페, 디저트, 편의점, 사진관 등 업종을 가리지 않고 아루어진다.[34]

열정 경제에서 창업은 단순히 무인 매장을 통한 부업에 그치지 않는다. 젊은 연령층은 고연령층을 위한 일자리를 창출하는 디지털 플랫폼을 만들고, 고연령층은 디지털을 사용하는 데에 따른 어려움을 극복하고 적극적으로 그 플랫폼 안에 뛰어들기 시작했다.

예를 들어 세컨드투모로우2nd Tomorrow는 50대 이상의 경험 자산을 콘텐츠로 만들고 필요한 곳에 연결하는 사업을 진행하고 있다.[35] 세컨드투모로우의 콘텐츠는 지역의 활성화와 로컬 여행에 가장 많이 활용되고 있다. 시니어 이커머스 플랫폼 스타트업인 그레이스케일은 시니어 소비의 온라인화를 추구하여 다양한 시니어 제품을 온라인과 모바일에서 판매하고 있다.[36] 더뉴그레이는 시니어 패션 컨설팅과 메이크오버를 제공한다. 시니어 인플루언서인 '아저씨즈'를 발굴하고,

그림 1-9 | 더뉴그레이의 '아저씨즈'(출처: 퍼블리)

이를 통해 시니어 패션에 대한 고정관념을 허물며 주요 백화점, 여러 패션 브랜드들과 함께 메이크오버 프로젝트를 전개하고 있다.

시니어 열정 경제를 잘 활용하면 글로벌로 진출할 수도 있습니다. 사실 글로벌하게 시니어 비즈니스를 잘하는 곳은 없어요. 한국만큼 초고령화 되어 가면서도 디지털에 강한 나라가 거의 없기 때문이죠. 잘하면 한국이 이 영역에서 글로벌 표준 비즈니스를 만들 수도 있다고 봅니다.

→ 더뉴그레이 권정현 대표

열정 경제는 기존 고객이 아닌 신규 고객을 창출한다

이렇게 특정 세대에만 초점을 맞추지 않고, 새로운 기술에 대한 두려움을 극복한 사람들의 '시대'를 보면 다양한 곳에서 열정 경제가 형성되고 있다는 것을 알 수 있다. 모든 연령대, 특히 10대, 40대, 50대에서 100% 이상 성장하고 있는 온라인 취미 클래스와 그 클래스에 콘텐츠를 제공하고 있는 다양한 사람들에 주목해야 한다. 또한 종이책을 즐기기 시작한 젊은 연령층과 틱톡, 라이브 커머스를 즐기기 시작한 고연령층을 살펴보면, 모두 기존 고객과 다른 신규 고객의 시장을 열어 주고 있다는 점을 파악할 수 있다.

사실 최근 3년간 많은 업계에서 마케팅을 할 때 신규 고객을 유치하기보다 기존 고객을 유지하는 것에 초점을 맞춰 왔다. 급변하는 경제 환경에 따라 경영 전략이나 마케팅 전략을 보수적으로 수립할 수밖에 없었고, 그래서 기존 고객 관리에 더 집중해 왔던 것이다. 하지만 시대가 달라졌다. 이제 각 업계에서 눈여겨보지 않았던 사람들, 열정 경제를 추구하고 있는 다양한 연령대의 사람들에게 주목할 때가 왔다. 새로운 비즈니스는 그곳에서부터 열릴 것이다.

함께 읽으면 더 좋은 책

《세대 감각-시대의 변화를 직시하는 법》 (바비 더피 지음)

저자는 '언제 태어났는지'로 다른 사람을 판단할 수 없고, 그렇기 때문에 '세대 담론'은 오염됐다고 보고 있다. 그래서 시대의 변화를 이해하는 '시대 감각'을 갖출 것을 권한다. 그리고 저자는 세대 외에도 특정 경험을 공유하는 사람들의 공통 가치인 코호트, 생애 주기, 시대의 영향을 복합적으로 고려하여 시대 변화를 직시해야 한다고 주장한다.

《그런 세대는 없다-불평등 시대의 세대와 정치 이야기》 (신진욱 지음)

저자는 '이대남'이나 '이대녀'처럼 세대론적 시각에 기초한 담론, 비교·대비를 선호하는 세대 담론을 비판하고 있다. 같은 세대 안에서도 다양성이 존재하고, 동시에 공통적인 문제가 여러 세대를 관통하기도 한다는 것이다. 그래서 저자는 결론적으로 말해 "그런 (즉 특정 이미지로 형상화되는) 세대는 (실제로는) 없다"고 말한다.

2장	**똑똑한 기회주의자 VS. 불경기 비관주의자**
	위기에 위축될 것인가? 아니면 위기를 이용할 것인가?

제2의 IMF, 닥터 둠 전성시대?

2023년 거시경제에서 최대 화두는 인플레이션과 경기침체이다. 그래서일까? 올 한 해는 우울한 상황이 펼쳐질 것이라고 전망하는 전문가들이 많아졌다. 이른바 전 세계적인 경제위기와 경기침체를 예고하는 사람들, 닥터 둠doom의 전성시대가 온 것이다.

실제로 한국경영자총협회가 전국의 대학교 경제·경영학과 교수들에게 2023년 우리나라의 경제 전망에 관한 의견을 물은 결과, 52.7%가 "경제는 2008년 금융위기 때보다 어렵거나 비슷하다"고 답했다. 그리고 응답자의 78%가 우리나라 경제가 회복되는 시점으로

"2024년 이후"를 꼽았다. 여기에 더해 최근 경제와 관련해 가장 높은 대중적 인지도를 확보하고 있는 유튜브 채널 〈삼프로 TV〉의 김동환 이브로드캐스팅 이사회 의장 역시 '40년만의 고 인플레이션의 시대'가 도래함에 따라 "양적 긴축과 스태그플레이션이 올 수 있기 때문에 위기의식을 느껴야 한다"고 말했다.[1]

　이렇듯 거시경제 전문가들은 2023년을 한마디로 경기침체기, 불경기로 정의하고 있다. 그래서 많은 트렌드 책 역시 과거 1970년대 1, 2차 오일쇼크와 2008년 글로벌 금융위기를 살펴보며 2023년의 트렌드를 예견하고 있다. 특히, 우리나라의 경우 2023년이 1997년의 IMF 외환위기와 비슷할 것이라고 바라보는 예측과 그때보다 더 안 좋은 경제 상황에 놓일 수도 있다고 바라보는 비관적인 시각이 존재한다. 그래서 다른 메가 트렌드보다도 경기침체와 관련된 세부 키워드들이 매우 다양하게 등장했다. 우리가 트렌드 책에서 뽑아낸 키워드들은 다음과 같다.

　　'불확실성, 무역갈등, 인플레이션, 체리슈머, 과시적 비소비, 무지출, 돈잔돈잔, 스크루플레이션, 생존 재테크, 짠테크, 체리슈머, 스크루지 효과'

　이 중에서 가장 유명한 트렌드 책은 한정된 자원을 극대화하기 위해 알뜰하게 소비하는 전략적 소비자라는 '체리슈머'라는 키워드를 제시했다. 그리고 다른 트렌드 책은 무지출과 비소비를 선택하는 것을 과시하는, 그래서 돈을 적게 들이면서 자신의 개성을 드러내는 '과시적 비소비'를 전면에 내세웠다. 이 외에도 '짠테크'라는 용어가 나왔는데, 짠테크는 짠돌이 재테크의 줄임말로, 고금리, 고물가, 고환율 등 3고 현상이 장기화되면서 대두되고 있는 트렌드이다. 그래서 먹방보다는 소식하는 것, 무지출 챌린지, 디지털 폐지 줍기라는 앱 테크 등이 소비 트렌드로 제안되기도 했다. 소비를 최소화하고 돈을 아끼면서 투자에 대해 보수적으로 대응하는 것이 메가 트렌드로 등장하고 있다.

뭇매 맞은 무지출 챌린지

하지만 경기침체라고 해서 돈을 쓰지 않고 투자도 하지 않는 것이 우리 앞에 놓인 유일한 선택지일까? 혹시 절호의 찬스를 놓치고 있는 것은 아닐까? 위기를 객관적으로 바라보고 현명하게 대처하는 것은 합리적이지만 한편으로는 너무 부정적인 관점에 사로잡혀 진취적인 생각과 행동까지 제한되는 것은 문제가 될 수 있다. 실제로《부자 아빠 가난한 아빠》로 유명한 로버트 기요사키Robert Kiyosaki는 오늘날의 경제 상황에 대해 트위터에서 "고인플레이션 시대에 저축을 하면 오히려 더 가난해질 수 있다"고 주장했다. 그의 논리는 이렇다. 금리를 올리는 것은 물가를 낮추기 위한 것이 아니라 물가상승률 폭을 줄이는 것이다. 즉 상승폭은 적지만 물가는 꾸준히 상승할 수밖에 없다. 그렇다면 화폐의 가치는 매년 사라지게 된다. 결국 저축에 따른 이자 수익은 물가를 넘을 수 없기 때문에 저축을 하면 오히려 가난해질 수 있는 역설이 발생한다. 그래서 경기침체기에 살아남기 위해서는 다른 투자 방법들을 연구하고 스스로 기회를 찾아야 한다는 것이다.[23]

한편 2022년 8월 기획재정부 인스타그램에 올라온 한 게시물이 여론의 질타를 받기도 했다. 기획재정부는 '3만 원에 육박하는 수제버거'와 '대형 마트에서 파는 값싼 햄버거'를 비교하며 '당신의 소비 트렌드'는 무엇인지 물었다. 그러면서 '가성비를 높인 실속 소비성향'을 강조하는 듯한 방향성을 제시했다. 이에 대해 사람들은 "국민들이 과소비한다며 가스라이팅에 들어간 것 같다"고 부정적 시각을 내비쳤다. 이런 일은 또 있었다. 기획재정부는 인스타그램에 "지출 0원에 도전하기 가능하신가요? 도전해 보실래요?"라며 이른바 '무지출 챌린지'를 독려하는 게시물을 올렸다가 대중의 뭇매를 맞고 삭제하기도 했다.[4]

경기침체기에 돈을 쓰지 않는 것이 근본적인 해결책은 아닌 듯하다. 이제는 사람들 역시 조장된 분위기에 휩쓸리지 않는다. 실제로 비소비 관련 키워드에 대한 사람들의 인식은 그리 긍정적이지 않다. 소셜 빅데이터 분석 플랫폼인 썸트렌드를 통해 '무지출 챌린지'와 '짠테크'에 대한 긍·부정 분석을 한 결과, 부정적 반응은 각각 50%, 40%로 나타났고, '무지출 챌린지'에 대한 부정적 연관어로는 '논란, 뭇매 맞다, 이해되지 않다, 어렵다, 힘들다, 어이없다' 등으로, '짠테크'에 대한 부정적 연관어는 '불행하다, 비웃다, 관심 없다, 거절' 등으로 나타났다.

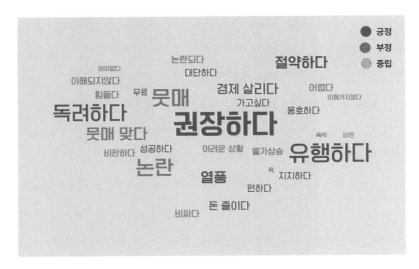

그림 2-1 | 소셜 빅데이터 분석 플랫폼의 '무지출 챌린지' 긍·부정 분석 결과(자료: 썸트렌드)

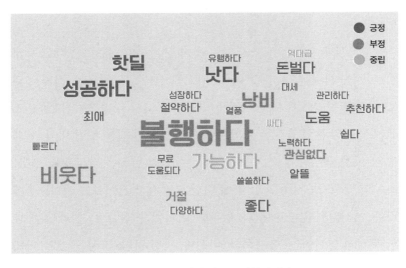

그림 2-2 | 소셜 빅데이터 분석 플랫폼의 '짠테크' 긍·부정 분석 결과(자료: 썸트렌드)

'반면교사'를 넘어 '타산지석'의 자세로

이제 우리는 근본적인 화두를 던져 보고자 한다. 과연 우리 앞에 놓인 경기침체가 과거 1970년대 오일쇼크, 1997년 IMF 외환위기, 2008년 글로벌 금융위기 등과 판박이일까? 그래서 우리는 이대로 위기에 위축되어야 할까? 만약 과거를 반면교사 삼는다면 우리는 위기에 휩쓸려 내려가지 않기 위해 몸을 사려야 할 것이다. 하지만 과거의 경험에서 교훈을 얻고 위기 속에서 기회를 엿보는 타산지석의 자세를 생각한다면 새로운 관점을 발견할 수 있다.

타산지석의 좋은 예를 보자. 방송인으로 활발하게 활동하고 있는 전 농구선수 서장훈은 700억대 부동산 소유자로도 잘 알려져 있다. 그가 이렇게 부동산으로 큰 자산을 만들 수 있었던 계기는 IMF 외환위기 때 적절한 투자를 했던 덕분이라고 전해진다. 외환위기를 거치면서 부동산 가격이 하락했고, 경매로 나왔던 좋은 빌딩을 매입해 투자비용을 낮췄던 것이 현재 서장훈의 자산 형성에 큰 역할을 한 것이다. 서장훈은 당시 빌딩 매입을 결정하는 데에 두려움이 있었던 것도 사실이지만 과거를 교훈으로 삼아 과감한 결정을 내렸다고 알려져 있다. 그런데 사람들은 위기 때 내린 과감한 결정보다 현재 평가받는 700억대의 자산 규모만 본다. 이렇게 큰 자산의 형성은 위기 때 가만히 있는다고 자연스럽게 만들어지는 것이 아니다. 현명한 안목을 갖추고 과감한 결정이 뒷받침되어야 가능하다. 우리가 쉽게 간과하는 부분이다.

이 사례는 일반적으로 이야기할 수 없는 경우이지만 경기침체와 같은 큰 위기 상황은 대규모의 변화를 일으키는 것이 분명하고, 그 안에서 특별한 기회가 생길 수 있다는 것을 잘 보여 준다. 그리고 그 특별한 기회는 '부의 재분배'이다. 현재 노동소득과 저축을 통해서는 벌어질 대로 벌어진 자산 격차를 좁힐 수 없다. 금융 투자 플랫폼 콴텍의 이상근 대표는 "지금처럼 금리가 인상되고 주가가 하락하는 이런 상황에서야말로 역발상이 필요하다"고 강조한다. 부의 재분배를 위한 기회를 살피고 역으로 잘 활용한다면 우리 각자의 인생을 재설계할 수도 있다는 것이다.

부의 재분배는 단지 부동산이나 주식 투자를 통해서만 일어나는 것이 아니다. 부의 재분배를 일으키는 또 다른 분야가 있다. 바로 기술 혁명이다. 다시 과거를 돌아보자. 2008년 글로벌 금융위기 때 세상을 바꾼 혁신 기술이 등장했다. 바로 아이폰과 앱 생태계였다. 이를 바탕으로 오늘날 모든 시장을 주도하고 있는 인스타그램, 핀터레스트, 왓츠앱, 슬랙Slack 등이 등장했다. 그리고 공유경제의 개념과 비즈니스 역시 이때 생겨났다. 에어비앤비, 우버 같은 무형의 자산을 가지고 유형의 가치를 만들어 내는 사업들이 모두 2008~2009년에 선보여졌다. 오히려 글로벌 금융위기가 혁신 기업과 스타트업의 황금시대를 열었고 이때 등장한 기업들은 위기를 발판으로 고성장을 거듭했다.[5] 즉 경기침체가 일어나면 그 위기를 극복하기 위한 혁신 기술과 기업이 반드시 등장한다. 그리고 그 기술과 기업을 통해 새로운 비즈니스 기회가 열린다.

지금도 마찬가지이다. 워런 버핏의 버크셔 해서웨이는 2022년 11월 기준, 하락장 속에서도 혁신 기술과 가치주 투자 전략으로 높은 실적을 거뒀다. 버크셔 해서웨이는 S&P500의 수익을 크게 상회하는 실적을 보이며 기업가치 6873억 달러로 S&P500에서 다섯 번째로 큰 기업이 된 것이다. 그 투자의 중심에 반도체 기업 TSMC가 있었다. 버핏은 경기침체에도 기술 우위 기업이 모든 비즈니스의 생산·공급망을 좌우할 것이라고 봤다. 그리고 에너지 기술 기업에도 투자를 지속했다. 최근 경제위기에 한몫한 국제사회 갈등이 에너지를 중심으로 한 힘 싸움의 결과라고 봤기 때문이다. "침체기 후 성장할 기술에 투자하라." 이것이 워런 버핏의 위기 속 전략이다.

우리는 호모 이코노미쿠스이다

전문가들은 위기 때에 당연히 경고를 해야 하고, 보통 사람들은 보수적일 수밖에 없다. 하지만 한편으로 우리는 활발한 경제 활동 속에서 즐거움을 느끼는 인간, '호모 이코노미쿠스homo economicus'이다. 그래서 사람들은 소비를 당장 줄이기 어렵다. 아주 적은 금액의 돈은 아낄 수 있겠지만 쉽지 않을 것이다. 왜냐하면 '톱니 효과ratchet effect' 때문이다. 이 이론은 소득이 늘어날 때 소비도 그만큼 늘어나지만 반대로 소득이 줄어들 때는 소득이 감소하는 것보다 훨씬 적게 소비를 줄인다는 이론이다. 결국 한번 커진 씀씀이는 돌아오기 힘들다는 뜻이다.

거시적으로도 그렇다. 존경받는 투자자로 알려져 있는 켄 피셔Ken Fisher 피셔 인베스트먼트 회장은 "최악의 투자심리를 보이는 불신의 비관론이 팽배할 때, 시장은 완벽한 경기개선 신호 전에 회복의 시그널을 보인다"고 주장했다.[6] 즉 위기 때가 투자의 적기라는 것이다. 그래서 불경기에 부자가 되고 싶다면 비관주의자가 아닌 경기침체를 잘 활용할 줄 아는 똑똑한 기회주의자가 되어야 한다.

우리는 거시경제를 전망하거나 투자에 대한 조언을 하는 것이 아니다. 돈을 쓰지 않는 것이 메가 트렌드라고 말하는 관점 외에도 새로운 선택지가 있을 수 있다는 점을 말하고자 한다. 그리고 이를 통해 똑똑한 기회주의자가 되어서 새로운 기회를 엿보자는 것이다. 그럼 그런 기회는 어디서 찾아볼 수 있을까?

> 때때로 세상은 희망이 사라진 듯해 보인다. 하지만 변화가 일어나고 있으며, 낙천주의는 부정적인 정서를 밀어내고 기쁨과 쾌락의 충만한 감정을 선사할 것이다. 그래서 낙천주의는 냉혹한 것이 아니라 반항적인 것이며, 불확실한 시대에는 용감한 선택이다.
>
> **WGSN 〈미래의 소비자 보고서〉 중에서**

위기 때 태동하는 똑똑한 스타트업

과거에서 배울 수 있듯이 경기침체는 필연적으로 기술혁명을 불러

일으킨다. 그리고 그 혁명은 스타트업에서 시작된다. 실제로 스타트업 업계에서는 이와 같은 어려운 시기가 스타트업을 시작하기에 적기라고 말한다. 글로벌 투자사 앤틀러Antler의 대표 마그너스 그라임랜드Magnus Grimeland는 글로벌 스타트업 축제인 '컴업 2022'에서 "투자혹한기가 최고점을 지났다. 지금이 창업하기에 최적기이다"라고 주장했다. 게놈 분석, 인공지능, 머신러닝 등 기하급수적으로 발전하는 기술이 창업의 기회를 열고, 창업을 돕기 때문이다.[7]

기술만 발전하는 것이 아니다. 인력도 몰린다. 경기침체기에는 오히려 스타트업에서 쉽게 인재를 확보할 수 있다. 최근 3~5년간의 인플레이션은 임금을 인상시키고 자본력을 갖춘 소수 기업에 인재가 몰리도록 만들었다. 하지만 경기침체기에는 기존 거대 기업들과 성장이 정체되어 있던 큰 회사들이 인재를 밖으로 쏟아낸다. 그래서 스타트업이 더 좋은 인재를 흡수할 수 있다.[8] 여기에 더해 덩치가 크고 무거운 대기업은 확장에서 후퇴한다. 그때 스타트업은 그전보다 더 우호적인 경쟁 환경에서 사업을 전개할 수 있다. 그래서 경제가 위기일수록 스타트업에게 더 큰 기회가 될 수 있다는 것이다.

경기침체기에는 스타트업도 내실을 다질 수 있는 기회를 가진다. 투자자의 충분한 지원을 기대하기 어렵기 때문에 자생력을 갖춰야 하고, 수익 모델이 부실하거나 시장성이 부족한 기업은 이 기간을 버텨낼 수 없다. 이때 스타트업들은 혁신적인 기술 개발과 함께 건강한 재무와 수익구조를 만드는 데에 집중한다. 이 과정에서 옥석이 가려지는 것이다. 그래서 '경기침체기에 건강한 스타트업이 탄생한다'.[9]

초기 스타트업에 투자하는 액셀러레이터AC, AcCelerator는 경기가 침체기에 들어선 요즘 오히려 투자 금액을 늘렸다고 한다. 2022년 한국벤처창업학회 추계학술대회에서 킹고스프링 정진동 대표는 "초기 투자자 입장에서 보면 지금이 진정한 선수들이 두드러지게 나타나는 시점이 될 것이다. 1~2년 뒤를 본다면 지금 투자하는 것이 오히려 역설적으로 좋은 기회이다"라고 말했다.

초기 스타트업에 투자하는 액셀러레이터뿐 아니다. 그 이후 단계에서 더 큰 금액을 투자하는 벤처캐피털VC, Venture Capital 역시 투자를 늘린다. 투자 데이터 기업 피치북PitchBook에 따르면, 2022~2023년 미국 벤처캐피털 투자금은 1509억 달러 규모로 연간 최고치를 찍었다. 미국에서는 스타트업에 투자할 자금이 여전히 크고, 투자를 멈추지 않는다는 것이다.[10]

특히, 경기침체기에 결성된 벤처캐피털 펀드의 수익률은 높게 나타난다. 경기침체기에는 벤처캐피털의 투자 결정 속도 역시 느려지는데, 이는 더 면밀한 검토와 기업 실사를 가능하게 하여 결과적으로 더 나은 투자 결정을 하게 만든다. 거기에 스타트업의 가치 평가가 상대적으로 낮게 형성되면서 투자사 입장에서는 좀 더 낮은 밸류에이션으로 투자할 수 있다는 점이 복합적으로 작용한 결과이다.[11]

이렇듯 만약 스타트업 투자에서 새로운 기회를 볼 수 있다면 개인도 스타트업에 투자할 수 있다. 바로 크라우드 펀딩 플랫폼을 통하면 어렵지 않게 투자가 가능하다. 마치 크라우드 펀딩으로 어떤 제품과 서비스를 구매하듯이 스타트업을 '구매'한다고 생각하면 된다. 그

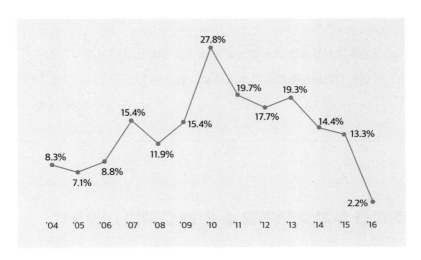

그림 2-3 | 2004년~2016년 연도별 미국 벤처캐피털 펀드 수익률(자료: 피치북)

래서 큰 금액이 아니더라도 스타트업 투자에 접근해 볼 수 있다. 해외에는 리퍼블릭Republic, 스타트엔진StartEngine 등이 있고, 한국에는 가장 대표적으로 크라우디CROWDY가 있다. 크라우디는 국내 수제맥주 1위인 '제주맥주', 펫 커머스 1위인 '펫프렌즈', 라이언 홀리데이 인 부산을 운영하는 '콘랩컴퍼니' 등의 초기 크라우드 펀딩을 진행했다. 그리고 와디즈WADIZ 역시 스타트업의 크라우드 펀딩 서비스를 전개하고 있다. 와디즈의 경우 제조 스타트업의 후속 유통까지 이어지는 서비스를 지원하고 있어 개인이 보다 안전하게 투자할 수 있다.

> 과거에 경기침체를 많이 경험해 본 미국과 유럽의 탑 티어 투자기업들은 이번 경기침체를 매우 큰 기회로 보고 있습니다.
>
> → 콴텍 이상근 대표

취미와 투자를 함께할 수 있는 컬렉팅 이코노미

스타트업에 관심이 없더라도 취미를 바탕으로 투자를 해 볼 수 있는 기회도 있다. 바로 '컬렉팅 이코노미collecting economy'이다. 컬렉팅 이코노미는 한마디로 나의 취미를 극대화하면서 실익까지 챙길 수 있는 경제 활동, 즉 수집 경제를 뜻한다. 그 대상은 내가 좋아하는 명품, 한정판 제품들, 희귀한 키덜트 제품 등 다양할 수 있다. 컬렉팅 이코노미는 나의 즐거움을 위한 소비이기도 하기 때문에 굳이 수집품의 가치가 상승하지 않아도 개인적 즐거움에 대한 보상은 충분히 챙긴 셈이다. 하지만 한정판 제품들의 경우 결국 시간이 지나도 자산 가치가 하락하지 않고, 가치 상승을 기대할 수 있기 때문에 수익을 챙길 수 있는 가능성이 높다.

우선 명품을 보자. 보통 명품 투자라고 하면 '샤테크'와 같이 샤넬처럼 고가의 명품을 구매해서 되팔았을 때의 수익을 생각하는 경우가 대부분이다. 하지만 컬렉팅 이코노미는 명품 제품뿐만 아니라 명품 주식을 포괄한다. 명품 가격이 매년 오르는 만큼 명품 브랜드의 주식도 성장하고 있고, 그만큼 사람들의 직접 투자 비중도 늘고 있기 때문이다. 한국예탁결제원에 따르면, 국내 투자자의 2021년 프랑스 주식 매수금액은 2020년에 비해 3.4배 늘어난 3623억 원이었고, 매년 증가 추세에 있다. 구체적으로 삼성증권이 매수 상위 명품 브랜드 종목을 분석한 결과 1위는 에르메스Hermès, 2위는 루이비통모에헤네시LVMH, 3위는 케링Kering 그룹 순으로 나타났다. 사람들이 흔히 선호하는 명품 브랜드 순위가 주식에서도 유사하게 나타나는 것이다.[12]

기회주의자가 주목하는 리셀 시장은 한정판

컬렉팅 이코노미는 중고 제품을 거래하는 리셀resell 시장과도 밀접한 관련이 있다. 한정판 제품들과 희귀한 키덜트 제품이 리셀 플랫폼을 통해 거래되면서 가치가 상승하기 때문이다. 하지만 기회주의자가 주목하는 리셀 시장은 평범한 중고 제품을 사고파는 기존 중고 거래와는 다르다. 주로 한정판 제품들, 희귀한 키덜트 제품들을 대상으로 한정판 리셀 시장에 더 초점이 맞춰져 있다. 한정판 리셀 시장은 한정판 제품에 웃돈을 붙여 판매하는 것으로, 말하자면 희소성을 사고파는 것이다. 그래서 비관주의자들은 자기가 갖고 있는 물건을 팔기 바쁘지만 기회주의자들은 쏟아지는 중고 제품 중에 한정판만 똑똑하게 수집한다.

그림 2-4 | 한정판 오픈 비딩 마켓 플레이스 하비딩(출처: 판도라 프로젝트)

이를 반영하듯 한정판 리셀 플랫폼들은 계속 확산되고 있다. 대표적으로 한정판 스니커즈 리셀 플랫폼 크림Kream은 1000억 원 규모의 투자를 유치한 바 있다.[13] 무신사도 한정판 거래 플랫폼 '솔드아웃Soldout'을 운영하고 있고,[14] 세계 1위 리셀 플랫폼인 미국의 '스탁엑스StockX'도 국내에 진출한 상태이다.

더불어 희귀한 키덜트 제품만 거래하는 전용 플랫폼도 생겼다. 한정판 오픈 비딩 플랫폼 '하비딩Hobbidding'은 한정판 피규어, 프라모델, 인형, 미니카 등을 수집하는 컬렉터들과 2차 창작을 통해 2차 한정판을 만드는 아티스트들을 위한 거래 플랫폼이다. 하비딩에 따르면, JND 스튜디오의 원더우먼 한정판은 판매가가 250만 원이지만 리셀러 시장에선 400만 원대에서 거래된다. 그리고 한정판 바비 인형도 판매가는 20만 원이지만 리셀가는 170만 원이고, 카카오 라이언 베어

브릭의 판매가는 89만 원이지만 리셀가는 210만 원이다.[15]

티끌 모아 투자, 마이크로 컬렉터 시대가 온다

꼭 어떤 제품과 관련된 것만이 투자 대상이 되는 건 아니다. 만약 미술, 음악, 영화, 와인 등 좋아하는 분야가 있다면 그것을 투자로도 연결시킬 수 있다. 단, 그것을 모두 다 살 필요는 없다. '조각 투자'를 통해 소액으로도 가능하다. 조각 투자는 어떤 자산을 지분 형태로 쪼갠 뒤 다수의 투자자가 공동으로 투자하는 방식이다. 조각 투자는 소액으로도 고가의 자산을 분할해 보유하고 거래를 통해 차익을 얻을 수 있다. 그래서 조각 투자는 초기 투자 비용이 적게 들고 투자 위험성은 낮은 편이다. 이런 조각 투자를 하는 사람들을 마이크로 컬렉터라고 한다.

가장 대표적인 영역이 아트 컬렉팅이다. 지금까지 미술품 등 아트 컬렉팅은 부유층이나 전문 컬렉터의 전유물이었다. 그리고 기존의 미술품 거래는 명확한 출처가 있어야 가치를 매길 수 있기 때문에 일차적으로 갤러리가 보증한 소장 이력provenance이 필수였다. 하지만 이제 조각 투자와 아트테크art-tech를 통해 소액으로도 미술품을 구매하고 투자할 수 있게 됐다. 즉 미술품에 고유한 인식 값을 부여하는 NFT 기술을 적용하고, 미술품을 작은 단위로 쪼개 온라인에서 여러 명이 투자하는 것이다. 대표적인 미술품 조각 투자 플랫폼으로 '테사

매각 날짜	작가	작품 가치 상승률
2022년 3월	데이미안 허스트	40.24%
2022년 6월	앤디 워홀	29.35%
2022년 3월	쿠사마 야요이	26.82%
2022년 5월	데이비드 호크니	15.10%

※ 매입 시점 대비 상승률(%)

그림 2-5 | 테사가 소유한 작품 가치 상승률 Top 4(자료 : 테사)

TESSA가 있다. 테사는 온라인에서 미술품에 대한 조각 투자를 중개하는데, 실시간으로 작품의 소유권 현황과 거래 이력 등을 공개하고 있어 언제든 내가 소유한 미술품의 조각 가치를 알 수 있고 거래도 할 수 있다. 그리고 테사에서는 뱅크시Banksy, 앤디 워홀, 마르크 샤갈 등 세계적으로도 잘 알려진 화가들의 작품에 최소 1000원 단위부터 투자할 수 있다. 현재까지 테사를 통해 약 12만 6000명이 미술품 조각 투자를 경험했다.[16]

테사 관계자에 따르면 "그동안 흥행했던 부동산·주식시장은 어려워진 반면 미술의 대중화로 미술 시장이 조각 투자 대상으로 주목받기 시작했다"고 한다.[17] 특히 지금까지는 최신 기술에 익숙한 20~30대가 조각 투자에 관심을 주로 보였는데, 최근에는 30대(33%), 40대(28%), 50대 이상(13%)의 투자자 수가 20대(18%)보다 더 빠르게 늘고 있다고 한다.

음원도 금융 자산이 되는 시대

최근 글로벌 자본시장에서 음원을 금융 자산으로 주목하고 있다. 음원 스트리밍 서비스가 보편화되고 성장하면서 음원의 저작권 수익이 안정적인 수익원이 되고 있는 것이다. 실제로 국제음반산업협회IFPI에 따르면, 2021년 유료 음원 스트리밍 서비스를 이용하는 사람은 전 세계 5억 2300만 명이고, 골드만삭스는 2030년이 되면 12억 8000만 명으로 급증할 것으로 예상하고 있다. 글로벌 음악 산업 매출 추이는 갈수록 성장하고 있고, 그중에서 음원 스트리밍의 비중이 가장 크다.

음원 스트리밍 투자의 매력은 시간이 지난 음악들도 재조명받을 수 있는 기회가 열려 있다는 점에 있다. 옛날 노래가 리메이크되면서 원곡이 인기를 얻거나, SNS로 입소문이 나거나, 바이럴 동영상 등이

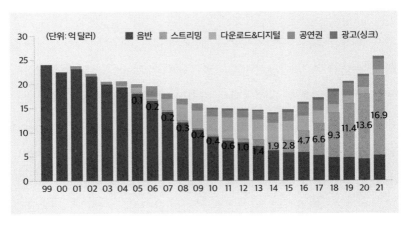

그림 2-6 | 글로벌 음악 산업 매출 추이(자료: 국제음반산업협회)

뜨면서 음원 차트를 역주행하는 경우가 많아졌다. 예를 들어 2014년 EXID의 〈위아래〉, 2017년 브레이브걸스의 〈롤린Rollin〉, 2022년 윤하의 〈사건의 지평선〉 같은 곡들이 역주행을 했고, 이를 통해 뒤늦게 엄청난 음원 수익이 발생했다.[18]

이와 관련한 대표적인 조각 투자는 음악 저작권 투자이다. 국내 최대 조각 투자 플랫폼으로 꼽히는 '뮤직카우Music Cow'는 투자자들이 주식처럼 1주 단위로 특정 노래의 저작권을 살 수 있다. 이를 통해 투자자들은 향후 공연, 유튜브 등에서 나오는 저작권료를 배당금처럼 지급받는다. 내가 좋아하는 음악을 수집하고 투자함으로써 수익을 기대할 수도 있는 것이다.

영화 엔딩 크레딧에 내 이름이 올라간다?

영화 역시 수집과 투자의 대상이 될 수 있다. 크라우드 펀딩을 통해 영화에 투자할 수 있는 길이 열린 것이다. 특히, 과거에는 영화에 크라우드 펀딩을 하는 것이 독립영화나 예술영화에 후원하는 개념에 가까웠지만 이제는 수익을 내는 데에 방점이 찍혀 있다. 가장 대표적으로 콘텐츠 투자 플랫폼인 '펀더풀funderful'은 〈범죄도시3〉에 대한 크라우드 펀딩을 시작한 지 한 시간 만에 목표 총액 10억 원을 돌파하며 사람들의 높은 관심을 받았다. 펀더풀은 이전에도 〈헌트〉〈한산〉 등 여러 영화의 크라우드 펀딩을 성공시켰고, 일본 애니메이션 〈너의 이름은〉을 통해 무려 80%대의 연 수익률을 기록하기도 했다. 영화뿐 아니라 드라마, 공연, 웹툰, 전시 등도 다루고 있다. 이런 방식을 통하면 내가 좋아하는 콘텐츠의 대부분을 투자의 대상으로 삼을 수 있다.

이제는 영화 크라우드 펀딩이 새로운 투자금 확보 수단으로 널리 이용되기 시작하면서 영화사들은 개인 투자자에게 투자 수익뿐 아니라 브로마이드 같은 기념품을 증정하거나, 투자자의 이름을 엔딩 크레딧에 올려주기도 하는 등 다양한 마케팅으로 투자자들의 관심을 끌고 있다. 그래서 이와 관련된 업계는 엔데믹과 함께 극장가가 부활함에 따라 크라우드 펀딩 규모 역시 커질 것으로 전망하고 있다.[19]

조각 투자의 기회와 분야는 다양하다

이제 미술품, 음원, 영화, 드라마, 공연, 웹툰, 전시 등 컬처 콘텐츠가 아니더라도 사람들의 취향이 닿는 곳이라면 어떤 것이든 조각 투자의 대상이 될 수 있다. 예를 들어 '피스PIECE'는 명품, '트위그Twig'는 슈퍼카, '트레져러Treasurer'는 와인에 조각 투자하는 플랫폼이다. 특이하게 한우에 투자할 수 있는 방법도 있다. 한우 자산 플랫폼 '뱅카우Bancow'는 소비자와 농가를 연결해 주는 플랫폼이다. 투자자들이 최소 투자금 4만 원으로 태어난 지 6개월 된 송아지를 공동 구매하면 농가가 사육한 뒤 경매에 넘겨 수익을 투자자와 나눠 갖는 방식이다.

명사의 시간에 투자할 수도 있다. '타임베스트Timevest'는 유명인이 자신의 시간을 발행하여 공모할 수 있는 플랫폼이다. 그 시간에 유명인과 다양한 대화를 할 수 있고, 상담을 할 수도 있다. 내가 선택한 셀럽이나 전문가의 시간을 다른 사람에게 팔 수도 있고, 살 수도 있다. 그 과정에서 셀럽이 더 유명해지거나 그 셀럽에 대한 수요가 증가하면 이익이 발생할 수 있고, 직접 만나면 인사이트를 얻을 수 있다. 즉 사람의 시간에 투자하는 시대가 열린 것이다. 다만 아직 조각 투자 플랫폼에 대한 투자자 보호 조치가 미흡해 투자 시 주의가 요구된다. 제도적 보완을 통해 증권성 요건을 갖춘 경우에 한해 조각 투자 플랫폼이 증권업으로 인정받을 수 있다.[20]

급성장하는 아이돌 수집 경제

K팝 팬덤 시장이 8조 원 이상으로 성장하면서 K팬덤 플랫폼도 잇달아 등장했다. SM엔터테인먼트의 자회사인 디어유가 운영하는 플랫폼 '버블bubble'을 비롯해 BTS의 소속사 하이브가 운영하는 '위버스Weverse', 엔씨소프트의 '유니버스Universe' 등 대형 기획사 및 게임회사를 비롯해 '비마이프렌즈bemyfriends' '메이크스타MAKESTAR' '빅크BIGC' 등 스타트업도 팬덤 플랫폼 시장에 뛰어 들었다. 이처럼 대형 기획사를 비롯한 다양한 스타트업이 팬덤 플랫폼 시장에 진출한 것은 K콘텐츠의 성장 가능성 덕분이다.

　중요한 것은 이런 K팝, K팬덤의 중심인 아이돌을 통한 수집 경제도 가능하다는 것이다. 예를 들어 아이돌과 인플루언서의 포토카드를 자유롭게 거래할 수 있는 포토카드 컬렉팅 플랫폼 '포카마켓Phoca Market'이 있다. 포카마켓에서 아이돌과 인플루언서의 4만 종이 넘는 포토카드를 거래할 수 있고, 실시간 가격 변동도 알 수 있다. 포카마켓은 누적 회원 수 15만 명을 확보했고 월 거래액도 16억 원 수준으로 급성장했다.[21]

위기일수록 '나'에게 눈을 돌려라

한편 똑똑한 기회주의자는 관점의 전환을 통해 만들어지기도 한다. 불경기, 경기침체, 투자 실패 등의 상황에서 돈을 쓰지 않는 것이 답이 아니라 역으로 소비와 투자의 방향을 '나'에게 돌려야 한다는 것이다. 즉 경제가 힘들수록 나에게 투자해야 한다. 불확실성이 높아질수록 확실해지는 것은 나의 스킬셋skill set뿐이기 때문이다. 특히, 나의 성장을 함께 도모할 수 있는 플랫폼과 동영상 콘텐츠가 많이 생겨나고 있는데, 이것을 활용하고자 하는 것이 역발상 트렌드의 핵심이다.

사실 위기 때 '나에 대한 투자'를 말하는 것이 다소 현학적이고 추상적일 수 있다. 하지만 경기침체와 관련된 많은 전문가와 의견을 나눈 결과, 경기침체기를 기회로 삼을 수 있는 근본적인 원동력은 '나'에게 있다는 결론에 이르렀다. 즉 자기계발을 해야 위기가 개선됐을 때 나의 가치를 더욱 극대화시킬 수 있다. 위기라고 해서 소비를 멈추고,

움츠러들고, 자신의 성장을 멈추면 결국 기회가 왔을 때 잡을 수 없기 때문이다.

여기서 말하는 자기계발이란 작게는 책을 읽고, 많은 경험을 하는 것일 수도 있다. 하지만 좀 더 나아가면 전문적인 영역에서도 자기계발을 할 수 있다. 예를 들어 프로그래밍, 인공지능, 데이터, 마케팅, 디자인, 엑셀 실무 등을 전문적으로 배울 수 있는 IT 전문 플랫폼 '인프런Inflearn'이 대표적이다. 그리고 원하는 코딩 강의를 무제한으로 수강할 수 있는 코딩 구독 서비스 '코드잇Codeit'도 회원 수가 늘어나고 있다. 여기에 최근 등장한 '인사이터Insighter'는 '직장인, 창업가를 위한 비즈니스 커뮤니티'를 표방하고 있는데, 여기서는 마케팅, 기획, 문서 작성 등 다양한 전문 영역을 배울 수 있다. 이렇게 자기계발 영역이 전문화되고 확대되고 있는 만큼 나에 대한 투자를 통해 개인의 가치 상승을 도모할 수 있다.

정말 위기 속에 기회가 있다

과거를 살펴보자. 위기 때에도 기회가 있었다. 실제로 위기 때 투자를 해서 크게 성공하거나 개인의 성장을 도모한 사례는 많다. 일례로 미국도 대해고의 시대를 경험하고 있다. 특히 팬데믹 기간 중에 돈 잔치를 벌였던 기술 기업들은 다른 업종보다 더 큰 칼바람을 경험하고 있다. 2022년 미국에서는 누적으로만 총 13만 명의 인력들이 해고당한 것으로 알려졌다. 이런 대해고의 시대에도 호재를 누린 곳이 있다. 바로 틱톡이다. 틱톡은 최근 트위터와 메타Meta 등에서 해고 통보를 받은 엔지니어들에게 연락해 이들을 회사로 영입하고 있다. 고용을 2배로 늘리고 있는 것이다. 이는 경기침체가 끝나고 찾아올 호황기를 대비한 인재 유입 전략으로 평가할 수 있다. 더 나아가 가장 주목받고 있는 기후테크 분야에서도 IT 분야에서 해고당한 엔지니어들에게 적극적인 러브콜을 보내고 있다고 한다. 실제로 리프트Lyft, 스트라이프Stripe, 트위터 등 대표적인 기술 기업의 전 고위 임원들이 기후테크 분야로 자리를 옮기고 있다.[22]

역대급 경기침체에서 돈을 쓰지 않던, 적절한 투자를 하던 둘 다 살아남을 수 있다. 하지만 어떻게 살아남느냐, 그리고 살아남은 후에 어떻게 살아갈 것이냐가 더 중요하다. 힘들다고 씨앗을 움켜쥐고만 있으면 지금도 힘들고 미래는 더 힘들다. 힘들더라도 씨앗을 뿌려야 뭐라도 수확할 수 있다. 그런 관점에서 2008년 11월 금융위기의 직격탄을 맞았던 전 시카고 시장 람 이매뉴얼은 위기를 두고 이렇게 말했다. "심각한 위기를 헛되이 보내지 말라. 이전에는 할 수 없다고 생각했던 일을 할 수 있는 기회이다."

우리는 기존의 시장 질서, 메가 트렌드에 숨겨진 역발상 트렌드에 주목하라는 메시지를 전달하기 때문에 특정 투자에 대해 언급하기가 매우 꺼려졌다. 하지만 방향성이라도 제시하자는 마음으로 이번 장을 구성했다. 책의 다른 장에서도 마찬가지이지만 특히나 이 장에서 많은 전문가의 의견을 모으려 노력했다. 그에 대한 방향성이니 주목해 주길 바라고, 투자에 대한 권유로는 생각하지 않았으면 한다. 불경기에 비관하지 말고 똑똑하게 기회를 잡아 보자는 취지를 이해해 주길 바란다.

함께 읽으면 더 좋은 책

《페이크-가짜 뉴스와 정보에서 진짜 돈과 자산을 지켜라》 (로버트 기요사키 지음)
《부자 아빠 가난한 아빠》로 유명한 저자는 시장에 만연한 '가짜 정보' '가짜 돈' '가짜 자산'의 실상을 저자만의 통찰력으로 재조명한다. 저자는 무엇에 투자하고 무엇으로 돈을 벌라고 말하지는 않는다. 하지만 가짜 뉴스와 과장된 정보를 잘 걸러서 들어야 한다고 강조하고, 이를 통해 자신의 돈과 자산을 지킬 수 있는 안목이 생긴다고 주장한다.

《위기의 시대, 돈의 미래-세계 3대 투자자 짐 로저스가 말하는 새로운 부의 흐름》 (짐 로저스 지음)
저자 역시 오늘날 우리 앞에 글로벌 경제위기가 찾아왔다고 말한다. 하지만 그런 경제위기 속에서 '상식에 대한 의심'과 '역발상 마인드'를 통해 생존할 수 있다고 주장한다. 그리고 최악의 위기가 불러올 새로운 기회를 강조한다. 그에 따르면 위기란 투자자에게 더할 나위 없이 멋진 기회이다. 고통스러운 상황은 완전히 새로운 시스템과 새로운 부자를 탄생시키기 때문이다.

3장

믹스버스
VS. 메타커머스

반쪽짜리 쇼핑이 아닌 완성형 소비 경험의 탄생

무한한 공간, 저 너머로!

O2O, M2O, 이커머스, 라이브 커머스, 오픈형 구독 커머스, 퍼포먼스 마케팅 2.0까지. 많은 트렌드 책이 기술 발전에 발맞춰 다양한 이커머스 2.0에 대해 이야기하고 있다. 코로나 시대를 지나오며 다양한 이커머스를 경험한 사람들이 앞으로 예전처럼 오프라인을 중심으로 한 라이프 스타일로 돌아오기 어려울 것이라고 전망하고 있는 것이다. 이런 이유로 이커머스 시대가 우리 앞에 펼쳐진 지 얼마 지나지 않았는데도, 많은 트렌드 책은 벌써 이커머스의 새로운 진화를 언급하고 있다. 이커머스가 현실 공간의 한계를 뛰어 넘는 미래를 이야기하고 있

는데, 사람들이 메타버스에서 쇼핑을 하고 완전히 다른 형태의 고객 경험을 하게 되는 '메타커머스meta-commerce'가 바로 그것이다.

메타커머스는 메타버스metaverse와 커머스commerce의 합성어로, 메타버스 같은 가상 세계에서 제품과 서비스를 구매할 수 있는 전자상거래를 말한다. 메타커머스는 이커머스와 달리, 기존의 2차원 공간이 지닌 한계를 벗어나 AR, VR 등을 기반으로 한 3차원 체험을 고객에게 전해 줄 수 있다.[1] 완전히 새로운 시공간을 열어 주는 기술 발전이 소비의 혁신을 이끌고 있는 것이다. 메타커머스는 그야말로 애니메이션 토이 스토리의 명대사 "무한한 공간, 저 너머로To Infinity, and beyond!"가 떠오를 법한 메가 트렌드이다.

LG CNS 엔트루컨설팅 CX전략그룹에 따르면, 메타커머스는 메타버스에서의 브랜드 체험, 상품 판매, 브랜드 체험을 위한 가상 공간 구축, 가상 체험을 통한 구매 지원 등 네 가지 유형으로 분류된다. 이중에서 가장 활성화된 것은 제페토Zepeto, 로블록스Roblox 등 기존 메타버스 플랫폼을 활용해 소비가가 오프라인에서 직접 경험한 상품을 메타버스에서 간접적으로 경험할 수 있게끔 브랜드 체험 공간을 제공하는 것이다. 이렇게 메타버스에서 아바타를 통해 다양한 콘텐츠와 활동을 체험할 수 있는 메타커머스가 기존 온·오프라인 쇼핑이 갖는 한계를 보완할 수 있다는 것이 메가 트렌드의 핵심 주장이다.[2]

글로벌 시장조사기관인 인더스트리아크IndustryARC는 이와 같은 메타커머스의 시장 규모를 2021년 약 1조 1761억 원에서 2026년 약 4조 1817억 원까지 성장할 것이라고 전망했다. 이렇듯 소비자의 구매 공간이 이커머스와 메타커머스 중심으로 발달하게 되면 오프라인은 다른 방향에서 살 길을 찾아야 한다. 따라서 구매 공간이 양극화될 것이라는 전망도 있다. 서울대학교 소비자학과의 김난도 교수는 이에 대해 "산업계 전반에 공간 기획과 관련한 고민이 깊어지고 있다는 걸 느꼈다. 코로나가 끝나면 이 고민은 더 극명해질 것이다. 공간은 양극화될 것이기 때문이다"라고 말하기도 했다.[3]

팔리는 트렌드, 실제로 파는 트렌드

기술 발달로 메타커머스가 유통 업계에 혁신을 불러오고 있지만 아직 아쉬운 점도 많다. 고도화된 기술에 비해 실제 소비자가 구매할 수 있는 제품과 서비스가 많지 않거나 메타커머스를 모든 비즈니스 영역에 적용하기에 범용성이 떨어진다는 한계가 있다. 그래서 일각에서는 메타커머스를 눈으로 보고 만질 수 있지만 아직은 그림의 떡과 같다는 일침을 가하기도 한다. 예를 들어 BGF리테일이 제페토에 오픈한 'CU 제페토 편의점'의 경우, 제페토에서 아바타들이 CU 편의점의 다양한 제품을 둘러보고 손에 쥘 수도 있지만 그 제품을 오프라인에서 수령할 수는 없다. 대부분의 메타커머스가 그렇듯 아직 메타버스와 오프라인의 연결성이 낮고, 커머스 없는 메타커머스에 그치고 있다.

결국 메타커머스에 진출하는 기업들의 궁극적인 목표는 메타버스 이용자들이 현실에서 제품과 서비스를 구매하도록 유도하는 것이

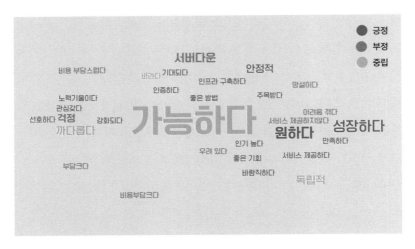

서버다운
안정적
비용 부담스럽다   바란다 기대된다   인프라 구축하다   망설이다
노력기울이다   인증하다   좋은 방법   주목받다
관심갖다
선호하다 걱정 강화된다
까다롭다   **가능하다**   어려움 겪다   성장하다
서비스 제공하지않다
원하다   만족하다
인기 높다   서비스 제공하다
우려 있다   좋은 기회
부담크다   바람직하다   독립적
비용부담크다

● 긍정
● 부정
○ 중립

그림 3-1 | 소셜 빅데이터 분석 플랫폼의 '메타커머스' 긍·부정 분석 결과(자료:썸트렌드)

다. 하지만 CU 제페토 편의점처럼 메타커머스의 마케팅 사례들은 브랜드 친숙도를 높이는 데에 그치고 있다. BGF리테일 관계자는 "제페토에 매장을 선보이게 된 목적은 온·오프라인 연계에 있지만 기술적인 한계나 제도적 기반 부재로 이를 구현하기는 쉽지 않은 것이 현실"이라고 말했다.[4] 그래서 메타커머스가 메가 트렌드라고 이야기하기에는 아직 이르고, 한편으로는 혁신적인 기술에 혹하는 미디어를 통해 과대 포장된 트렌드가 아닌가 하는 아쉬움이 있다.

그리고 대중적으로도 메타커머스에 대한 인식이 그리 좋은 것만은 아니다. 소셜 빅데이터 분석 플랫폼인 썸트렌드를 통해 '메타커머스'에 대한 긍·부정 분석을 한 결과, 부정적 반응은 47%로 나타났고, '서버다운, 망설이다, 어려움 겪다, 우려 있다, 부담 크다, 걱정' 등의 부정적 연관어가 등장했다.

많은 사람이 메타커머스가 대세라고 이야기하고 있지만 한편으로는 그런 것들이 미디어에서 다루기 좋고, 이른바 잘 팔리는 주제이기 때문에 대세가 된 게 아닌가 싶기도 해요. 다시 말해 팔리는 트렌드지, 실제 현업에서 주도적으로 성과를 내고 있는 트렌드는 아닐 수 있는 거죠.

→ 신세계백화점 이형기 컨텐츠전략팀장

소비 경험은 대체되는 것이 아니라 복합적으로 '믹스'된다

코로나19 팬데믹을 겪으면서 소비자들이 가장 중요하게 깨달은 것이 있다. 쇼핑을 할 때 '온라인의 편리함'과 '오프라인의 소중함'을 동시에 느낀 것이다. 이제 온라인과 오프라인 소비를 둘 다 포기할 수 없는 상황이 되었다. 온라인에만 집중하다 보면 오프라인이 줄 수 있는 체험 요소를 잃게 될 것이고, 오프라인에만 집중하다 보면 온라인이 줄 수 있는 정보의 양에 밀리게 될 것이다.

사실 소비 경험은 그 전에 겪었던 구매 과정을 제로베이스로 만들고 재탄생하는 것이 아니다. 새로운 소비 경험이 등장했다고 하더라도, 전에 경험했던 구매 과정을 보완하면서 복합적으로 나아간다.

그런 의미에서 최근 3년의 소비 경험을 보면 단기간에 엄청난 융·복합 과정을 거치면서 완성형을 이루고 있다. 코로나19 팬데믹이 선언되기 전까지는 전체 소비 규모의 70%를 오프라인 매장이 차지할 만큼 오프라인 쇼핑이 주도적이었다. 하지만 코로나19 팬데믹이 선언된 이후, 이커머스가 흐름을 주도하기 시작했다. 여기에 소통에 특화된 라이브 커머스가 새로운 재미를 선사하면서 이커머스가 단순히 편리한 배송 방식으로 유통 업계를 이끌어 나가는 것이 아니라는 사실을 확인했다. 한편으로는 다시 오프라인에서의 체험과 경험이 부각되기 시작했다. 현대, 롯데, 신세계를 비롯한 백화점들은 9년 만에 동시에 신규 출점을 진행했고, 수많은 팝업스토어들이 생겼다. 이 모든 과정이 단 3년 만에 일어난 일들이다.

이렇게 복합적인 과정을 겪은 후에 등장할 쇼핑 트렌드가 단지 기술 발전을 통한 메타커머스일까? 우리는 그렇게 생각하지 않는다. 쇼핑 트렌드는 입체적으로 진화해 나갈 것이다. 단기간에 걸친 쇼핑에 대한 융·복합 과정이 쇼핑 채널과 사람들의 소비 경험과 함께 완벽한 이종교배를 만들어 낸 것이다. 그래서 이제 오프라인이든 온라인이든, 그리고 메타버스이든 어느 한쪽 채널이 사람들의 소비 경험을 독식할 수 없다.

이에 대해 글로벌 트렌드 기업인 아이티디코리아ITD KOREA의 이창욱 대표는 "소비자는 팬데믹 기간 동안 참아 왔던 '창조적 욕구'를 마음껏 발산하고자 할 것이다. 그래서 기업과 브랜드는 이들의 기대에 호응할 수 있는 복합적인 소비 경험을 제공해야 한다"고 했다. 소비

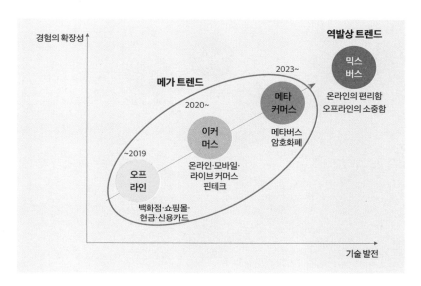

그림 3-2 | 메타커머스보다 소비 경험을 확장시켜 주는 믹스버스

자의 창조적 욕구는 어디로 분출될까? 기업은 어디에서 그 욕구를 해결해 줄 수 있을까? 바로 '믹스버스mixverse'이다. 믹스버스란 현실 세계와 가상 세계가 뒤섞인 세계, 어느 세계가 실제인지 알기 어려울 정도로 경계가 허물어진 세계를 말한다. 세계 최대 크리에이티브 축제인 칸 라이언즈Cannes Lions는 믹스버스의 세계관에 대해 "경험의 경계가 모호해지는 빅블러big blur의 시대가 도래했다"고 언급했다.

중요한 것은 이 믹스버스가 단순히 온·오프라인의 믹스나 채널의 역할을 분담하는 옴니채널omni-channel이 아니라는 점이다. 이런 개념들은 소비 경험의 물리적 결합이었을 뿐, 화학적 결합을 보여 주진 못했다. 믹스버스는 수많은 경험의 믹스를 통해 구현된다. 이미 잘 갖

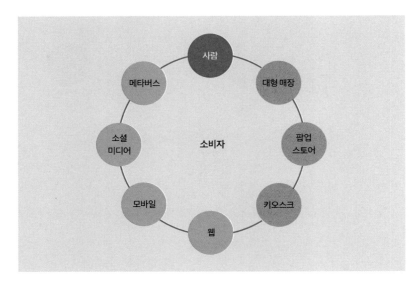

그림 3-3 | 다양한 채널이 복합적으로 결합된 믹스버스

쳐진 오프라인과 온라인 인프라를 성공적으로 결합시키면 어렵지 않
게 믹스버스를 구현할 수 있으며, 실제 소비가 활발하게 일어날 수 있
다는 점에서 메타커머스와 차별화된다. 이제 모든 영역에서 다양한 채
널이 절묘하게 뒤섞인 믹스버스 소비 경험을 사람들에게 제공하는 것
이 필요하다.

'자기복제'가 아닌
'특별한 소비 경험'을 선사하는 믹스버스

믹스버스의 가장 큰 특징은 온·오프라인을 그대로 옮겨 놓은 것이 아니라는 것이다. 즉 오프라인 공간을 이커머스나 메타버스에 그대로 옮겨 놓거나 온라인 공간을 오프라인에 그대로 펼쳐 놓은 것에 그치지 않는다. 오프라인이지만 특별한 디지털 경험을 통해 오감을 극대화시키고, 궁극적으로는 실재하는 물건에 대한 구매까지 이루어져야 한다. 단순히 전시·체험만 하는 팝업스토어에 그치면 안 된다. 반대의 경우도 마찬가지이다. 오프라인 매장이 있다고 해서 그걸 그대로 온라인 쇼핑몰로만 연결시키면 안 된다. 오프라인 공간이 온라인에 구현됨과 동시에 소비자가 새로운 경험을 할 수 있게 만들어 줘야 한다. 그것을 '피지털phygital 경험 극대화'라고 한다. 피지털이란 물리적인 공간을 의미하는 피지컬physical과 디지털digital의 합성어로, 물리적 경험과 온라인 쇼핑 구매의 장점을 결합한 것을 말한다.

가장 대표적인 사례가 최근 오픈한 '아마존 스타일Amazon Style'이다. 아마존 스타일은 아마존이 만든 오프라인 패션 쇼핑 공간으로, 진열된 모든 상품에는 QR코드와 가격이 적혀 있다. 그래서 직원들은 고객들을 쫓아다니면서 제품을 안내하지 않고 스마트폰과 QR코드로 쇼핑하는 방법만 설명해 준다. 이곳에서 어떤 상품의 QR코드를 찍으면 그 상품의 색상과 사이즈를 고를 수 있다. 그리고 '입어보기try on' 버튼을 누르면 몇 번 피팅룸이 준비됐다는 메시지를 받을 수 있다. 여

그림 3-4 | 아마존 스타일에서 QR코드로 상품 검색하기(출처: 아마존 공식 유튜브)

기까지는 일반적인 소비 경험이라고 할 수 있다. 하지만 아마존 스타일은 한 단계 더 나아간다. 고객이 안내받은 피팅룸에 들어가면 그 피팅룸에 고객이 지정했던 상품의 옷들이 걸려 있다. 그리고 벽에 달린 디스플레이에 고객의 이름과 고객을 환영한다는 문구가 떠 있다. 모든 과정을 QR코드로 진행했기 때문에 고객 계정과 상품, 피팅룸이 자동으로 연동된 것이다. 그리고 피팅룸 디스플레이에는 고객이 입어보고 있는 옷들과 어울리는 추천 상품들이 표시된다. 그중에 한 제품을 터치해서 선택하면 '가져다주는 중on the way'이라는 메시지가 디스플레이에 표시되고, 피팅룸 바깥쪽과 연결된 옷장을 통해 고객의 피팅룸에 새 옷이 전달된다. 고객이 왔다갔다하지 않아도 되게 말이다. 피팅룸에서 입어 본 옷들은 아마존 앱에 기록이 남고, 고객이 원하면 바로 매장에서 결제 후 가져가거나 아마존 앱을 통해 나중에 구매할 수도 있다. 이 서비스를 이용해 본 고객들은 "고급 백화점에서나 경험

그림 3-5 | 나이키 에어 조던 7 팅커-A/R Jordan 마케팅(출처: AdForum)

해 볼 듯한 퍼스널 쇼퍼의 서비스를 누린 것 같다"는 평가를 했다.

나이키가 진행한 'A/R Jordan' 마케팅도 좋은 사례이다. 나이키는 스냅챗의 AR 기술을 활용하여 마이클 조던을 'AR 조던'으로 만들었다. 그리고 누구든지 시내의 농구 코트에서 스냅챗을 실행하면 농구코트에 떠 있는 마이클 조던을 볼 수 있게 했다. AR 마이클 조던은 한정판 농구화를 신고 있는데, 사람들은 스냅챗에서 그 농구화를 클릭하여 구매를 할 수 있다. 구매한 농구화는 2시간 이내에 소비자의 집으로 배송되었다. 나이키는 사람들에게 농구 코트에서 마이클 조던을 가상으로 만나는 경험을 해 줌으로써 농구화에 대한 특별한 소비

그림 3-6 | NH투자증권에서 오픈한 NH슈퍼스톡마켓(출처: NH투자증권)

경험을 선물해 준 것이다. 이 마케팅 슬로건은 "놓칠 수 없는 경험을 선사하다"였다.[5]

믹스버스의 특별한 소비 경험은 어떤 제품을 구매하는 것에만 그치지 않는다. 서비스도 그 대상이 될 수 있다. NH투자증권은 주식투자에 대한 소비 경험을 특별하게 만들기 위해 'NH슈퍼스톡마켓'을 오픈했다. 고객들은 입장과 동시에 모의투자 전용 앱이 설치된 휴대폰을 제공받고, 가상 화폐로 만들어진 시드머니 1억 원을 지급받는다. 그리고 슈퍼마켓 콘셉트의 공간에 전시된 주식 종목을 NFC카드를 태그해 쇼핑하듯이 장바구니에 담아 모의투자를 할 수 있었다. 이 스톡마켓은 여기에 그치지 않는다. 안쪽에 별도로 준비되어 있는 화상상담 부스를 통해 자신이 모의투자한 종목들에 대해 비대면으로 개별 상담까지 받을 수 있게 했다. 모의투자부터 전문 상담까지 주식투자와 관련된 일련의 경험들을 오프라인과 가상 공간을 통해 실현시킨 것이다. 이 스톡마켓의 콘셉트는 "쇼핑하듯이 주식투자를 경험하라"였다.[6]

　마지막 사례는 인스타그램으로 유명한 메타의 팝업스토어이다. 메타는 사람들이 인스타그램을 쉽게 이해할 수 있도록 팝업스토어를 열고 다양한 체험 프로그램을 진행했다. 메타 퀘스트 2를 직접 착용해서 그래비티 스케치 앱으로 그림을 그리고, 서울이라는 도시를 메타버스로 체험할 수 있게 했다. 그리고 숏폼인 '릴스'를 다양하게 찍을 수 있는 방법도 가르쳐 주면서 그 콘텐츠로 수익을 만들어 낼 수 있는 방법도 알려 주었다. 여기까지였다면 단순한 체험형 팝업스토어에 그쳤을 것이다. 하지만 메타는 인스타그램에서의 경험을 오프라인과 믹스하기 위해 현대카드와 함께 '인플카 현대카드'를 출시했다. 이 카드는 인스타그램에서 100명 이상의 팔로워를 보유한 인플루언서라면 발급받을 수 있다. 인플루언서들이 제휴 매장과 관련한 게시물을 올리면 그만큼의 캐시백 혜택을 받는 것이 특징이다. 즉 인스타그램 인플루언서가 오프라인에서도 실제 지위를 부여받고, 그들의 소비 경험을 실물 카드 혜택으로 연결시킨 것이다. 이런 메타의 슬로건은 "모든 것이 내 세상"이었다.

이제 모든 기획에서 오프라인과 온라인 경험을 같이 설계하기 시작했어요. 매장을 오픈할 때, 브랜드를 론칭할 때, 그리고 새로운 콘텐츠를 제작할 때 등 모든 것에 있어서 두 가지를 함께 고려해야 하는 거죠.

→ 신세계백화점 이형기 컨텐츠전략팀장

믹스버스가 만들어 낸 주객전도 공간, 피팅룸

보통 의류 매장에서 피팅룸은 가장 구석에 위치한다. 피팅룸은 대개 비슷한 느낌으로 꾸며져 있고, 좁기 마련이다. 하지만 믹스버스에서의 피팅룸은 다르다. 오프라인에서의 옷 구매 과정에서 가장 중요한 것은 실제로 옷을 입어 보는 경험인데, 이를 통해 소비자가 다양한 스타일링을 상상해 볼 수 있기 때문이다. 특히 최근 사람들은 혼자 쇼핑할 때 피팅룸에서 찍은 사진을 소셜미디어에 공유하면서 팔로워들의 반응을 바로 살핀다. 팔로워들이 좋다고 하는 옷을 구매하겠다는 뜻이다. 그래서 인스타그램에서 '#피팅룸' 혹은 '#피팅룸샷' 등으로 검색하면 관련 피드만 5만 개가 넘게 나온다.

사람들의 이런 반응에 따라 믹스버스는 피팅룸을 전면에 드러나게 했다. 오프라인에서 쇼핑을 하더라도 피팅룸에서 찍은 사진을 소셜미디어에 적극적으로 공유하게 함으로써 고객의 소비 경험을 완성시켜 주는 것이다. 그래서 믹스버스에서의 피팅룸은 과거와 완전히

그림 3-7 | **기차 침대칸 콘셉트의 피팅룸**(출처: 아더에러)

달라졌다. 조명 및 음향 조절이 가능해지면서 사진 촬영 등에 최적화된 곳으로 거듭나고 있다.

대표적으로 아더에러ADER ERROR는 플래그십 스토어를 열면서 이색 피팅룸으로 이슈가 되었다. 우선 피팅룸 위치부터 남달랐다. 일반적으로 스토어의 매장 구석에 놓이는 피팅룸을 매장 전면에 배치했다. 피팅룸의 콘셉트도 다 달랐는데, 그중 하나는 실제 노래방 기계를 설치해 놓은 노래방 피팅룸이었다. 노래방에서 많은 시간을 보내는 소비자들을 위한 맞춤형 콘셉트였다. 기차 침대칸 콘셉트의 피팅룸은 열차의 내부 디자인을 적용해 이층 침대까지 구비했다. 피팅룸의 문을 열고 들어서면 기차의 덜컹덜컹거리는 소리가 배경음악으로 나오게끔 구성되었다. 기차 여행을 꿈꾸는 사람들과 여행지에서 더 돋보이는 옷을 구매하기 위한 사람들을 위한 콘셉트였다. 오프라인 매장에서 가상 공간을 구현한 것이었다. 사람들은 이런 공간에서 연출된 사진을 찍고 소셜미디어에 공유하면서 '논다'. 그리고 그 경험은 구매로 이어진다.

최근 홍대 나이키 매장 역시 피팅룸을 사진 촬영 스튜디오처럼 꾸며 놓고, 스티커 사진 기계에서 사진을 꾸미듯 조명을 조절해 소비자가 자신만의 스타일을 사진과 동영상으로 담을 수 있게 했다. 무신사 스탠다드 강남점에는 LG스탠바이미 디스플레이가 설치돼 스마트폰과 연동할 수 있게 했다. 소비자는 자신만의 스타일을 미러링해 볼 수 있다. 인스타그램 릴스, 틱톡, 유튜브 촬영도 피팅룸 안에서 할 수 있다. 명품 플랫폼 '머스트잇MUSTIT'은 압구정에 매장을 오픈하면서 피팅룸을 엘리베이터와 파우더룸 콘셉트로 꾸몄다. 이렇게 피팅룸은 디지털 기술을 통해 더욱 다양하게 구현되고, 소셜미디어를 통해 확산된다.

이에 대해 패션 업계 관계자는 "온라인 플랫폼에서 출발한 기업일수록 오프라인 매장을 낼 때 '와우wow포인트'가 반드시 있어야 한다"며 "피팅룸이 그 예로, 온라인 쇼핑과 다른 차별성이 있어야 피지털 경험이 극대화될 수 있다"고 했다. 그리고 "더 중요한 건 피팅룸에서의 체험이 한 소비자의 경험으로만 그치지 않고, 사진과 영상이 소셜미디어에서 많은 사람에게 공유된다는 것인데, 그런 공유를 통해 온·오프라인에서 매출이 동시에 올라가는 경향이 있다"고 말했다.[17]

닭과 달걀이 모두 먼저인 세상

믹스버스에서는 오프라인과 온라인 중에서 무엇이 먼저 시작했는지 중요하지 않다. 오프라인의 특정 공간이 온라인으로 구현되면서 오프라인에서의 '경험 기억'을 온라인으로 가져올 수도 있기 때문이다. 최근 이런 흐름은 TV홈쇼핑에서 두드러지게 나타나고 있다. TV홈쇼핑 스튜디오를 초대형 LED 스크린 월을 활용한 디지털 스튜디오로 바꾸면서 디지털 실재감을 구현하기 시작한 것이다. 디지털 스튜디오는 다양한 배경을 AR과 VR로 구현할 수 있기 때문에 단순히 실내 스튜디오에서 제품을 판매했던 기존 홈쇼핑과 차별화된다. 흥미로운 것은 판매하는 제품에 따라 직관적으로 연결시킬 수 있는 오프라인 공간을 상황에 맞춰 구현한다는 점이다.

그림 3-8 | 신세계라이브쇼핑의 AR 방송 화면 (출처: 신세계라이브쇼핑)

대표적으로 신세계라이브쇼핑은 '디지털 스튜디오 3.0'으로 고가 보석이나 의류를 판매할 때 거대한 백화점 배경을 AR로 띄워 마치 고급 백화점에서 쇼핑하는 것 같은 느낌을 준다. 또한 CJ온스타일은 오로라 여행 패키지 상품을 판매할 때, 실제 현지에서 오로라를 관람하는 듯한 화면을 구현해 사람들의 높은 호응을 끌어냈다. 그리고 GS홈쇼핑은 2022 FW 패션 쇼케이스 방송을 진행하면서 유럽 패션위크와 영화제를 연상시키는 배경을 선보였다.[8] 소비자들에게 특정 장소에서 쇼핑을 하는 듯한 소비 경험을 선사한 것이다.

팝업스토어도 스트리밍하는 시대

온라인과 오프라인 쇼핑이 융합되다 보니 팝업스토어를 정의하고 기획하는 데에도 변화가 일어났다. 오프라인 공간이 하나의 미디어가 되고, 그 공간에서 짧은 기간 동안 반복되어 펼쳐지는 팝업스토어들은 스트리밍 콘텐츠와 같게 된 것이다. 즉 OTT 서비스가 매달 새 콘텐츠를 서비스하는 것처럼 특정 공간에서 팝업스토어가 스트리밍되고 있다. 실제로 성수동, 신사동, 강남역, 홍대입구 등에서는 365일 팝업스토어가 '업데이트'되고 있다. 2021년 더현대서울에서 펼쳐진 팝업스토어는 약 200건이 넘는다.[9] 그래서 많은 전문가는 믹스버스에 이른바 '스트리밍 팝업의 시대'가 왔다고 말한다. 이에 대해 온라인 콘텐츠 구독 서비스인 시티호퍼스CITY HOPPERS는 "오프라인 공간도 콘텐츠화해야 하는 시대이다. 그래서 공간을 기획할 때도 쇼트shot, 씬 scene, 시퀀스sequence 등을 그려 가면서 사람들이 어떻게 그 장소와 시간을 소비할지를 상상해 봐야 한다"고 전했다.[10]

팝업스토어도 오리지널 콘텐츠가 있다

최근 OTT 서비스마다 오리지널 콘텐츠를 만드는 것에 사활을 걸고 있다. 어디에서나 볼 수 있는 콘텐츠가 아닌 자신들만의 플랫폼에서만 볼 수 있는 콘텐츠를 제작하고 선보임으로써 많은 사용자들을 묶어 두려는 것이다. 팝업스토어도 마찬가지이다. 팝업스토어도 스트리밍하는 시대가 된 만큼, 오리지널 콘텐츠가 생기고 있다. 온라인에서 판매하는 상품을 팝업스토어에 그대로 진열하는 데에 머무르지 않고 특정 테마와 타깃에 맞춰 특화된 팝업스토어를 선보이는 것이다. 또는 기존 온라인 쇼핑몰이 폭넓은 타깃팅을 했다면 팝업스토어는 특정 연령대나 직업군을 타깃팅하기도 한다. 제품을 한정하든 타깃을 한정하든 스트리밍 팝업에서는 차별화가 이뤄져야 한다.

예를 들어 컬리가 오프라인에 선보인 성수동 오프컬리는 '지중해 겟어웨이'를 콘셉트로 구성했다. 컬리가 판매하고 있는 수많은 제품 중에서 지중해를 대표하는 것들을 내세웠다. 지중해를 대표하는 올리브 오일을 중심으로 다양한 상품과 프로그램을 선보였다. 1층 쇼케이스에서는 컬리만의 큐레이션 노하우로 선별된 올리브 오일과 와인 등을 판매했다. 그리고 2층 라운지에서는 '올리브 오일 바'라는 도슨트 프로그램을 통해 셰프가 직접 올리브 오일의 원산지별 특성, 구매 팁, 이용 방법 등을 설명한다. 마지막으로 3층 키친에서는 '오프 컬리스 픽'을 진행해 올리브 오일과 와인을 이용한 레시피를 선보였다. 오프 컬리는 단순히 컬리를 오프라인으로 옮겨 온 것이 아니라 컬리가 시즌마다 지향하고자 하는 테마를 특별하게 선보이는 오리지널 콘텐츠인 것이다.

이커머스 플랫폼 29CM가 성수동에 오픈한 '이구성수'도 마찬가지이다. 이구성수 역시 모든 제품들을 단순히 전시하는 것이 아니라 29CM가 이구성수에 맞게 따로 큐레이션한 제품들만 진열하고 방문한 사람들이 실제로 착용해 볼 수 있게 했다. 즉 이커머스 29CM에 입점할 때 한 번 선별된 제품들이 오프라인 이구성수로 넘어올 때 한 번 더 선별된다는 뜻이다. 그만큼 고객 입장에서는 더 엄선된 큐레이팅 제품을 구매할 수 있다. 여기에 더해 이구성수는 그동안 온라인에서 이미지와 영상으로만 선보였던 온라인 PT 제품들을 오프라인에서 만날 수 있게 했다. 그리고 이구성수에서만 진행되는 오프라인 PT를 통해 신제품을 선보이고 그것을 다시 온라인에서 구매할 수 있게 했다. 온·오프라인이 뒤섞일 뿐만 아니라 오프라인만의 오리지널 콘텐츠가 생긴 것이다. 더욱 흥미로운 건 오프라인에서만 주는 5% 추가 할인 쿠폰이다. 구매는 29CM 이커머스에서 하더라도 오프라인에 직접 찾아온 만큼의 베네핏을 고객에게 주는 것이다. 이구성수는 매거진처럼 계절마다 새로운 테마를 통해 계속 업데이트된다.

보고 듣고 맛보고 즐기는 영화

믹스버스의 가장 큰 특징 중 하나는 믹스버스에서의 경험이 단지 쇼핑에만 머무르지 않는다는 점이다. 믹스버스는 전방위적으로 확산되고 있다. 그중 하나가 공연이다. 최근 세종문화회관에서 필름 콘서트 〈해리포터와 아즈카반의 죄수 인 콘서트〉가 열렸다. 무대 배경에는 대형 스크린이 걸렸고, 스크린을 통해 영화가 상영됐다. 대신 그 앞 무대에는 대형 오케스트라와 코러스가 위치했고, 영화 음악을 라이브로 연주했다. 한 편의 영화를 스크린과 오케스트라를 통해 '보여 주는 것'이었다.

이 공연을 직접 본 우리는 상당히 신기한 경험을 했다. 처음에는 영화 화면에 시선을 뺏겨서 귀에 들리는 영화 음악이 라이브로 연주되는 것인지 모를 정도였지만, 시간이 지나면서 무대에 더 시선을 두게 됐다. '아, 이 장면에서 저 악기와 코러스의 목소리가 쓰인 거구나' '아, 그렇네! 사실 이 영화 음악도 저렇게 라이브로 연주한 것을 스튜디오에서 녹음해서 영화에 붙인 거였지' 하는 생각이 들었다. 그렇다. 원래 영화 음악은 오케스트라와 코러스를 통해서 실제로 연주한 것을 녹음하고 그것을 영화 편집 과정에서 붙이는 것이다. 그런데 그동안 영화를 '보는 것'에 익숙해진 나머지 오케스트라의 연주를 신기하게만 느낀 것이었다. 이런 깨달음이 가능했던 건 이 공연이 믹스버스를 지향했기 때문이다. 이 믹스버스의 경험을 통해서 다시 한번 〈해리포터〉 영화 시리즈에 대한 위대함을 느꼈고, 또 한 편으로는 해리포터라는 콘텐츠에 내재되어 있는 소비 경험의 확장성을 떠올리며 감탄했다.

디지털 콘서트와 오프라인 갤러리의 만남

믹스버스는 디지털 콘서트와 전시장의 믹스도 이루어 낸다. 전시장에서 콘서트를 즐길 수 있게 한 것인데, 이건 단순히 집이나 영화관에서 공연 영상을 보는 것과 다르다. 그리고 콘서트와 관련된 전시도 함께 하기 때문에 한 장소에서 두 가지 콘텐츠를 즐길 수 있다. 그래서 이런 복합적인 미디어 믹스를 전시형 콘서트, '콘시비션CON-X-IBITION'이라고 부른다. 콘시비션은 콘서트concert와 전시exhibition의 합성어로, '공연을 전시하다'라는 의미이다.[11]

    가장 대표적으로 '일상 비일상의 틈'에서 진행되는 공연인 〈사운드 프레임〉이 있다. 이 콘시비션은 작은 소극장과 같이 의자나 바닥에 편하게 앉을 수 있거나 서서 공연을 볼 수 있는 공간이 있고, 공연장을 실감나게 구현할 수 있도록 대형 스크린이 전면과 좌우 벽면에 설치되어 있다. 그리고 스크린마다 노출되는 아티스트 공연 모습이 달라서 바라보는 시선에 따라 콘서트를 입체적으로 볼 수 있다. 음향 역시 내가 위치한 장소에 따라 다르게 들리기 때문에 앉는 방식과 위치에 따라 콘서트를 보는 느낌이 달라진다. 이런 콘서트 외에도 관람자가 아티스트에게 일대일로 메시지를 전하고, 아티스트는 관람자의 귓가에 직접 메시지를 전달할 수 있다. 믹스버스는 이렇게 두 가지 콘텐츠를 하나로 묶어 주는 연출도 가능하게 한다.

믹스 아트, 예술품에 생명력을 불어넣다

예술 작품이나 역사 유물의 경우, 그 작품들이 탄생하게 된 배경과 작가의 히스토리를 알면 더 깊이 있는 사고를 하게 되는 경우가 많다. 그래서 전시를 가면 도슨트의 설명을 듣거나 팸플릿, 오디오 가이드 등의 도움을 받는 경우가 있다. 하지만 이런 것들은 시각적인 경험의 확장을 도와주지는 못한다. 그래서 등장한 것이 '믹스 아트'이다. 믹스 아트는 예술 작품에 담긴 다양한 배경과 만들어진 과정 등을 AR로 구현하여 작품의 이해를 돕는 역할을 한다. 그리고 이를 통해 교육적인 효과를 거두기도 한다. 런던 대영박물관The British Museum의 작품에 AR 필터를 적용해 문화재 약탈에 대한 메시지를 전달한 경우가 있다. 대영박물관에는 다른 나라에서 가져온 유물들이 많은데, 이 중 일부 전시품을 대상으로 숨겨진 역사의 실체와 작품의 유래를 AR 필터와 팟캐스트를 통해 표현하여 관람객에게 수면 아래에 숨겨진 메시지를 전달한 것이다. 작품을 스마트폰으로 촬영하면 해당 작품이 영국까지 넘어오게 된 과정과 역사의 모습이 AR 애니메이션을 통해 묘사되고, 각 국가의 전문가들이 준비한 팟캐스트로 연결된다. 캠페인 기간 중 팟캐스트 3만 5300건 다운로드, SNS 1800만 노출, AR 필터 10만 회 실행의 성과를 달성했다.

그림 3-9 | 대영박물관 AR 진실 투어(출처: Activation Ideas)

나아가 2D로 구현하지 못한 다양한 배경을 AR로 구현함으로써 오프라인의 경험에 관람객의 상상력을 더해 꿈에서나 볼 법한 것들을 현실로 만들어 준다. 최근 런던 사치갤러리Saatchi Gallery에서 열린 전시에서는 작품에 스마트폰 AR을 작동시키면 작품 안에서 다양한 생물들이 살아나는 모습이 연출되거나, 작품 바깥으로 작품의 그림이 이어지는 경험을 할 수 있었다. AR 연출까지 하나의 작품인 것이고, 오프라인에서 보는 작품의 공간이 무한히 확장되는 셈이다. 국내에서는 버넥트VIRNECT가 선도적으로 이 기술을 구현하고 있다. 버넥트의 기술은 국립중앙박물관의 신라관, 서울시립미술관의 천경자전 등에서 활용되고 있다.[12]

거리의 광고판에서 펼쳐진 스크린 퍼포먼스

어느 날 갑자기 건물에서 폭포가 떨어져 내리기 시작했다. 진짜 폭포가 아니라 디스플레이를 통해 구현된 가상의 폭포였다. 실제 자연에서의 폭포가 그대로 타임스퀘어에 있는 건물 외벽에 달린 디스플레이를 통해 떨어지면서 소리까지 들리자 사람들은 깜짝 놀랐다.

이런 방식이 하나의 공연을 구현하기도 한다. 《해리포터》 시리즈가 뉴욕 브로드웨이 뮤지컬로 론칭되면서 타임스퀘어 한 구역에 설치된 51개의 광고판은 모두 해리포터의 공연장으로 변했다. 마법 장면이 하나로 연결된 51개의 디지털 스크린을 통해 펼쳐진 것이다. 이를 통해 차원이 다른 몰입감을 경험할 수 있는 라이브 광고 이벤트가 진행되었다. 이런 스크린 퍼포먼스는 최근 애니메이션 〈원피스〉 극장판인 〈원피스 필름 레드〉의 프로모션에도 등장했고 큰 이슈가 됐다. 반

그림 3-10 | 원 타임스퀘어의 디지털 폭포(출처 : d'strict)

대로 말하면 이제 거리에 단순히 광고판을 세워서 각각의 영상을 보여주는 것이 아니라 각 디스플레이끼리의 연계성을 통해 어떤 가상 공간을 연출할 수 있느냐도 생각해 봐야 한다. 그에 따라 콘텐츠의 효과가 극대화된다.

가상과 현실 사이를 여행하다

코로나19 팬데믹 기간 동안 사람들이 가장 굶주렸던 것은 여행이었다. 그래서 사람들은 랜선여행을 통해서라도 해외에 대한 경험을 대신하고자 했다. 그런데 생각보다 그 효과가 괜찮았다. 나 대신 다른 사람이 여행을 떠나면서 영상을 찍어서 공유하고, 적절한 설명을 들을 수 있는 건 상당히 효율적인 경험이었던 것이다. 그리고 이런 랜선여행 콘텐츠를 통해 많은 여행 크리에이터들이 등장했다.

이제 이 여행 크리에이터들의 랜선여행 콘텐츠가 오프라인과 만나면서 여행 시장에도 믹스버스가 열렸다. 그것을 구현한 플랫폼이 바로 '트로바트립TrovaTrip'이다. 트로바트립은 틱톡이나 인스타그램의 여행 크리에이터들이 직접 일정을 짠 여행 상품을 구매할 수 있는 플랫폼이다.[13] 사람들은 랜선여행 콘텐츠를 통해 크리에이터들이 다녀온 여행지를 영상으로 미리 보고, 실제로 크리에이터들과 만나 현지에서 여행을 즐긴다. 여행이라는 경험을 온라인과 오프라인에서 동시에 즐김으로써 경험 가치를 극대화시키는 것이다.

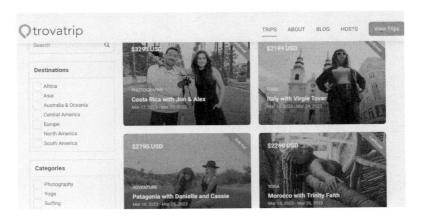

그림 3-11 | **트로바트립의 다양한 여행 상품**(출처 : 트로바트립)

그리고 실제 여행지에서 가상 공간에 대한 경험을 더하는 사례도 있다. 유니크굿컴퍼니Uniquegood Company가 출시한 '리얼 월드'가 그것이다. 예를 들어 리얼 월드 앱에서 '전주'를 검색하면 한 소녀가 등장한다. 그 소녀가 갑자기 "내가 아빠를 잃어버렸는데 아빠를 좀 찾아줄 수 있겠냐"고 묻는다. 수락을 하면 어떤 돌다리로 이동을 하라고 한다. 보통 지나쳤을 법한 그 돌다리에서 AR로 촬영을 하면 그 소녀가 찾던 아빠가 등장한다. 그리고 그는 자신이 옛날 동학농민운동 때 그 다리에서 희생됐던 사람이라는 걸 알려 준다. 역사적 사실을 담고 있는 소소한 장소들이 믹스버스 여행 속에서 재탄생한 것이다. 리얼 월드가 만든 이런 콘텐츠가 전국 150개 지역에 퍼져 있다. 유니크굿컴퍼니는 전국을 가지 않더라도 한 장소에서 여행지를 미리 다녀올 수 있도록 한 오프라인 공간 '리얼 월드 성수'도 오픈했다. 이에 대해 유니크굿컴퍼니 이은영 공동대표는 "'리얼 월드'와 '리얼 월드 성수'는 가상인 듯 현실인 듯, 중간 선상에 있는 신개념 놀이 공간"이라고 전했다.[14]

방구석 게임은 이제 그만

우리는 보통 게임이라고 하면 주로 온라인이나 모바일에서 즐기는 것을 생각한다. 그리고 테마파크나 체육관에서 즐기는 스포츠는 오프라인만의 경험이라고 생각한다. 하지만 한 테마파크는 입장할 때 선택하는 모드에 따라 보이는 세계가 달라져, 같은 롤러코스터도 누군가에게는 잠수함처럼, 누군가에게는 마법사의 빗자루를 타고 경기하는 것처럼 느껴지게 했다. XR 게임 스포츠 플랫폼인 '아카디아Arcadia'는 VR 스포츠 게임 플랫폼을 만들었다. 이 플랫폼을 통해 HMD를 쓰고 손에 기기를 장착하면 가상 공간이 펼쳐지고 실제 체육관에서 다양한 스포츠를 즐길 수 있다.

온라인으로 배운 악기, 오프라인 합주로 완성

실시간 화상 레슨 플랫폼 '코다coda'는 사람들에게 온라인 클래스와 오프라인 만남의 즐거움이 결합된 음악 레슨 경험을 선사한다. 클래스의 시작은 온라인 화상 수업으로, 과정은 오픈 채팅방으로, 마지막

그림 3-12 | 아카디아의 VR 스포츠 플랫폼(출처: Hypebeast)

은 오프라인에서 만난다. 우선 사용자가 좋아하는 아티스트와 온라인 화상 수업으로 팬 미팅과 레슨을 동시에 경험한다. 그리고 아티스트와 함께 있는 톡방에서 사람들과 함께 연습한 내용도 공유하고, 궁금한 점은 물어도 보면서 실력도 쌓고 친구도 만든다. 마지막에는 오프라인에서 아티스트와 직접 만나서 합주와 공연을 한다. 이를 음원으로 제작할 수도 있다. 이렇게 온라인과 오프라인 모두를 통해 좋아하는 아티스트에게 악기를 배우는 경험으로 완성된 소비 경험이 만들어진다.

선택과 집중이 아닌 두 마리 토끼를 다 잡아라

믹스버스는 과거에 언급됐던 단순한 옴니채널이 아니다. 옴니채널은 오프라인에서 물건을 보고 온라인에서 물건을 사거나, 온라인에서 물건을 구매한 뒤 오프라인 채널에서 픽업을 하는 분리된 역할을 보였다. 그리고 옴니채널은 대부분 유통 채널에서의 활용에 그쳤다. 하지만 믹스버스는 그 중간의 경계를 끊을 수 없다. 하나의 일치된 소비 경험이 일어나는 것이다. 특히 더 중요한 것은 그 대상이 공연, 전시, 광고, 여행, 게임, 배움 등 다양한 분야로 확산되고 있다는 점이다. 믹스버스에서는 실제 제품과 서비스에 대한 소비가 일어난다.

코로나19 팬데믹은 단기간에 우리에게 엄청난 시사점을 주었다. 3년 동안 소비 영역에서 오프라인과 온라인에 대한 정반합의 결론을 도출해 낸 것이다. 기업으로서는 할 일이 많아진 셈이다. 이제 기업이 믹스버스 환경을 만들지 못하거나 믹스버스 경험을 선사하지 못하면 고객의 관심을 끌기 어려운 시대가 되었다.

함께 읽으면 더 좋은 책

《믹스 MIX-세상에서 가장 쉬운 차별화》(안성은 지음)
저자는 따로 떼어 놓고 보면 도무지 어울릴 법하지 않은 것들도 막상 붙여 보면 놀랍도록 멋진 결과물이 나온다고 말한다. 그것을 '믹스'라고 하고, 믹스를 통해 지금껏 보지 못한 '낯선' 것들이 만들어지면 '차별화'를 이룰 수 있고, 열광하는 '팬'을 만들 수 있다고 주장한다. 믹스버스에 대한 내용은 아니지만 기술과 인간, 창조성과 제약, 익숙함과 낯섦 등의 믹스를 통해 믹스버스에 대한 힌트를 얻을 수 있다.

REVERSE TREND

역발상 2

워크
&
라이프

4장	# 규칙 없는 조직문화 # VS. 주4일제와 워케이션
	문제는 쉬는 제도가 아니라 일하고 싶은 조직문화

조용한 퇴사를 막기 위한 방법은
주4일제와 워케이션?

워라밸work-life balance에 이어 최근 젊은 직장인들 사이에서 '조용한 퇴사quiet quitting'가 화두에 오르고 있다. 조용한 퇴사란 실제로는 회사를 그만두지 않았지만 내가 꼭 해야 할 일 외에는 일하지 않겠다는 업무 방식이다. 이런 문화는 과거에도 있었겠지만 뉴욕의 24세 엔지니어 자이드 펠린Zaidle Ppelin이 2022년 7월 틱톡에 한 영상을 올리면서 완전히 개념화됐다. 사실상 몸만 회사에 있는 것뿐이지 회사에 대한 소속감은 사라진 상태를 말한다. 그래서 요즘 20~30대 사이에서는 "승진 안 할래요" "본사 안 갈래요"라는 말이 많이 나온다고 한다.[1] 덜 일하고 덜 성취하겠다는 뜻이다.

여기에 코로나19 팬데믹 기간 동안 재택근무와 원격근무가 널리 퍼지다 보니 자연스럽게 근무제도에 대한 논의도 활발해지고 있다. 여러 근무제도 중에 많은 트렌드 책이 공통적으로 거론하고 있는 제도가 바로 주4일제와 워케이션이다. 실제로 우리나라의 많은 기업이 주4일제와 워케이션Workcation을 실험적으로 시행하고 있고, 몇몇 기업은 이미 도

그림 4-1 | 자이드 펠린의 틱톡 영상 화면

입하기도 했다. 대기업 중에서는 SK그룹이 가장 적극적으로 주4일제를 도입했는데, SK수펙스는 월 2회 주4일제를 시행하고 있고, SK텔레콤은 매주 셋째 주 금요일을 휴무일로 지정했다. 그리고 카카오게임즈, 우아한 형제들, 에듀윌, 밀리의 서재, 여기 어때, 카페24, 엔돌핀커넥트 등 IT 기반 기업들도 주4일제 또는 주4.5일제를 적용하고 있다.[2] 최근 직원들이 워라밸과 조용한 퇴사를 외치고, 몇 년간 재택근무 등에 익숙해지다 보니 많은 기업에서 직원들의 업무 의욕을 고취시키고 인재 유출을 막는 차원으로 다양한 제도의 도입을 고려하고 있는 것이다.

사실 주4일제는 2004년 주6일제에서 주5일제로 개정된 지 20여 년 만에 논의되고 있는 제도이다. 20년 동안 기업 환경과 업무 방식, 그리고 사람들의 라이프 스타일이 변해 온 것을 보면 근무제도의 변화가 충분히 논의될 만하다. 게다가 주4일제뿐만 아니라 워케이션은 유럽과 미국에서 실험을 통해 어느 정도 검증된 시스템이다. 영국, 독일, 스페인, 네덜란드, 덴마크, 스웨덴 등 유럽이 가장 활발하게 제도를 도입하려는 움직임을 보이고 있고, 오랜 근무 시간으로 유명한 일본에서도 파나소닉 홀딩스パナソニックホールディングス, 미즈호 파이낸셜 그룹みずほフィナンシャルグループ, 시오노기 제약塩野義製薬 등을 중심으로 주4일제와 워케이션을 도입하고 있다.[3] 이미 본사 건물도 없이 기업 활동을 하고 있는 사례도 나오고 있는 만큼, 주4일제와 워케이션은 강력한 메가 트렌드로 손색이 없어 보인다.

잘못된 진단으로 병을 더 키우는 것은 아닐지

주4일제와 워케이션은 직장인들이 일보다 일상을 더 소중하게 생각하고, 회사보다 집이나 본인이 원하는 곳에서 일하고 싶어 할 것이라는 진단 속에 도입되고 있는 제도이다. 실제로 주4일제와 워케이션이 잘 정착된다면 회사에 대한 직원들의 만족도가 높아질 것이고, 생산성도 높아질 수 있다. 하지만 그것이 직원들이 회사를 결정하는 최우선 순위일지에 대해서는 면밀히 따져 볼 필요가 있다.

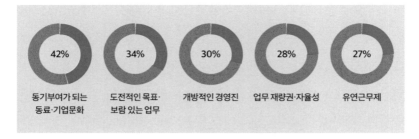

그림 4-2 | 직원들이 회사 생활에서 가장 중요시하는 요소(자료: 로버트 월터스)

글로벌 인재 채용 컨설팅 기업인 로버트 월터스Robert Walters의 최근 조사에 따르면, 직원들이 회사에서 가장 중요하게 생각하는 것은 동기부여가 되는 동료 · 기업문화 42%, 도전적인 목표 · 보람 있는 업무 34%, 개방적인 경영진 30%, 업무재량권 · 자율성 28%, 유연근무제 27% 순으로 나타났다.[4] 메가 트렌드에서 주장하는 것과 달리 주4일제와 워케이션과 같은 '유연근무제'는 가장 낮은 비중을 차지한 반면 '동료 · 기업문화'가 가장 높은 비중을 차지한 것이다. 이 결과를 잘 살펴보면 현재 직장인들이 가장 원하는 것은 동료, 기업문화, 목표, 보람 등임을 알 수 있다. 그들이 일상과 업무 유연성도 중요하게 생각하긴 하지만 조용한 퇴사를 하겠다는 건 본질적으로 그 회사의 조직문화가 마음에 들지 않기 때문이라는 것을 보여 주고 있다.

이와 유사한 결과는 우리나라에서도 찾아볼 수 있다. 잡코리아가 구직자와 직장인 1000여 명을 대상으로 '스타트업 기업의 취업(이직) 의향'을 조사한 결과, 의향이 있다고 답한 사람들이 꼽은 스타트업 기

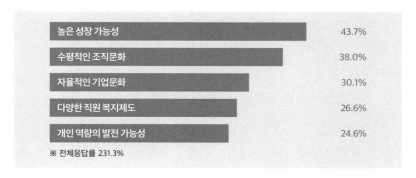

높은 성장 가능성	43.7%
수평적인 조직문화	38.0%
자율적인 기업문화	30.1%
다양한 직원 복지제도	26.6%
개인 역량의 발전 가능성	24.6%

※ 전체응답률 231.3%

그림 4-3 | **스타트업 기업 취업의 장점**(자료: 잡코리아)

업의 장점으로는 기업의 높은 성장 가능성 43.7%, 수평적인 조직문화 38.0%, 자율적인 기업문화 30.1%, 다양한 직원 복지제도 26.6%, 개인 역량의 발전 가능성 24.6% 등이 꼽혔다.[5] 이 조사에서도 알 수 있듯이 직장인들이 회사에 기대하는 것은 주4일제와 워케이션과 같은 제도가 아니다. 어쩌면 직장인들은 자신이 도전하고 몰입할 수 있는 일을 통해 성장하고 싶고, 그것을 수평적이고 자율적인 조직문화가 서포트해 주길 바라고 있을지도 모른다. 오히려 조직문화가 잘 뒷받침됐을 때 직장인들은 성장하는 과정 속에서 더 만족할지 모른다. 그리고 기업도 직원들의 조직에 대한 만족 속에서 더 큰 성과를 기대할 수 있다.

만약 여러분이 골프나 테니스를 좋아한다고 해 보자. 누군가에게 보이기 위해서 그 운동을 하는 게 아니라 그 운동 자체가 좋으면 몸이 힘들어도 계속 하고 싶어질 것이다. 스스로 장비도 사고, 동아리에도 가입하고, 그 운동을 함께하는 사람들과 많은 시간을 보내고 싶어진다. 그 종목이 갖고 있는 매력과 그것을 공유하는 사람들, 그것이 회사로 치면 조직문화이다. 그 종목의 선수 포지션, 득점 과정, 결과가 나오는 방식, 승패 등이 다 조직문화라는 것이다.

예능 프로그램을 살펴보자. 메타코미디는 수많은 팬들을 만들어낸 피식대학, 빵송국, 숏박스 등이 소속되어 있는 코미디 레이블이다. 메타코미디는 순수한 즐거움 그 자체를 지향하며, 크리에이터의 자율과 수평적인 소통을 중요시하고 있다. 그래서 기본적으로 개그계가 갖고 있던 '기수'가 없다. 모든 개그맨 혹은 크리에이터들이 이른바 '계급장을 떼고' 서로 아이디어를 내면서 논다. 유튜브 수익과 같은 성과는 투명하게 드러나기 때문에 공정하게 크리에이터에게 배분된다. 그런 과정 속에서 나온 것이 '한사랑산악회' '매드몬스터' '장기연애'와 같은 콘텐츠이다.

일찍이 이런 흐름은 〈코미디 빅리그〉에서부터 시작됐다. 〈개그콘서트〉와 〈웃음을 찾는 사람들〉은 사라졌지만 〈코미디 빅리그〉는 여전히 살아남아 많은 인기를 끌고 있다. 왜일까? 많은 사람이 공중파와 종편의 구조적인 차이와 방송사 제도에서 원인을 찾는다. 하지만 근본적인 차이는 아이템 선정 과정과 선정된 아이디어에 대한 적절한 보상에 있다. 〈코미디 빅리그〉는 방송된 코너 중에서 방청객 투표를 통해 1위가 선정되면 그 팀에게 5000만 원에서 1억 원의 상금을 지급한다. 그리고 한 팀이 잘되면 다른 팀에서 1등 팀의 팀원을 영입하기 위해 노력하기도 한다. 이렇게 보면 메타코미디와 〈코미디 빅리그〉의 공통점에는 뛰어난 동료와 공정한 성과 보상이 있다는 것을 알 수 있다.

넷플릭스도 좋은 예이다. 넷플릭스는 "훌륭한 일터는 멋진 동료들이 있는 곳이다"라는 가치를 추구한다. 그리고 가장 중요한 원칙으로 어떤 선택을 하든 "넷플릭스에 득이 되는 방향으로 선택하라"를 강조한다. 그래서 넷플릭스에는 주변에 뛰어난 동료가 있고, 그들을 통해 개인도 성장한다. 그리고 어떤 의사결정과 행동이든 자율적으로 하되, 회사와 모든 구성원들을 위해 선택하고 책임진다. 이런 분위기는 직장인들의 커뮤니티 앱인 '블라인드Blind'에 잘 나와 있다. 여기에 주4일제와 워케이션과 같은 제도는 언급되지 않는다. 이렇게 보면 앞서 언급한 로버트 월터스와 잡코리아의 조사 결과와 넷플릭스가 추구하는 가치는 일치하는 것으로 보인다.

조용한 퇴사와 같은 문제의 원인을 제대로 짚지 않고 주4일제와 워케이션을 도입하는 것을 두고 어떤 사람들은 전형적인 '대증요법symptomatic treatment'에 지나지 않는다고 비판하기도 한다. 대증요법이란 질환으로 고통받는 환자를 치료할 때 원인이 아니라 증상에 대해서만 실시하는 치료법을 말한다. 조직문화를 개선하지 않고 단순히 제도만 도입하게 되면 직원들을 더 회사에서 멀어지게 하는 수단이 되어 버린다. 결국 비용은 늘고 업무 생산성은 낮아지는 악순환에 빠지게 되고, 회사와 구성원 모두 지속적으로 성장할 수 없게 된다.[6] 그래서일까? 실제로 실리콘밸리에서는 주4일제와 워케이션에 대한 관심이나 실행이 오히려 줄어들고 있다고 한다.

주4일제나 워케이션 도입의 목적이 '더 쉬고 더 놀 수 있다'라면 변화의 의미는 크지 않을 것 같아요. 이런 제도들의 도입은 '오늘날 우리가 일을 하고 있는 방식은 우리가 쓸 수 있는 기술에 비해 너무 뒤처져 있으니 보다 효율적이고 효과적으로 일을 할 수 있는 방식을 찾아야 미래에도 살아남을 수 있다'를 목적으로 해야 하지 않을까요?

→ 실리콘밸리 기업 볼트 정종빈 데이터사이언티스트

대기업에서 'OO님'이 통하지 않는 이유

원인을 제대로 짚지 않고 단순히 제도만 도입하다 보면 제도와 현실에 괴리가 생기면서 매우 곤란하고 괴로운 일들이 발생한다. 가장 대표적인 사례가 많은 대기업에서 도입한 'OO님' 호칭 제도이다. 주로 우리나라 스타트업을 중심으로 시작됐던 호칭 제도인 'OO님'은 업무의 효율성을 높이고 신속한 의사결정을 위해 시작된 하나의 장치였다. 오로지 업무의 빠른 성과와 목표 달성을 위해 불필요한 시간을 잡아먹는 직급과 직책을 쓰지 않기로 한 것이다. 이들의 성과를 지켜본 대기업에서는 'OO님'을 도입하기만 하면 수평적인 조직문화가 만들어질 것이라고 착각했다. 그래서 직급과 직책 상관없이 'OO님'이라고 부르게 했다. 결과적으로 어떻게 됐을까? 윗사람은 아랫사람을 오히려 불편해 하고, 아랫사람은 윗사람에게 'OO님'만 믿고 편하게 소통했다가 오히려 무례함을 지적당했다.

이런 사례는 또 있다. 2010년대 초 삼성전자에서는 직원들의 자율성을 높이고 개성을 존중하기 위해 '비즈니스 캐주얼'이라는 제도를 도입했다. 정장을 입거나 넥타이를 매는 것을 '금지'하고 편안한 캐주얼을 입되 기본적인 격식만 차리라는 것이었다. 말만 들어도 어렵지 않은가? 실제로 비즈니스 캐주얼 제도가 도입되고 몇 년간 직원들은 출근할 때 옷을 어떻게 입어야 할지 고민이 더 많아졌다. 그리고 당연히 자율성과 개성은 이 제도만으로 보장될 순 없었다. 그렇게 10년이 지난 2022년 7월 삼성전자는 이제 '캐주얼 데이'를 실시한다고 밝혔다. 매주 금요일에는 재킷도 입지 말고 매우 편안한 캐주얼 옷차림으로 출근하라는 것이다.[7] 하지만 블라인드에서는 이렇게 회사가 복장을 제도로 규정하는 것에 대한 불편함을 토로하는 글들이 많이 올라왔다.

옷뿐인가. 개방형 사무실도 원래의 취지와 상관없이 무작정 도입되면 오히려 직원들의 스트레스를 높이는 부작용이 발생한다는 연구 결과도 있다. 영국의 경제분석기관 옥스퍼드 이코노믹스Oxford Economics에 따르면, 미국, 독일, 호주, 중국, 인도 등 10개국을 대상으로 조사한 결과, 응답자의 63%가 개방형 사무실의 소음 때문에 일에 집중할 수 없다고 답변했다. 그리고 오스트레일리아 본드대학교의 연구진이 개방형 사무실에서 일하는 사람들의 생체지표를 측정한 결과, 개방형 사무실의 소음에 따라 스트레스 지수가 25%, 땀이 34% 증가한 것으로 확인됐다.[8] 개방형 사무실은 매 순간 빠른 의사결정과 업무 효율을 극단적으로 높여 주는 수단이지 개방형 사무실로 수평적인 조직문화가 생기는 것은 아니기 때문이다.

　단편적인 예시들이지만 우리가 보통 어떤 제도나 신조어가 생겼을 때 그것들이 생긴 맥락과 배경을 무시하고 단지 그것이 트렌드라고 해서 도입하면 제도와 현실의 괴리에 따라 많은 문제가 발생한다는 것을 알 수 있다. 대표적으로 욜로YOLO, You Only Live Once가 그랬다. 이 말은 너무 목표 지향적으로만 살지 말고 현재의 소중함도 찾으라는 배경에서 나온 말인데, 마치 돈을 버는 족족 쓰라는 의미로 와전되면서 "욜로하다 골로 간다"는 말이 나오기도 했다. 한때 트렌드라고 거론됐던 파이어FIRE, Financial Independence Retire Early, 갭이어gap year 모두 마찬가지이다.

　그래서일까. 주4일제와 워케이션에 대한 사람들의 감정은 부정적이다. 소셜 빅데이터 분석 플랫폼인 썸트렌드를 통해 '주4일제와 워케이션'에 대한 긍·부정 분석을 한 결과 '주4일제'에 대한 부정적 반응은 53%, '워케이션'에 대한 부정적 반응은 46%로 나타났다.

워라밸의 허상과 워라블의 등장

이런 흐름은 워라밸에서도 포착되었다. 워라밸은 일과 일상의 균형을 잡고 살아가자는 의미이다. 미국 기업들은 직원들이 너무 열심히 일하다가 번아웃이 와서 퇴사하거나 이직하게 됐을 때, 좋은 인재를 놓

그림 4-4 | 소셜 빅데이터 분석 플랫폼의 '주4일제' 긍·부정 분석 결과(자료:썸트렌드)

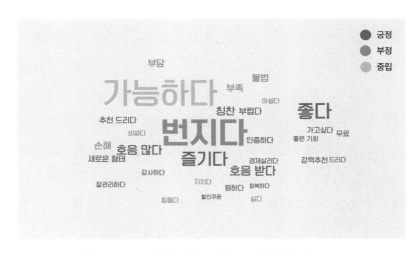

그림 4-5 | 소셜 빅데이터 분석 플랫폼의 '워케이션' 긍·부정 분석 결과(자료:썸트렌드)

치고 새로운 직원을 뽑는 것에 대한 시간과 비용을 부담스러워 했다. 그래서 직원들의 번아웃, 퇴사와 이직률을 줄이고 비용 효율을 높이기 위해서 직원들에게 워라벨을 추구하라고 제안하면서, 워라벨의 개념이 처음 등장했다. 퇴근 후의 삶이 소중해지고 즐거워야 일을 할 때의 에너지도 높아진다고 생각했기 때문이다. 그런 선순환이 기업과 구성원들의 지속적인 성장을 가져다줄 것이라고 믿었다. 그래서 사실 워라벨은 기업 경영을 위한 매우 합리적이고 비용 효율적인 개념이다. 다시 말해 번아웃이 올 것을 예방하는 차원에서 워라벨을 추구하라는 것이지, 의도적으로 워라벨이라고 하면서 일에 대한 소중함과 성취가 주는 즐거움을 무시하라는 게 아니다.

하지만 워라벨이 트렌드라며 우리나라에 소개됐을 때에는 이런 배경 설명이 다 빠졌고, 그저 일과 일상을 '분리'시키는 것이 됐다. 왜곡된 워라벨 개념에 따라 일은 지루하고 불행한 것, 일상은 즐겁고 행복한 것으로 비춰지게 됐다. 나아가 진정한 행복은 일과 직장을 떠나야 얻을 수 있는 것으로 받아들여졌다.[9] 일은 악한 것, 일상은 선한 것으로 경쟁 구도가 된 것이다. 하지만 이런 생각은 일에 대한 의미와 의욕을 떨어뜨리고, 성취에 대한 즐거움도 잃게 만든다. 그리고 사실 일과 일상은 완벽하게 분리되기도 힘들다. 오히려 일을 통해 얻은 통찰력과 성장을 통해 일상의 반경이 확장되고, 확장된 일상을 통해 일에 대한 새로운 아이디어를 얻고 만족할 때 더 큰 즐거움과 행복이 생길 수 있다. 이에 대해 토스 이승건 대표는 "회사에서 내가 뭔가 오너십을 가지고 할 수 있는 게 없다고 하는 좌절감의 표현이 워라벨이라고 본

다"고 말하기도 했다.[10]

워라밸을 추구한 사람들이 일과 일상의 소중함을 모두 놓치게 되면서 최근 들어 워라블work-life blending이라는 개념이 등장하기 시작했다. 워라밸이 일과 일상의 '의도적인 균형'이라면 워라블은 일과 삶의 '상호 보완적인 조화'이다. 그래서 워라블은 단순히 일을 돈벌이 수단으로 생각하지 않고 자아실현과 성장의 계기로 삼는다.[11] 사실 내가 지금 하고 있는 일을 좋아하고, 그 일을 함께하는 사람들이 좋다면 일과 일상은 분리되기 어렵다. 회사에서 일을 하고, 퇴근 후에도 스스로 일과 직간접적으로 관련된 장소, 커뮤니티를 찾게 된다. 그런 조직에서는 진급 거부자가 나오기 힘들다. 누구나 빨리 성장하고 인정받고 싶

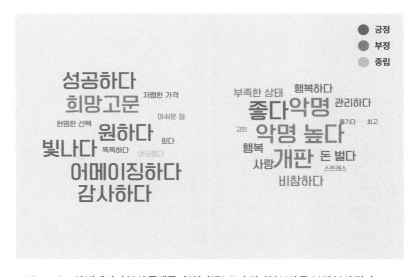

그림 4-6 | 소셜 빅데이터 분석 플랫폼의 '워라밸(좌)과 워라블(우)' 긍·부정 분석 결과(자료: 썸트렌드)

어 한다.

실제로 소셜 빅데이터 분석 플랫폼인 썸트렌드를 통해 워라밸과 워라블에 대한 긍·부정 분석을 비교한 결과, 워라밸에 대한 부정적 반응은 47%, 워라블에 대한 긍정적 반응은 78%로 워라블에 대한 긍정 감정이 훨씬 높게 나타났다.

진짜 문제는 번아웃이 아니라 보어아웃

최근 들어 매우 흥미로운 개념이 주목받기 시작했다. 바로 보어아웃bore-out이다. 보어아웃이란 지루하고 단조로운 반복 업무에 지쳐 의욕이 상실되는 현상이다.[12] 주로 적성에 맞지 않거나, 성장 가능성이 없다고 생각하는 일을 지속하는 경우에 쉽게 나타난다. 번아웃이 지나치게 일에 몰두하다가 심신이 지쳐 무기력증으로 빠지는 것이라면 보어아웃은 반대 개념인 것이다. 보어아웃에 빠진 사람들 대부분은 업무 시간에 온라인 쇼핑이나 동료들과의 대화 등 업무 외의 다른 일로 시간을 보낸다. 보어아웃은 게으름이 아니라 무기력함에 대응하는 방어기제인 것이다. 또한, 보어아웃을 경험한 사람은 직장에서 새로운 도전을 하는 것을 두려워하는 성향을 보이기도 한다.[13]

번아웃을 방지하기 위해 워라밸이 나왔다면 반대로 보어아웃을 해결하기 위해 워라블이 나온 것이다. 그리고 조용한 퇴사는 번아웃이 아니라 보어아웃 때문에 등장한 현상일 수 있다. 보어아웃을 해결

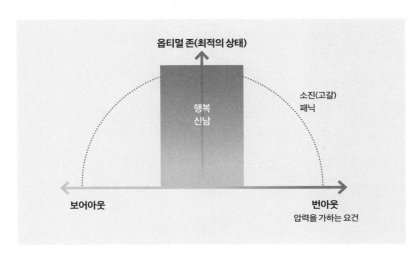

하기 위해서는 워라블이 마련되어야 하며, 기업은 조직원들의 워라블이 구체적으로 실현될 수 있도록 세부적인 조직문화와 인프라를 구축해 줘야 한다.

제도보다 사람, 호모 라보란스를 서포트하라

보어아웃을 해결하기 위해서는 사람들이 워라블을 추구할 수 있도록 기업이 도와주어야 한다. 보어아웃을 해결하는 것이 트렌드로 제안되어야 하고, 워라블을 추구할 수 있게 하는 방향이 역발상 트렌드이다. 우리는 노동하는 인간, 즉 호모 라보란스homo laborans이다. 좋아하는 것에 몰입해서 밤을 새기도 하고 돈을 쓰기도 한다. 흔히 아는 것처럼 항상 놀고 싶고 아무것도 하고 싶지 않은 것은 아니다. 게임이나 취미는 물론이고 일에 빠지기도 한다. 카페를 직접 운영하거나 음식점을 열어 손님에게 맛있는 음식을 대접할 때, 자그마한 소품가게를 열거나 온라인 쇼핑몰을 운영하는 경우, 크리에이터 활동을 하는 유튜버에게도 이런 마음이 작동한다. 우리는 놀고 싶어 하면서도 일하고 싶은 인간인 것이다.

사람들, 특히 젊은 직장인들이 일을 하기 싫어 하는 것은 아니다. 자신이 몸담고 있는 회사의 조직문화가 마음에 들지 않는 것뿐이다. 회사에서 오너십을 갖고 일을 하고, 일과 동료를 통해 성장하고, 그리고 그에 대한 성과로 큰 보상을 얻을 수 있는 문화를 만든다면 호모 라보란스의 본질을 건드릴 수 있다. 결과적으로 조용한 퇴사를 막을 수도 있을 것이다. 이런 문제가 해결되지 않는 한, 많은 기업은 인재 유출과 조기 퇴사와 같은 인사 악순환을 거듭하게 될 것이다. 그리고 앞으로 그 속도는 더 빨라질 확률이 높다.

조직문화를 바꾸는 건
어렵고 오래 걸린다는 착각

조직문화를 바꾸려면 많은 시간이 필요하다. 빠르게 효과가 드러나지 않기 때문에 지지부진해 보이기도 한다. 그래서 당장 눈에 보이는 변화를 원하는 의사결정권자들은 여러 가지 성급한 시도를 하게 된다. 기업문화나 조직문화를 바꿔서 조직을 자율적이면서도 수평적으로 만들고 직원들끼리의 소통을 활발하게 만드는 일은, 잘못된 제도 도입으로 발생할 수 있는 시간과 돈 낭비를 줄일 수 있는 최선의 방법이기 때문이다. 이미 많은 기업에서 이를 위해 다양한 연구를 하고 있으며 조직문화의 큰 트렌드를 형성하고 있다. 조직문화를 바꾸는 것이 노사 간의 협상을 거쳐야 하거나 엄청난 비용이 들어가는 대규모 작업은 아니다. 주4일제나 워케이션과 다르게 단기에 조직원들의 협의에 따라서 모든 기업 구성원들이 노력하여 서로에게 유리한 방향을 제시해 나감으로써 만들 수 있다.

자율성과 오너십이 합의된다면 제도는 부수적인 문제

'이직과 퇴사에 관한 컨퍼런스'에서 있었던 일이다. 한 발표자가 자신의 이직 경험을 밝히면서 회사를 소개했다. "저희 회사는 음식도 공짜로 주고요, 출퇴근 시간도 없고, 거기에 휴가도 무제한이에요." 회사 소개를 들은 사람들은 어떤 회사인지 궁금해 했다. 그랬더니 발표자는 '이직하기 전 회사'라고 밝혔다. 그리고 지금은 일을 더 많이 하는 회사로 이직했다고 말했다. 이직하기 전 회사는 사실상 주4일제와 워케이션을 도입한 것과 다름이 없던 회사였다. 그럼에도 그 발표자는 이직을 결심했는데, 그 이유로 '자기주도성과 합리성'을 들었다. 회사가 성장하면 그 조직에 몸담은 개인도 성장해야 한다는 것이 자신이 바라는 것이었다고 말하며, 이직은 자신의 의사결정이 잘 반영된 결과라고 설명했다. 자기주도성과 합리성이 이직에 영향을 미친 가장 큰 요소였던 것이다. 그가 새로 옮긴 회사는 토스였다.

요즘 직장인들이 회사에 가장 바라는 것은 단연 자율성이다. 스스로 목표를 수립하고 달성해 가는 과정에서 자율적으로 오너십을 갖추고 일에 매진하는 것이다. 구성원 각자가 목표를 달성하기 위해 최선의 노력을 다하며, 결과에 대해서는 어떤 식으로든 책임을 지는 것이 자율성이다. 이를 위해 회사는 업무에 대한 관여와 규제를 최소화한다. 하지만 자율적이라는 의미를 '내 마음대로'로 이해하면 안 된다. 내 마음대로 출·퇴근하고, 업무 시간과 장소를 정하지 않고 일한다는 의미가 아니다. 업무 효율을 높이고 성과를 올릴 수 있는 선에서 직원에게 자율을 허용하겠다는 것이다. 자율적으로 일한다고 반드시 좋은 결과가 보장되는 것은 아니다. 하지만 그 결과가 어떻든 자율에는 책임이 따른다. 다시 강조하자면 좋은 자율성이란 강한 책임감이 내포되어야 한다.

이런 합의를 명문화한 것이 바로 '컬처덱culture deck'이다. 컬처덱은 회사가 실제로 작동하는 과정과 기업의 특색을 담백하게 담아낸 문집이다. 이 안에 구성원들의 합의가 다 담겨 있다. 컬처덱은 2009년 넷플릭스에서 시작됐는데, 넷플릭스는 "최고의 복지는 최고의 동료"라는 슬로건을 통해 회사 비전에 공감하고 성과를 내는 직원에게 자율성과 보상을 충분히 제공하는 운영 방침을 공개한 바 있다.[14] 이 컬처덱은 조직문화의 바이블로 꼽히고, 이후 넷플릭스 컬처덱에 따라 많은 기업이 이를 만들어 가기 시작했다.

그리고 최근에는 테슬라의 컬처덱, 일명 '안티–핸드북 핸드북 anti-handbook handbook'이 공개됐다. 테슬라에 입사하면 받는 작은 핸드북인데, 이 핸드북에는 테슬라가 지향하는 조직문화가 잘 담겨 있다. 핸드북은 근무지침과 규칙 등 세부 사항보다는 직원에 대한 회사의 기대를 강조하는 데에 중점을 뒀다. 주요 문장을 보면 "우리는 모든 팀원에게 전적인 신뢰와 책임감을 부여한다" "회사 전체에 이익이 되고 문제 해결의 가장 빠른 방법이라고 생각한다면, 누구에게나 자유롭게 이야기하거나 이메일을 보내라" 심지어 "일론에게 직접 말하라You can talk to Elon"라고 써 있다. 그리고 "회사가 당신에게 무엇을 기대하고 있는지 이해하는 것은 당신의 책임이다" "여기는 회사다. 학교가 아니다."라고 말하기도 한다.[15] 테슬라는 직원이 책임감을 갖고 자율적으로 일하는 것을 신뢰한다. 그것이 테슬라에게 이익이 될 것이라는 기대에서이다. 그리고 소통을 위해서라면 대표인 일론 머스크Elon Musk를 통해서라도 하라고 권한다.

중요한 것은 이런 컬처덱 내용이 탑다운top-down이 아니라 바텀업bottom-up으로 만들어지고, 팀원들이 함께 지속적으로 업데이트를 한다는 점이다. 예를 들어 전 직원이 참여하는 타운홀 미팅에서 제안된 것이 컬처덱에 반영되기도 한다. 컬처덱은 팀원들이 함께 만들어 가는 조직문화이기 때문에 이견이나 부작용이 적다는 장점이 있다.

그림 4-8 | 딜라이트룸의 컬처덱(출처: 딜라이트룸 홈페이지)

이렇게 다 같이 합의한 컬처덱을 만들고, 컬처덱에 따른 자율적인 업무 프로세스가 먼저 안착되어야 한다.

실제로 우리나라에서도 여러 기업들이 컬처덱을 만들어 도입하기 시작했다. 실버테크 스타트업 한국시니어연구소, 인공지능 챗봇 '헬로우봇'을 운영하는 띵스플로우Thingsflow, 글로벌 1위 알람 애플리케이션 '알라미'의 딜라이트룸DelightRoom, 버티컬 커머스 앱 브랜디 BRANDI 등이 좋은 예이다.

컬처덱은 단순히 기업의 규정집으로 그치지 않는다. 최근 기업들이 컬처덱을 만들어 조직문화를 바꾸는 데에는 단순히 기존 직원들의 업무 자율성과 만족도를 높이는 목적만 있는 것이 아니기 때문이다. 컬처덱을 통해 좋은 신입사원을 뽑을 수 있으며, 투자 유치에도 긍정적인 영향을 줄 수 있다. 그래서 이 컬처덱을 중심으로 한 비즈니스도 활발하다. 컬처덱을 만들어 주는 기업과 전문가들이 생기고 있는 것이다.

컬처덱을 대신 만들어 주는 애프터모먼트AFTERMOMENT, 컬처덱을 바탕으로 직원들에게 다양한 게임형 챌린지를 부여하고 회사 문화를 더 잘 이해할 수 있게 도와주는 챌린저스Challengers라는 기업도 있다. 그리고 동기부여 워크숍을 통해 근무 만족도와 회사에 대한 자부심을 향상시켜서 조용한 퇴사를 해결하는 직장 컨설턴트도 생겼다.[16]

공정하고 철저한 보상은 직원도 춤추게 한다

직원에게 자율성이 확보됐다면 그들이 오너십을 갖고 즐겁게 일할 수 있도록 도와줘야 한다. 바로 성과에 대한 철저한 보상을 통해서이다. 하지만 걸림돌이 하나 있다. 많이 나아졌다고는 하지만 기업들에는 연공서열에 따른, 그리고 '부서 간 나눠먹기' 식의 고과 책정과 연봉 인상이 여전히 남아 있다. 여기서 많은 직장인이 박탈감을 느끼기도 한다. 직원들의 오너십을 위해서라면 작은 일이라도 성과를 측정하고 그에 대한 합당한 보상을 해 줄 수 있는 장치들이 마련되어야 한다.

글로벌 경영컨설팅 기업인 윌리스 타워스 왓슨Willis Towers Watson은 2021년에 '어떻게 하면 기업에서 우수한 인재를 유치하고 직원들을 유지할 수 있는지'에 대한 조사를 했다. 결과는 다음과 같았다. 응답자들은 금전적 보상 87.8%, 기업의 성장성 77.8%, 매력적인 조직문화 68.3%, 우수한 리더와 동료 50.4%, 업무상의 기회 48.7%, 복리후생 44.3%, 기업 및 경영진에 대한 평판 37.4% 순으로 우선순위를 매겼다. 즉 합리적인 보상과 매력적인 조직문화가 뒷받침되는 성장 기업이 좋은 평가를 받을 것이라는 사실을 예측할 수 있다.[17]

그리고 '글로벌 인재포럼 2022'에서 열린 조직문화 세션에서 쿠팡과 토스는 최근 젊은 직원들의 자사 선호도에 대해 '성과에 기반한 보상과 지위를 배제한 의사결정이 핵심'이라고 밝혔다. 쿠팡은 "제대로 성과가 나오기 위해서는 지위가 아닌 지식으로 팀원을 설득해야 하고, 성과 역시 제대로 된 지표로 측정해야 한다"고 말했다. 토스는 "인사고과가 노이즈를 발생시키기 때문에 시행하지 않고 있으며, 직원이 목표를 달성하면 직급과 근무 기간에 상관없이 동일한 비율의 보너스를 지급하고 있다"고 밝혔다.

성과관리에도 트렌드가 있다. 과거에는 연초에 목표를 설정하고 연말에 평가를 받아 연봉이 결정되는데, 이제는 1년 내내 관리자와 구성원 사이에서 실시간 피드백을 주고받으며 목표와 도달 과정에 대한 조정이 수시로 이뤄진다. 이런 방식을 통하면 연말 평가라는 것이 필요 없어지고, 연말에 성과가 과대평가되는 오류도 줄일 수 있다. 이런 방식을 '체크인check-in'이라고 한다. 체크인은 어도비Adobe의 가장 중요한 조직문화 중 하나로, 어도비는 체크인을 통해 직원 퇴사율을 30%나 낮췄다.[18]

특히, 최근의 성과관리는 사내 내부평가 시스템에 의존하지 않는다는 데에 큰 특징이 있다. 즉 외부 툴을 통해 구성원들의 성과가 지표

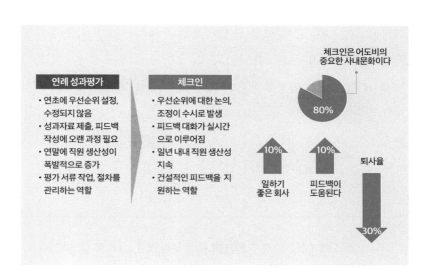

그림 4-9 | 글로벌 기업의 성과관리 트렌드 변화(자료: 어도비)

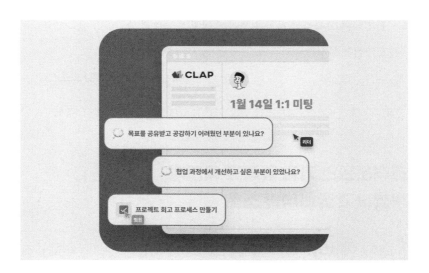

그림 4-10 | 클랩의 성과 측정 툴(출처: 클랩)

화되고 측정되며, 그에 대한 공정한 보상을 제안받는다. 외부의 객관적인 평가를 성과지표로 확인할 수 있기 때문에 내부 직원들의 불만도 줄어들고, 기업 입장에서도 부담이 적어진다. 그런 대표적인 기업으로 클랩CLAP, 플렉스Flex, 레몬베이스Lemonbase 등이 있다. 이런 툴들을 통해 직원들의 근태를 관리할 수 있고, 성과를 측정하거나 평가하며, 연봉을 결정하는 데에 사용되는 보조 자료를 얻을 수 있다.

주4일제나 워케이션으로 직원들이 동기 부여되고, 실제로 잘 일할 수 있다면 매우 좋은 제도인 것은 맞아요. 하지만 그 전에 회사가 직원들에게 오너십을 심어 줘야 하고, 직원 스스로도 일에 대한 오너십이 생겨야 이런 제도가 의미가 있다고 생각해요. 일에 대한 오너십이라는 건 결국 합리적인 의사결정 과정과 성과에 대한 보상으로 생긴다고 생각해요. 오너십과 철저한 성과주의, 그게 먼저라고 생각합니다.

→ 현대홈쇼핑 김근애 모바일 쇼호스트

조직문화의 가장 강력한 촉매제, 투명하고 합리적인 소통

오너십과 자율성, 그리고 제대로 된 성과 측정과 공정한 보상이 잘 자리 잡고 난 후에는 소통이 매우 중요하다. 무엇이든 소통하고, 문제를 함께 해결하고, 업무 과정을 공유하는 과정에서 직원들은 소속감을 느끼고 성취감도 얻을 수 있다. 만약 직원이 오너십을 갖고 엄청난 에너지를 쏟아 프로젝트를 진행했는데, 그 프로젝트가 무산됐을 때 회사로부터 적절한 설명을 듣지 못한다면 직원이 갖는 박탈감은 매우 클 수밖에 없기 때문이다.

반대로 소통이 잘 이루어진다면 높은 기업성과로 이어진다. 글로벌 위험관리 기업 에이온Aon에 따르면, 소통이 3% 개선됐을 때 고객만족과 리텐션은 1% 증가했고, 소통이 4% 개선됐을 때 회사 수익은 1% 증가했다. 변화의 출발점은 투명한 의사소통이다.[19] 그래서 실리콘밸리에서는 "정보의 공유가 심할 정도로 오버 커뮤니케이션하라"는 말이 있을 정도이다. 실리콘밸리에는 동료들 간의 '솔직한 피드백'을 통해 성장하는 문화가 핵심으로 자리 잡고 있다. 그들은 소통을 통해 상호간의 걱정을 해결해 가고 궁극적으로 솔루션을 만들어 간다.

이런 소통을 위해 여러 선진 기업들은 다양한 소통의 툴을 도입하고 있다. 예를 들어 테슬라에 입사하면 각자의 휴대폰에 소통을 위한 24개의 앱이 설치된다. 이 앱들을 통해 일론 머스크와 경영층의 최근 관심사, 경영의 방향, 앞으로의 미션, 그리고 현재 잘 풀리고 있는 프로젝트와 잘 풀리지 않는 프로젝트가 공유된다. 심지어 어떤 팀에서는 앱을 통해 가지고 있는 문제를 공개하고 이를 해결하기 위해 팀에 합류해 달라는 공식 제안도 한다.

세일즈포스Salesforce는 가장 혁신적인 회사이자 구성원의 회사 사랑이 각별한 것으로 잘 알려져 있다. 창업자인 마크 베니오프Marc Benioff에 따르면 그 비결은 '완전한 의사소통과 정렬'이다. 매년 초 세일 즈포스는 사내 앱을 통해 비전vision, 추구하는 가치values, 달성을 위한 방법methods, 극복해야 할 장애물obstacle, 성과를 측정할 지표measures 등 다섯 가지를 작성한다. 이 다섯 가지의 첫 글자를 따서 'V2MOM'이라고 부른다. 창업자와 경영진이 V2MOM을 작성하면 중간 관리자가 V2MOM을 다시 작성하고, 신입사원까지 작성하면서 끝까지 퍼져 나간다. 모든 구성원의 일과 목표가 한 방향으로 정렬되는 것이다. 하향식이지만 일방적이지는 않다. 서로 맞지 않는 부분은 소통을 통해 조정한다. 그리고 사소한 업무 문제, 인간관계, 개인 요청사항 등도 사내 앱을 통해 지속적으로 업데이트하고 쉽게 해결한다.[20]

중요한 사실은 이런 소통이 1ON1 미팅, 동료 피드백 등 여러 가지 구체적인 장치들을 통해 실질적으로 실행된다는 것이다. 1ON1 미팅은 일주일에 30분씩 매니저와 직원이 캐주얼 미팅을 하는 것이고, 동료 피드백은 동료들이 본인의 성과와 결과물을 평가하는 시간이다. 특히, 우리가 일반적으로 알고 있는 면담과 1ON1은 매우 다르다.

이런 소통을 거창하게 시작할 필요는 없다. 처음에는 구성원들이 업무 중에 충분히 휴식을 취하고 있는지, 휴가 계획은 어떤지, 그리고 어떤 순간에 스트레스를 받는지 등에 대해 질문하는 것으로 충분하다. 조직 차원에서는 인생의 목표, 커리어에 대한 욕심, 건강 관리 등에 대한 짧은 질문을 수시로 설문조사하는 펄스 서베이purse survey를 할 수도 있다. 때로는 전 직원이 함께 의견을 공유하는 타운홀 미팅을 가질 수도 있고, '슬랙'과 같은 커뮤니티 툴을 통해 수시로 의견을 주

면담	구분	1ON1(원온원)
리더	주도권	구성원
리더가 하고 싶은 이야기	주제	구성원이 듣고 싶은 이야기
리더가 필요로 할 때	시기	정기적, 규칙적 (주간, 격주간, 월간 등) 구성원이 원하는 시기 (본인이 해결하지 못한 이슈 발생 시)
리더가 제시하고 구성원의 답변을 듣는 전달식 소통	미팅 방법	구성원이 이슈와 문제를 공유하고 리더와 함께 대안을 찾아 가는 대화

그림 4-11 | **면담과 1ON1의 차이점**(자료: 도서《원온원-일 잘하는 팀장의 대화력》)

고받을 수도 있다.

　일례로 BAT컴퍼니는 분기마다 회사 밖으로 나가서 비전에 대해 공유하는 '노마드데이', 피자와 치킨을 함께 먹으며 각자 담당하는 프로젝트를 공유하면서 고충을 나누는 '피치피치데이', 팀원, 프로젝트, 이슈 등 모든 것에 대해서 공유 플랫폼으로 작성하는 '사내 위키wiki 제도' 등을 운영한다. BAT컴퍼니의 권예은 HR 리드에 따르면 "다양한 소통 프로그램을 만들고 잘 운영하는 것이 HCM 파트의 핵심 과제"라고 한다. 이외에도 협업 툴을 통해 업무 소통을 강화할 수도 있다.

그림 4-12 | 협업툴의 분류와 진화 (출처: www.carrotletter.com)

일하자는 트렌드에 담긴 진심

언젠가 주4일제는 도입될 것이다. 그리고 워케이션은 근무제도에 녹아든 하나의 옵션에 지나지 않게 될 수도 있다. 그러나 그 과정에서 우리는 일에 대해 어떤 관점을 가져야 할까? 우리는 그 일을 통한 성취, 성과 등이 개인의 삶에서 어떤 만족감과 비전, 가치를 주게 될지 생각해 봐야 한다. 주4일제와 워케이션 도입 전에 회사와 구성원 사이에 책임감 있는 합의가 먼저 선행되어야 한다는 점에 대해서 이견이 있을 사람은 없을 것이다.

그런 점에서 주4일제와 워케이션은 트렌드가 아니다. 사람은 일과 일상이 분리되어야만 행복할 수 있는 것이 아니다. 좋아하는 일을 잘할 때 행복할 수 있다. 그럴 때 시간과 돈 등 삶의 여유가 생기고, 자연스럽게 워라밸을 이루어 갈 수 있다. 회사가 노력해야 하는 건 직원이 좋아하는 일을 잘할 수 있도록 여러 장치를 만드는 것이다. 그중 하나가 조직문화이고, 성과 보상과 복지이고, 소통이고, 주4일제와 워케이션이다.

이제 많은 회사가 허울 좋은 제도만 채택하기보다 조직문화를 잘 만들어 많은 직원을 동참하게 만드는 데에 힘쓰고 있다. 실제로《동아일보》와 오픈서베이가 최근 조사한 결과에 따르면, 20~40대의 59.6%가 조직문화가 맞지 않아 이직 또는 퇴사를 고민하거나 실행에 옮긴 적이 있다고 답했고, 연봉이 줄어도 조직문화가 맞으면 이직하겠다고 응답한 비율도 49.5%나 됐다.[21] 혁신의 상징인 테슬라는 시대를 역행해 주40시간은 무조건 사무실로 출근해서 일하는 것을 원칙으로 했다. 애플 역시 사무실 복귀에 진심이다.[22] 하지만 두 회사 모두 월등한 조직문화를 통해 많은 인재의 관심을 받고 있다. 결국 그 회사의 문화가 중요한 것이지, 겉으로 보이는 제도가 중요한 것이 아니라는 뜻이다.

우리는 단순히 주4일제와 워케이션이 트렌드라고 말하는 것에 대해 경종을 울리고자 한다. 그 제도들 이면에는 매우 깊이 있는 합의와 절차가 필요하기 때문이다. 제도만 내세우는 기업이 아닌 자율성과 책임, 성과에 대한 보상, 합리적이고 투명한 의사결정 등이 제대로 자리 잡고 있는 기업이 살아남을 것이다. 경영자 입장에서는 직원들의 이런 경향과 가치를 잘 헤아리고, 제도 도입 전에 아주 사소하고 디테일한 부분부터 신경 써야 할 것이다. 구성원들은 자신이 지향하는 가치와 성과, 스스로에 대한 성장에 대한 고찰이 있어야 할 것이다. 기업들이 각자의 조직에서 적용할 수 있는 툴들이 이미 시장에 많이 나와 있다는 점도 기억하고 잘 활용하길 바란다.

함께 읽으면 더 좋은 책

《잘나가는 조직은 무엇이 다를까-번아웃 전문가가 밝히는 단단하고 오래가는 조직을 만드는 법》(제니퍼 모스 지음)
저자는 번아웃이 개인과 조직의 성장을 방해하는 가장 큰 장해물이라고 말한다. 하지만 복지 혜택은 번아웃을 막을 수 없다고 한다. 저자는 번아웃을 예방하고, 보다 건강하고 생산적인 직장문화를 만드는 구체적인 방법을 제안하고 있다.

《일놀놀일-일하듯이 놀고 놀듯이 일하는 마케터의 경계 허물기》(김규림, 이승희 지음)
저자는 일하는 자아와 노는 자아가 반드시 분리될 필요는 없다고 말한다. 저자는 일상에서 얻은 영감이 일에 좋은 영향을 줄 때마다 더 열심히 놀아야겠다고 생각했다고 한다. 그것을 '일놀놀일'로 정의하였다. 일놀놀일은 워라블의 또 다른 표현이다.

《실리콘밸리의 팀장들-까칠한 인재마저 사로잡은 그들의 지독한 솔직함》(킴 스콧 지음)
저자는 새로운 소통 전략으로 '완전한 솔직함'을 내세웠다. 팀원의 채용부터 해고까지, 사소한 문제부터 보상까지 완전하게 솔직한 관계를 구축하는 것이 중요하고, 그것이 팀의 성과를 올릴 수 있다고 말한다.

《원온원-일 잘하는 팀장의 대화력》(백종화 지음)
저자는 대기업에서 16년 근무 후 스타트업에서 일을 하기까지 1ON1이 얼마나 중요한지, 대기업과 스타트업의 1ON1이 어떻게 다른지 확실히 느꼈다고 한다. 1ON1만 가지고 한 권의 책을 쓸 정도이다. 직원들이 회사를 떠난다는 건 잘못된 대화를 하고 있다는 증거라고 주장한다. 그에 대한 대안으로 1ON1을 제안하며 활용법에 대해서도 자세히 전달하고 있다.

5장 | 플로우 관계 VS. 인덱스 관계

내면적 관계 맺기 시장을 주목하라

코로나19 팬데믹이 바꾼, 관계의 모습

코로나 19 팬데믹이 어느덧 막을 내리고 있다. 영영 벗지 않을 것 같던 실내 마스크 착용도 의무에서 권고로 바뀌었다. 이제는 재확산과는 별개로 개인의 자율적인 방역을 중요하게 여기는 분위기이다.

팬데믹 이전에 사람들은 직접 만나 잡다한 이야기를 나누기도 하고, 마음을 나누기도 하였으며, 감정을 소모하기도 했다. 코로나19는 인간적이고 개인적인 상황보다는, 비대면이라는 특수성에 따라 사람들의 일상을 목적에 의한 만남 그리고 목적을 이루기 위한 상황들로 가득 채우게 만들었다. 그러다 보니 '줌ZOOM'과 같은 비대면 플랫폼에서 목적을 보다 성실하게 이행하기 위한 개인의 노력들이 만연하게 된 것이다.

코로나19 팬데믹은 사람들의 관계에 변화를 가져왔다. 친구들뿐 아니라 가족들까지 만나기가 어려워진 상황에서 사람들에게 관계에 대한 재정의가 필요해졌다. 감염병이라는 높은 장벽으로 가까운 사람들과의 거리는 더욱 멀어지기만 했다.

시대적 흐름을 반영하듯 《트렌드 코리아 2023》에서는 이런 인간관계의 변화를 '인덱스 관계Index Relationship'로 부르며 떠오르는 메가 트렌드로 언급하고 있다. 비대면 상황에서 사람들은 좀 더 효율적이고, 목적 지향적인 인간관계를 선호하게 되었다. 과거의 밀도를 중시하던 관계를 넘어 다차원적으로 확장되어, 관계마다 인덱스를 붙여 관계를 맺고, 관계를 분류하며, 관계를 유지하는 시대가 도래했다는 것이다.[1]

사람들은 삶의 방식을 목적 지향적인 방식과 관계 지향적인 방식으로 나누기도 한다. 목적 지향적인 방식은 돈을 중심으로 생각하기도 하고, 관계 지향적인 방식은 사람을 중심으로 생각하기도 한다.[2] 우리는 충분히 목적 지향적인 관계를 살아갈 수밖에 없는 환경에 처해 있다. 코로나19 팬데믹 상황을 겪었고, 우크라이나-러시아 전쟁의 상황을 매일 듣고, 더불어 인플레이션이 세계경제를 뒤흔들고 있다. 이렇듯 하나로 이어지는 불확실한 상황은 우리에게 경제적 안정의 중요성을 알려 주고 이를 추구해야 한다고 부추긴다.

하지만 우리가 살아가고 있는 세상을 돈과 사람으로 이분화할 수는 없다. 사람들 사이에서는 너무나도 다양한 관계 맺기가 이루어지고 있기 때문이다. 복잡해진 세상 속에서 사람들끼리 관계를 분류하고 유지하기 위한 다양한 관계 맺기는 하나의 거대한 흐름처럼 지속되고 있다.

얼마 전 JTBC에서 방영된 소개팅 프로그램 〈러브in〉에서는 목적 지향적인 인간의 짝 찾기를 메타버스로까지 확대시켰다. 현실 세계에서 출연진이 직접 고른 아바타로 메타버스에서 소개팅을 하고, 실제로 만남을 이어 가는 프로그램이었는데, 비대면과 대면 상황에서의 감정 전이를 확인해 볼 수 있었다.

소개팅 앱 '정오의 데이트' 이용자들의 사용 의도를 살펴보면 연애 상대를 찾는 '목적'이 1위였다.[3] 인간의 가장 원초적인 부분에서도 관계 맺기는 빼놓을 수 없다. 오늘날에는 신기술까지 더해져서 보다 효율적인 관계 맺기를 추구하는 실정이다.

카카오톡 오픈채팅방에서도 목적에 기반한 사람들의 관계 맺기가 활성화되고 있다. 비대면 상황에서 대면할 때 생기는 부담감을 거두고, 타인과 필요 이상의 관계 맺기를 지양하는 추세에 따라 목적과 관심사에 기반한 관계 맺기가 카카오톡 오픈채팅방을 통해 진행되는 것이다.

카카오톡 오픈채팅방의 경우 코로나19 팬데믹 이전보다 사용자 수가 76%나 성장했다. 본인의 실제 사진이 아닌 카카오 프렌즈 캐릭터를 통해 프로필을 설정하고, 실명을 사용하지 않고도 별도의 닉네임으로 소통할 수 있어서 부담 없는 관계 맺기가 이뤄지고 있는 것이다.[4]

코로나19 이전에도 있었던
목적 지향적인 인간관계

《트렌드 코리아 2023》에서는 요즘 세대는 자만추(자연스러운 만남 추구)보다는 인만추(인위적인 만남 추구)가 익숙한 세대라고 했다. 하지만 자만추나 인만추 등의 관계 맺기는 코로나19 이전에도 언제나 존재했다.

우리가 추억하고 있는 다음카페나 네이버카페의 목적 지향적인 모임을 떠올려 보자. 취업을 준비하는 청년들이 모여 함께 정보를 공유하고, 스터디를 만들어 꿈을 이루기 위해 달렸다. 때로는 사법시험, 수능시험, 경찰시험 등 각종 시험을 대비하기 위해 카페에 모였고, 중고거래를 하거나 모의고사 문제를 함께 풀이하기도 했다. 이처럼 과거에도 목적에 기반한 관계 맺기는 성행했다. 노량진만 가보더라도 실제 목적에 기반한 관계 맺기는 왕성하게 이루어졌고, 오늘날도 크게 다르지 않다.

단지 지금과는 플랫폼에서 차이가 있다. 과거에는 지금처럼 다양한 플랫폼이 존재하지 않았다. 플랫폼이 다양해지면서 많은 종류의 관계 맺기가 활성화되었다고 할 수 있지만, 그렇다고 해서 새로운 변화가 있다거나, 효율을 추구하는 목적 지향적인 관계 맺기가 더욱 성행한다고는 볼 수 없을 것이다.

메가 트렌드인 인덱스 관계는 소셜 플랫폼이 생기면서 환경상 사람들이 좀 더 편리하게 관계 맺기를 할 수 있게 된 것일 뿐, 관계 본질에 대한 변화라고 볼 수는 없다.

소셜 플랫폼 한정으로 얼굴도 모르는 사람이 가까운 관계가 되기도 하고, 의미 있는 관계가 되기도 하는, 이름만 알거나 이름도 모르는 관계. 이렇게 분류된 관계는 페이스북 메신저와 인스타그램 DM을 통해 관리되거나, 관계가 청산되기도 한다. 하지만 이것은 메가 트렌드가 아니다. 플랫폼의 변화에 따라 그동안 우리가 겪어 온 목적 지향적인 관계의 한 단면이고, 플랫폼의 다양화로 인한 하나의 현상일 뿐이다.

목적 지향적인 인간관계보다는 내면적 지지가 필요한 시간

소셜 빅데이터 분석 플랫폼인 썸트렌드에서 '인덱스 관계'에 대한 긍·부정 분석을 한 결과, 메가 트렌드답게 조사 대상자의 86%가 긍정적인 반응을 보였다. 하지만 이 중에서 14%는 부정적 반응을 보였는데, '친하지 않다, 의도적, 어렵다' 등의 연관어가 두드러졌다.

분석을 통해 살펴보면 인덱스 관계에서 사람들이 감정을 공유하지 않는다는 부정적 키워드가 눈에 띈다. 인간관계의 본질인 감정의 전이가 인덱스 관계에서는 발생하지 않는다는 것이다.

코로나19 팬데믹을 거쳐 오면서 사람들은 메가 트렌드가 된 인덱스 관계가 더 행복한 인간관계를 맺을 수 있는 방법이라고 여기게 되었다. 인덱스 관계가 이성적이면서도 효율적이기 때문에 행복의 척도

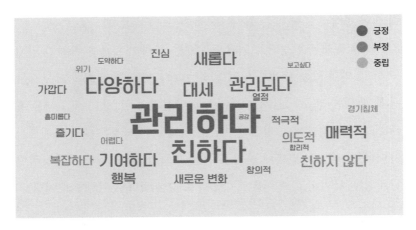

그림 5-1 | 소셜 빅데이터 분석 플랫폼의 '인덱스 관계' 긍·부정 결과(자료: 썸트렌드)

로 해석되고 있다는 것이다. 일리 없는 이야기는 아니다. 이성적이고 효율적인 관계 맺기를 통해 개인의 행복을 찾을 수도 있다.

하지만 관계 맺기의 진정한 의미를 생각해 봐야 한다. 목적과 이성, 효율도 중요하지만 관계는 본질적으로 사람 간의 본성, 감정, 감성 등의 동질화가 중요하다. 특히 코로나19 팬데믹의 종식은 비대면 사회의 종료와 대면 사회로의 복귀를 의미한다. 인류는 역사상 무리를 지어 생활했으며, 공동체라는 테두리 안에서 성장해 왔다. 이런 테두리는 민족이라는 유대감을 만들고 국가라는 체제를 공고히 했으며, 사회를 발전시켰다.[5]

코로나19 팬데믹과 급변하는 디지털 기술이 그동안 우리가 답습해 온 관계 맺기를 변화시키지 않을 것이다. 앞서 이야기한 것처럼 과거에도 목적 지향적이고 효율을 추구하는 관계 맺기는 이루어졌기 때

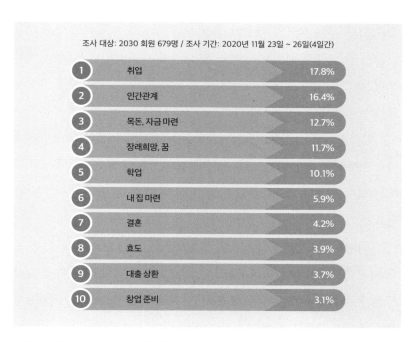

조사 대상: 2030 회원 679명 / 조사 기간: 2020년 11월 23일 ~ 26일(4일간)

1	취업	17.8%
2	인간관계	16.4%
3	목돈, 자금 마련	12.7%
4	장래희망, 꿈	11.7%
5	학업	10.1%
6	내 집 마련	5.9%
7	결혼	4.2%
8	효도	3.9%
9	대출 상환	3.7%
10	창업 준비	3.1%

그림 5-2 | '코로나 세대가 포기한 것'에 대한 조사 결과(자료: 인크루트, 알바콜)

문이다. 시대가 변했다고 해서 사람 간의 관계 맺기도 변했다고 단정 지어 버린다면 우리 사회는 지금보다 더욱 외롭고 우울해지지 않을까.

이미 우리나라는 우울한 사회로 진입했다. 우리나라의 20대 우울 증 환자는 2019년 12만 2039명에서 2020년 17만 7166명으로 45.2% 나 급증했다.[6] 자살률도 2019년 기준, OECD 평균(11명)에 비해 2.2배 가 높은 24.6명이다.[7]

취업포털 인크루트가 20대와 30대 회원 679명을 대상으로 '코로 나 세대'를 주제로 설문조사 한 결과에 따르면, 그들이 포기한 것 1위는 취업(17.8%), 2위는 인간관계(16.4%)였고, 특히 인간관계는 직장인들이 가장 많이 선택한 항목이었다. 더불어 직장인의 90.4%, 대학생의 98.8%, 구직자의 97.5%가 현재 본인이 '코로나로 꿈과 희망을 잃은 세대'라는 데에 동의했다.[8]

인간관계를 포기하고 꿈과 희망을 잃었다고 느끼는 세대들에게 단순하게 목적 지향적이고, 효율적이고, 이성적인 인간관계에 집중하라는 것이 과연 올바른 걸까? 이 부분에 대해 우리는 다시 생각해 볼 필요가 있다.

메타버스가 발전하고, VR 기술이 촉각과 후각, 미각의 구현을 통해 지속적으로 진보하며, 데이터 망의 발전으로 이제 대면이 필요하지 않은 사회가 된다고 상상해 보자. 인간과 인간이 마주하지 않은 사회에서 과연 행복한 관계 맺기가 이뤄질 수 있을까?

인간은 감각을 사용하며 행복을 느낀다. 감각을 연구하는 사학자 마크 스미스Mark M. Smith는 '감각 혁명Sensory Revolution'이라는 개념을 2022년 칸 국제광고제에서 처음 사용하며 오감五感의 중요성을 널리 알렸다.[9] 코로나19 팬데믹이 시작되면서 이 오감의 역할이 바뀌기 시작했다. 사람들의 만남이 줄어들고 기술이 발달하면서 감각을 직접 사용할 일이 줄어든 것이다. 문제는 사람들 간에 마음을 교류할 일도 사라져 가고 있다는 사실이다. 마음은 직접 교류하면서 오감을 사용할 때 진화하는데, 이런 기회가 상실되면서 관계 맺기에 변화가 오기 시작한 것이다. 코로나19가 불러온 비대면 상황은 본질적인 관계 맺기에 대해 고민할 시간을 갖게 했다. 관계 맺기가 목적 지향적이고 효율만을 추구한다면 과연 우리는 진정한 마음을 나눌 수 있을까? 외면적 관계 맺기를 넘어선 내면적 관계 맺기는 이제 더 이상 볼 수 없을까? 인간의 마음은 진화를 멈추고 퇴화할 일만 남은 것일까?

한국생명존중희망재단 신은정 본부장은 관계 맺기에 대해 이렇게 이야기한다. "이제 고인이 된 아이돌들은 그들을 목적 지향적인 대상으로 삼거나 그들을 통해 최고의 효율을 누려야 했던 사람들로부터 희생된 우리의 이웃이라고 할 수 있다. 결국 목적에 기반한 관계에 희생된 것이다. 그들은 가족이나 친구 등으로부터 내면적 지지가 필요했던 사람들인데 도움을 받지 못했다. 내면적 관계 맺기는 우리가 삶을 영위하는 데에 있어 매우 중요한 문제이고, 코로나19 이후 더욱 중요해질 것이다."

목적 지향적이고 효율만을 추구하는 관계보다는 내면적 관계가 중요하다고 강조한다. 특히 코로나19 이후를 살아가고 있는 우리는 내면적 관계를 돌이켜 보고 점검해 보아야 한다. 우리는 다시 타인과 함께 살아갈 필요가 있다.

플로우 관계라면 해결책이 되지 않을까?

'플로우Flow 관계'란 사람의 행동이 물 흐르듯 자연스럽게 이루어지는 관계를 말한다. 관계가 자연스럽게 연결될 때 사람들은 완전히 몰입하게 되고 이로 인해 정신적, 신체적 경험을 얻게 된다.[10] 플로우 관계는 인덱스 관계와는 다른 감정의 전이와 동질화를 전제로 하고 있고, 부담스럽지도 않으며, 자연스러운 관계를 의미한다. 내면적 지지와 관계 맺기를 실천할 수 있는 관계라고 할 수 있다.

목적 지향적인 인덱스 관계 맺기에서 벗어나 사람들이 직접 서로 교류를 통해 시각, 청각, 후각, 미각, 촉각을 활용해 마음을 나눌 수 있을 때 인간은 진화하고 성장할 수 있다. 사람들이 진정한 관계 맺기를 완성하기 위해서는 내면적 지지를 갖추어야 한다.

공간을 통해 자연스럽게 감정을 공유하는 플로우 관계

이러한 관계 맺기의 중심에 '외로움'이라는 시장이 형성되어 있다. 외롭다는 것이 혼자 사는 것과 동일시될 수는 없지만 이미 대한민국의 30%는 나 혼자 사는 1인가구이다.

1인가구의 증가는 이제 피할 수 없는 대세가 되었다. 물론 혼자 사는 것에 대해 편안함을 느끼는 사람들도 있지만 인간은 원래 사회적 동물이라고 하지 않던가. 혼자의 편안함을 즐기면서도 한편으로는 외로움을 느끼는 사람들도 점차 늘어 가고 있다.

이런 사람들을 타깃으로 남의 집에 취향이 맞는 사람들을 불러 모아 주는 스타트업도 등장했다. 타인을 거실로 초대해 이야기를 나누는 서비스 커뮤니티 플랫폼 '남의집'은 연애담이나 여행기, 육아 꿀

팁 등 관심사가 맞는 사람들을 모아 준다. 모임의 호스트는 집이라는 공간을 통해 플로우 관계 맺기를 추구하고, 게스트 입장료의 80%를 정산받음으로써 부수입을 챙길 수도 있다.

　단순히 번개모임을 하는 데에 그치지 않고, 에어비엔비처럼 사진을 통해 모임 공간을 검증받고, 철저한 심사를 거쳐 관계 맺기를 추진한다. 또한 게스트는 사전에 다양한 질문지에 답을 하고, 호스트는 이

그림 5-3 | 남의집 호스트 소개 및 실제 개설 모임 화면(출처: 남의집 홈페이지)

질문에 적합한 게스트를 승인하여 플로우 관계 맺기를 추구한다.

더불어 다른 모임 플랫폼이 레저에 집중하고 있지만 '남의집'은 대화에 대한 사람들의 욕구를 해소하는 데에 초점을 맞추고 있어 사람 간의 본성, 감정, 감성 등의 동질화라는 내면적 지지를 잘 활용하고 있다. 외로운 사람들을 위한 관계 맺기 플랫폼은 이런 차별화를 무기로 당근마켓으로부터 10억 원의 투자 유치를 받았다. 더욱이 별도의 앱 설치 없이도 당근마켓 앱 내에서 탭 이동만으로 '남의집' 모임에 참가할 수 있게 되었다.[11]

2014년 석촌호수에 등장했던 러버덕을 기억하는가? 2022년에 다시 돌아왔다. 러버덕의 작가인 플로렌타인 호프만Florentijn Hofman은 이번 전시에서 코로나19 팬데믹 기간 내내 사람들과의 연결을 생각하게 되었고, 러버덕이 그 역할을 해 줄 수 있을 것으로 기대한다고 밝혔다. 물론 이번 전시는 러버덕이라는 동물의 이야기가 아닌 사람의 이야기이다. 인간 중심으로 보면 거대한 오리일 뿐인 러버덕이지만, 러버덕을 중심으로 보면 인간은 무척 작은 존재일 뿐이다라는 점을 내세우며 자연과 인간의 관계를 통해 철학을 제시하고자 하는 목적을 가진 전

그림 5-4 | 석촌호수에 다시 나타난 러버덕

시였다.[12]

목적 지향적이고 효율을 추구하는 만남은 러버덕과 같은 작품의 의미를 교류하고, 내면적 성찰을 함께 나누는 작품 감상과는 거리가 멀다. 사람 간의 연결을 고민한 이런 작품들은 내면적 대상과 함께 시간을 갖고 관계 맺기를 이루게 해 준다. 우리는 공간과 작품을 통해 내면적 대상과 외로움을 치유할 수 있다.

지역 기반으로 가식의 벽을 허무는 플로우 관계

공간을 넘어 지역을 중심으로 플로우 관계 맺기가 활성화되고 있다. 중고 거래 시장의 대명사인 당근마켓의 사례만 보더라도 그렇다. 이제 당근마켓은 중고 거래의 시장이라는 개념이 아닌 이웃들과의 관계 맺기에 적합한 플랫폼이 되었다.

이미 2021년 중소벤처기업부가 발표한 유니콘 기업(기업 가치가 1조 원 이상인 스타트업)에 당근마켓이 포함된 것이다. 2015년 7월 설립 이후 불과 7년 만에 이루어 낸 성과이다.

단순히 돈을 받고 쓰던 물건을 싼값에 거래하던 기존의 중고 거래 플랫폼과는 다르게 이웃들과 '무료 나눔'을 통해 플로우 관계 맺기를 하고, 맘카페를 옮겨 온 것처럼 이웃들의 평가도 이루어진다. 더불어 지역사회에 도움이 필요한 사항들을 이웃들과 공유하고, 이들과

함께 어려움을 극복해 나가면서 플로우 관계 맺기를 성실하게 수행하고 있다.[13]

이렇듯 지역에 주목한 플로우 관계 맺기가 확장된 사례도 있다. 영국은 2018년 1월부터 '고독부Ministry of Loneliness'를 만들었다. 우울증과 외로움, 분노 등 부정적 감정을 개인의 문제가 아닌 사회적 문제로 보고 정부가 대책 마련에 나선 것이다. 우리나라에서는 경상북도에서 현금 복지로는 메울 수 없는 마음 복지를 추진하기 위해 외로움 대책팀을 신설해 외로운 사람끼리 대화 상대를 연결해 주어 마음 복지를 실천하고 있다.[14]

생존전략은 감성지능에 달렸다

감각 혁명처럼 코로나19 팬데믹 이후 주목받는 개념이 있다. 바로 누구나 잘 알고 있는 EQ인 감성지능이다. 감성지능은 자신과 타인의 감정을 이해하고, 공감하며, 관리함으로써 생산적인 관계를 구축하는 능력이다.

실제 감성지능 수준이 낮은 직원은 동료들과의 관계나 회사에 헌신하는 정도가 낮고, 업무 성과와 직업 만족도 역시 낮으며, 직업 관련 스트레스는 더 높게 나타난다고 한다. 코로나19 팬데믹은 이런 문제들을 한층 부각시켰다. 직장 상사와 부하 직원 간의 소통 단절로 인한 부하 직원의 번아웃 증가와 재택근무의 증가로 인해 서로의 감정을

그림 5-5 | 랜디 스크리치필드 회장의 연설 장면(출처: MDRT 홈페이지)

이해하기 힘든 상황이 상호 작용의 감소와 유대감의 문제를 발생시켜 조직을 위태롭게 만들었다.[15]

　이러한 상황은 감성지능 개발에 몰두하게 했다. 코로나19로 야기된 업무 환경의 변화는 결국 끈끈한 유대가 필요하다는 사실을 깨닫게 했고, 끈끈한 유대가 갖추어지기 위해서는 먼저 직원들의 감성지능 개발이 이루어져야 가능했다. 그래서 서로에 대한 정직한 피드백과 상대방의 이야기에 귀 기울일 수 있는 역할을 부여하는 등 기업은 직원의 감성지능 개발에 몰두했고, 실제 노동자들의 근무 충성도를 올려놓았다.

　이러한 내면적 상호 작용성이 강조되는 사례는 계속되고 있다. 미국 보스턴에서 열린 MDRTMillion Dollar Round Table(백만달러 원탁회의) 2022 연차 총회 개막식에서 랜디 스크리치필드Randy Scritchfield 회장은 코로나19 이후의 보험설계사의 생존전략은 감성 지능이라고 밝혔다. 팬데믹 상황은 보험 시장의 디지털화를 앞당겼고, 이런 온라인 시장의 확대는 설계사의 영역을 잠식할 것으로 평가되지만, 오히려 설계사들이 고객과의 정서적 공감 능력을 통해 보험 상품을 판매하는 사람 이상이 된다면 새로운 기회가 될 것이라고 이야기했다.[16]

플로우 관계 맺기를 통한 새로운 시장의 창출

플로우 관계 맺기는 공간을 넘어 지역으로, 지역을 넘어 노동시장에 이르기까지 새로운 시장을 만들어 가고 있다. 단순한 목적 지향적 관계 맺기는 소셜 플랫폼에 기반한 단순한 확장으로 하나의 현상에 불과할 뿐, 본질적인 인간관계의 변화는 없다.

여태껏 내면적 인간관계는 우리 사회를 지탱해 왔고, 성장시켰으며, 코로나19 이후의 우리나라 경제 성장에도 중요한 역할을 할 것이다. 감정의 전이가 일어날 수 있는 플로우 관계 맺기 시장에 주목하기 바란다.

함께 읽으면 더 좋은 책

《관계 맺기의 심리학-상처받은 사람들을 위한》 (박대령 지음)
저자는 불안이나 우울 문제로 상담하러 오는 사람들 대부분이 관계의 고통과 스트레스에 짓눌려 있다고 말하며, 상처에서 벗어나 자신을 사랑하고 타인과 원활한 관계를 맺는 심리학적 실천 방법들을 제시한다. 무언가 바꾸거나 노력하기보다는 있는 그대로의 자신으로 있을 때 변화할 수 있다고 주장한다.

《공간의 미래-코로나가 가속화시킨 공간 변화》 (유현준 지음)
저자는 코로나19가 가속화시킨 공간의 미래에 대해 이야기한다. 공간은 인간의 변화에 맞춰 함께 변화해 왔다. 우리는 실제 생활하고 있거나 우리 생활과 밀접한 공간의 미래를 생각해 보면서, 늘 세상의 변화를 예측하고 미래를 준비하며 공간의 미래를 엿볼 수 있다고 주장한다.

6장	# 셀프 아웃 사회 # VS. 아바타 사회
	있는 그대로의 내가 진짜

제2의 자아, 아바타의 시대

코로나로 인한 비대면 시대가 오랫동안 지속되면서 아바타는 하나의 트렌드로 발전[1]했다. 사람들을 직접 만날 수는 없지만 온라인 공간에서만큼은 다른 사람들에게 자신을 마음껏 뽐내고 싶었기 때문이다. 여기에 메타버스가 맞물려 가상 공간에서 자신의 아바타를 만들고 꾸미는 것이 유행처럼 번졌다. 이렇게 사람들이 자신의 본 모습을 숨기고 아바타로 대변된 제2의 자아로 살아가는 시대를 '아바타 사회'라고 말한다.

　과거엔 이러한 아바타들이 게임 공간 안에서만 소비되어 왔지만,

그림 6-1 | 온라인 아바타의 패션들이 오프라인에서도 판매되고 있다

최근에는 메타버스와 같은 가상 공간이 늘어나면서 더 다양한 곳에서 사용되고 있다. 아바타의 인기는 단지 온라인에서 그치지 않고 오프라인으로 확대되는 추세이다. 최근 온라인 가상 공간 제페토에서는 아바타를 꾸미기 위해 전통 럭셔리 브랜드들과의 협업을 이어 가고 있으며, 반대로 메타버스에서 유행하는 패션 아이템들을 오프라인에서 파는 기획[2]들도 나오고 있다.

아바타 트렌드는 다양한 TV 프로그램에서도 등장한다. 예를 들어 JTBC는 앞서 언급한 〈러브in〉이라는 프로그램을 통해 가상 공간에서 사람들이 아바타로 서로의 내면을 알아 가는 과정을 보여주어 화제가 되었다. MBN은 〈아바타 싱어〉라는 프로그램을 통해 3D 아바타가 디지털 신인 가수로 등장해 음악성을 겨루는 메타버스 뮤직 서바

그림 6-2 | 틱톡에서도 자신의 모습을 형상화할 수 있는 아바타 기능을 출시했다(출처: 틱톡)

이벌 프로그램을 선보이기도 했다.

　뿐만 아니라 틱톡 역시 자신의 얼굴을 아바타로 변형시킬 수 있는 새로운 기능을 선보였으며, 현실 공간에서는 구현하기 어려운 헤어, 메이크업 스타일, 액세서리 등을 원하는 스타일로 변경하고 그때의 감정을 바로바로 표현할 수 있도록 만들었다. 이처럼 아바타는 자신을 더 잘 표현할 수 있는 새로운 방식의 가상 캐릭터로서 점점 그 주목도가 높아지고 있다.

어떤 아바타가 선택될까

사람들은 아바타를 통해 자신의 개성을 다양하게 표현하기 시작했다.

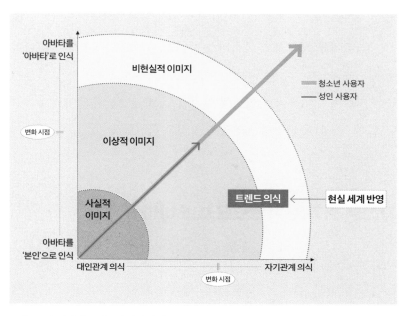

그림 6-3 | 메타버스 사용자의 아바타 형성 과정 변화 연구 중 '동일성, 관계의식성, 형태적 특징 간의 관계'를 보여 주는 그래프(자료: 디자인융복합연구)

그러나 그 표현 방법 역시 천차만별이다. 완전히 과장된 모습으로 자신을 표현하는 사람이 있는가 하면 현실에서의 자기 겉모습과 거의 동일하게 표현하는 아바타까지 존재한다. 한 논문[3]에 따르면 사람들은 아바타를 본인으로 의식할수록 사실적 이미지로 자신을 표현하고, 아바타 자체로 인지할수록 비현실적 이미지를 선택한다고 한다. 다른 사람과의 관계와 자기 자신과의 관계에 따라서도 아바타를 선택하는 데에 큰 차이가 있는 것이다.

대인관계 의식이 높고, 아바타 자체를 본인으로 의식하는 성인의 경우, 보다 사실적 이미지를 선택하는 경향성이 높아지고 있고 반대로 자기관계 의식이 높고 아바타를 아바타 자체로 인식할수록 비현실적 이미지가 많이 사용된다는 것이다. 그리고 실제 소비와 연결성이 높은 이상적 이미지와 비현실적 이미지 안에서 만들어진 아바타일수록 트렌드에 더욱 민감하게 반응하는 것도 확인할 수 있다.

자신을 숨기는 가면으로서의 아바타

사실 초기의 아바타는 아바타라는 대상을 통해 실제 자신의 자아를 숨길 수 있었다. 일종의 아바타를 가면으로 사용하는 것이다. 온라인 공간 속에서 자신을 숨기고 익명화함으로써 숨겨진 욕망을 더 가감 없이 표출할 수 있기 때문이다. 이는 비단 캐릭터로 사용되는 아바타의 모습 너머 온라인 공간에서 나와 완전히 다른 새로운 부캐를 만들고 일종의 새로운 자아를 만드는 공간으로 사용되었다. 특히 온라인 공간이 생겨나는 초기엔 더욱 심했다. 온라인에서 자신을 있는 그대로 드러내는 것은 쉽지 않은 일이었고, 오히려 아바타를 통해 더 솔직한 나를 표현할 수 있었던 것이다. 이렇게 익명성이 보장된 온라인 공간에서의 아바타는 대리만족의 캐릭터이자 자신의 본성을 적나라하게 드러내는 수단으로 사용되기도 한다.

현실의 확장판으로서의 아바타

그러나 이러한 트렌드는 점차적으로 완전한 가상 공간을 벗어나 현실 공간으로 확산되고 있다. 현실 공간에서 경험하지 못하는 것을 가상 공간을 통해 경험하는 형태로 변하고 있는 것이다. 그래서 사람들은 완전히 자신의 모습과 다른 캐릭터를 아바타로 선택하기보다는 자신의 사실적 이미지와 비현실적 이미지 혹은 그 사이의 이상적 이미지를 선택하고 있다. 이 경향은 늘어나는 추세이다. 아바타 공간 혹은 온라인 공간을 현실과 완전히 구분하지 않고, 현실과 연결된 확장 공간으로서 인식해 가는 경향을 보여 주고 있는 것이다. 즉 게임과 같은 기능적 요소로서의 아바타가 아닌 메타버스 공간에서의 아바타는 현재의 자신과 완전히 동떨어진 아바타 대신 자신의 확장판으로서 표현하는 경우가 많아졌다. 아바타 공간에서의 자신의 모습이 다시 현실에 존재하는 실제 자신의 모습으로 연결된다. 이에 따라 전통 럭셔리 브랜드들은 아바타 시장에 대거 진출하여 젊은 세대를 공략하고 있다.

　메타나 틱톡에서의 아바타는 현실의 모습을 오히려 더 잘 반영하고 있다. 단지 예쁘고 멋지고 화려한 캐릭터를 강조하기보다는 자신의 캐릭터를 있는 그대로 더 개성 있게 반영할 수 있는 아바타를 제공하기 위해 노력하고 있다. 피부색, 주근깨, 다양해진 얼굴형과 머리 스타일까지…… 과거에는 단점이라 여기던 특징들도 자신만의 고유한 개성으로 생각하고 디테일하게 아바타로 표현한다.

이전까지는 장난감이나 인형같이 애착 인형 정도의 존재감으로 현실의 나와는 다른 아바타가 대세였으나, 이제는 점점 나를 닮은, 나를 투영한, 나와 라포rapport가 형성될 수 있는 하나의 존재로서 아바타의 시대가 변화되어 가고 있다고 생각합니다.

→ 메타버스 아트 플랫폼 더크로싱랩 이선재 대표

자존감이 높아진 사회가 만드는 셀프 아웃의 시대

이처럼 아바타는 자신의 단점을 감추고, 비현실적인 모습을 표현하는 대리만족의 형태에서 더 나은 자신의 모습을 보여 주는 버전으로 확장, 변형되어 가고 있다. 무한경쟁 속에서 단순하게 치열한 경쟁으로 살아남는다는 것이 불가능해진 시대엔 오히려 자신의 개성을 더 잘 드러낸 차별화가 중요해진 것이다. 이제는 정형화된 스펙을 가진 것보다 자신만의 스토리를 가진 것이 더 매력적인 세상이 되었다. 그래서 사람들은 타인을 추종하는 삶에서 벗어나, 개성을 살리면서도 더 나은 자신이 되고 싶어 하기 시작했다. 높은 자존감을 추구하는 사회로 변하기 시작한 것이다.

그래서 이제는 자기 자신을 그대로 노출시키는 것에도 두려움이 사라지기 시작했다. Z세대들은 있는 그대로의 자기 모습을 브이로그라는 형식으로 담아내고 있다. 이들은 자신만의 독특한 스토리를 만들고 기록하는 세대가 되었다. 그리고 블로그, 유튜브, 소셜 네트워크를 통해 있는 그대로의 모습을 더 투명하게 표출하고 있다.

그중 대표적인 것이 바로 국내에서 링크드인Linked in의 성장이다. 링크드인은 채용 시장을 기반으로 한 소셜 네트워크이다. 사람들은 자신의 이력서를 프로필 페이지에 공개하고 적극적으로 구인 시장에 뛰어들기 위해 이 플랫폼을 사용한다. 그러나 링크드인이 처음 생겼을 당시에는 국내에서 사용하는 사람이 매우 드물었다. 링크드인을 사용하는 것 자체가 현재 이직을 준비하고 있다는 인식을 줄 수 있어서였기 때문이다. 당시 우리나라는 직장인 개인의 겸손함을 강조하며 회사에 충성하는 것을 중시했기에 링크드인 프로필 페이지 공개는 조직문화에 완전히 반하는 일이었다. 그래서 당시 링크드인과 비슷한 서비스로 탄생한 한국형 링크드인 '링크나우'라는 서비스는 결국 출

그림 6-4 | 링크드인 화면(출처: 링크드인)

시 후 몇 년 만에 역사 속으로 사라지고 말았다.

　　그러나 지금의 분위기는 다르다. 사람들은 링크드인 계정에 자신의 이력과 경력을 상세히 기술하며 자신만의 장점을 보다 적극적으로 어필하기 시작했다. 뿐만 아니라 포트폴리오와 프로젝트를 수행한 내역까지 세세히 기록하고 이를 바탕으로 신뢰 있는 네트워크를 구축해가고 있다. 그래서 2016년까지 불과 110만 명이였던 링크드인의 우리나라 사용자는 2022년 현재 260만 명으로 성장했다. 6년 사이에 2배 이상 우리나라 직장인의 프로필이 늘어난 것 역시 이러한 흐름을 반영한다고 볼 수 있다.

기술과 그래픽이 발전하면서 나를 투영한 아바타를 설계할 수 있는 툴의 발달과 보편화, 고퀄리티 그래픽, 많은 양의 데이터를 실시간으로 처리할 수 있는 동시성이 가능해진 덕분에 사람들이 자신을 있는 그대로 드러내고 싶은 욕구가 더욱 커졌다고 생각합니다. 더군다나 이제는 있는 그대로의 나를 투영해도 매력적으로 보인다는 시장이 이미 검증되었습니다. 온라인에서 나는, 유저User로서 존재하지만, 메타버스라는 초월적 세계에서 나는, 살아가는 존재Being입니다. 현실을 살아가는 나를 닮은 매력적인 존재로서의 아바타인 것이죠. 그래서 저희의 경우, 메타버스에서의 삶을 현실보다 훨씬 기분 좋고 매력적인 곳으로 만들어 주고자 노력합니다.

→ 메타버스 아트 플랫폼 더크로싱랩 이선재 대표

새롭게 등장하는 셀프 아웃 플랫폼

너무 일찍 시작해 버린 링크나우는 비록 실패했지만 지금의 시대에 맞는 셀프 아웃 플랫폼들이 다시 출현하기 시작했다. 특히 취업 경쟁이 치열한 스타트업 시장에서 링크드인과 같이 자신의 프로필을 입력하고 소셜 네트워크 형태로 인맥을 구축하는 '로켓펀치'와, 업계의 전문가들이 크롬 브라우저를 통해 기본 페이지에 글을 표시하고 인맥 디렉토리 기능을 추가하여 프로필을 공개하는 '서핏'이라는 서비스, 그리고 커리어를 바탕으로 다른 사람들과 소통하는 '커리어리'가 셀프 아웃의 대표적인 플랫폼들이다.

이런 서비스들의 국내 성장은 가상 공간이 아닌 현실 공간에서 자신의 매력을 과감하게 뽐낼 수 있는 자존감 높은 사회로의 변화를 보여 주고 있다. 자신을 있는 그대로 어필하고 자신만의 프로젝트를 성취하며 이를 적극적으로 홍보하는 시대가 된 것이다.

셀프 아웃 현상은 여기에서 그치지 않는다. 각종 온라인 강의 플랫폼들의 성장에 힘입어 사람들은 스스로 전문성을 과감하게 표현하기 시작했다. 더 이상 자신을 알리는 것을 두려워하지 않는다. 유튜버가 되거나, 클래스 101, 인프런, 퍼블리 그리고 스티비나 메일리 등의 서비스를 이용한 개인 뉴스레터들을 통해 스스로 자신의 전문성을 적극 드러낸다. 이제는 업계의 숨은 고수보다 셀프 아웃한 고수가 더 진짜 고수로 인정받는 시대이다.

어린 시절부터 디지털 기기를 접하고 SNS를 사용했던 사람들은

그림 6-5 | 서핏 서비스의 디렉토리에서는 자신의 이력을 공유하고 채용 기회를 노리는 많은
인재들을 쉽게 확인할 수 있다

자신을 가감 없이 노출하고 표현하는 것이 익숙한 세대로 성장했다.
가상 공간과 익명성을 통해 자신의 존재감을 숨기던 시절과는 다르
게, 더 투명하게 주어진 현실 안에서 자신의 존재감을 증명해야 하는
새로운 시대로 변화가 시작되었다. 기존 가상 공간의 아바타는 때로
나와 완전히 동떨어진 대리만족의 캐릭터가 되기도 하지만 현실을 확
장하는 또 다른 나의 모습으로도 표현되고 있다.

　이렇게 높아진 자존감으로 솔직하게 자신을 셀프 아웃하는 시대
를 단지 키덜드 혹은 네버랜드를 꿈꾸는 철없는 세대라고 오인하지
않기를 바란다.

함께 읽으면 더 좋은 책

《90년생이 온다-간단함, 병맛, 솔직함으로 기업의 흥망성쇠를 좌우하는》 (임홍택 지음)
이미 너무 유명한 탓에 아는 사람은 많아도 막상 읽어 본 사람은 드문 책이기도 하다.
저자는 이 책을 통해 90년대생의 특성을 파악하여 그들을 어떻게 대해야 한다고 말하지 않고 그들이 왜 그럴 수밖에 없는지를 사회적·환경적 배경을 중심으로 이해하려고 한다. 특히나 셀프 아웃하는 시대를 대변하는 그들만의 솔직함에 대해 엿볼 수 있는 책이기도 하다.

《요즘 소비 트렌드-미코노미·미닝아웃·ESG·큐레이션·가치소비 등 마케터의 시각으로 본 '핫'한 소비 트렌드 읽기》 (노준영 지음)
미노코미와 미닝아웃과 같은 키워드가 새로운 소비 트렌드 키워드가 되고 있다. 저자는 요즘 소비 트렌드를 통해 MZ세대들의 달라진 소비 트렌드를 설명한다. 책에서 말하는 MZ세대의 핵심은 바로 '나'를 중심으로 한 소비이다. 나의 행복, 나의 경험, 나의 의미가 중요해지는 시대의 소비 트렌드를 이해할 수 있다. 동시에 그런 나를 표현하는 셀프 아웃의 시대를 이해하는 연결고리가 되어 주는 책이다.

REVERSE TREND

역발상 3

미디어 & 콘텐츠

7장 | 필수적인 TV VS. 선택적인 OTT

양보다 질, 화제성보다 연속성

문화 트렌드를 주도하기 시작한 OTT

한국의 티빙, 웨이브, 쿠팡플레이, 왓챠 그리고 해외의 넷플릭스, 디즈니플러스, 애플TV, 아마존 프라임. 모두 우리가 익히 들어본 OTT서비스 기업이다. 이 책의 독자분들이라면 아마도 이 중에 하나쯤은 가입하고 있을 것이다. 한국콘텐츠진흥원 조사에 따르면, 2021년 OTT 이용률은 69.5%이고, 1인당 평균 2.7개의 OTT를 이용하고 있을 정도로 대부분의 사람들에게 OTT는 너무나 익숙한 미디어가 되었다.[1]

여기에 넷플릭스의 〈오징어 게임〉〈지금 우리 학교는〉〈수리남〉그리고 애플TV의 〈파친코〉 등 OTT만의 오리지널 콘텐츠가 전 세계적으로 이슈가 되며 글로벌 영화제에서 수상까지 하면서 이제 OTT는 단순한 미디어 트렌드를 넘어 문화 트렌드를 주도하는 중심에 섰다. 심지어 각 OTT에서 오리지널 콘텐츠를 더욱 늘리겠다고 하는 추세이니 그 영향력은 갈수록 커질 듯하다.

　　이런 흐름은 시장에도 반영되고 있다. 미국의 시장조사기업 그랜드 뷰 리서치Grand View Research의 보고서에 따르면, 전 세계 OTT 시장 규모는 2020년 약 67조 7000억 원에서 2027년 약 249조 원으로 약 4배 확대될 것으로 보인다. 특히 우리나라가 속한 아시아 태평양 지역은 2027년까지 가장 높은 연평균 성장률인 21.5%를 기록할 것으로 예상된다. 나머지 지역은 유럽 20.8%, 남미 20.8%, 중동·아프리카 19.9%, 북미 19.5% 순으로 높은 성장률이 나타났다.[2] 실제로 한국국제문화교류진흥원에 따르면, 국내 OTT 시장 규모 역시 지속적으로 성장할 전망이다. 2020년 9935억 원 규모였던 국내 OTT 시장은 2025년 1조 9104억 원 규모로 증가할 것으로 전망됐다.[3] 그래서 많은 트렌드 책은 2023년에도 OTT가 미디어 트렌드를 주도할 것으로 예상한다.

이제 파티는 끝났다

OTT가 메가 트렌드라는 것에 이견은 없다. 하지만 2023년을 맞이한 시점에서 OTT에 대해 다소 엇갈린 전망이 나오고 있다는 점 또한 간과할 수 없다. OTT의 성장세가 조금씩 둔화되고 있는 것이다. 우리카드의 데이터 분석 리포트에 따르면, 2020년 1월에 전년 대비 OTT 가입자 증가율은 168.7%에 달했으나 2021년 1월에는 94.6%, 2022년 1월에는 30.6%까지 내려갔고 2022년 10월에는 2.1% 수준까지 감소했다.[4]

OTT에 관심을 가진 사람들은 거의 다 가입한 상태이다 보니 신규 가입자를 늘리기 어려운 것이다. 게다가 신규 가입자가 늘어나려면 1인당 가입한 OTT 수가 늘어나야 하는데 OTT 콘텐츠에 큰 차이가 없다 보니 이마저 쉽지 않아 보인다. 그래서 가장 대표적 OTT인 넷플릭스도 가입자 성장세가 둔화되기 시작했다.[5] 이렇듯 OTT의 신규 가입자 수가 줄어들고 있는 상황에서 경쟁이 심화되다 보니 OTT 서비스 업계에서 재편이 일어나고 있다. 티빙이 시즌을 흡수 합병했고, 왓챠 역시 신규 투자 유치 실패로 자본 잠식 상태가 계속되면서 이용자 수가 감소하여 매각을 시도하고 있다.[6]

왜 이런 결과가 나타났을까? 여러 가지 이유가 있겠지만 가장 먼저 코로나19 팬데믹의 종료로, 사람들의 야외 활동이 늘어난 만큼 실내 활동의 필수 아이템이었던 OTT 이용이 줄어든 영향도 무시할 수 없다. 우리카드의 데이터 분석 리포트에 따르면, OTT 가입자 증가율은 감소되고 있는 반면, 전년 대비 영화관 이용 수는 2022년 120.3%로 대폭 증가했다. 이에 대해 우리카드 관계자는 "사람들이 일상을 회복하면서 과거의 취미 및 여가 활동을 찾아가고 있다"며 "영화관은 점진적으로 회복해 나갈 것으로 예상한다"고 말했다.[7]

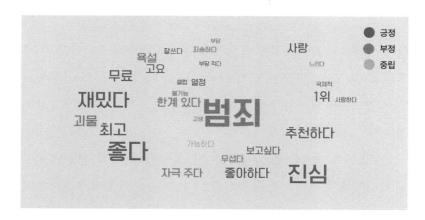

그림 7-1 | 소셜 빅데이터 분석 플랫폼의 '넷플릭스' 긍·부정 분석 결과(자료: 썸트렌드)

이런 대외적인 이유 외에도 OTT 자체가 갖고 있는 문제도 있다. OTT 이용자의 가장 대표적인 불만은 "콘텐츠는 많은데 볼 게 없다"는 것이다. 그래서 OTT 이용자들 사이에서 영화나 드라마를 검색하다가 결국 예고편만 보고 시간을 모두 다 써 버리는 '넷플릭스 증후군Netflix syndrome'을 겪는 게 너무 익숙해졌다는 볼멘소리도 나온다.[8] 심리학적으로 이런 현상을 포보FOBO, Fear Of a Better Option라고 한다. 최선의 선택지를 찾다가 결국 아무것도 선택하지 못하는 두려움이 OTT 사용에서 나타난다는 것이다.

이런 사회적 트렌드를 반영한 것일까? 소셜 빅데이터 분석 플랫폼인 썸트렌드를 통해 '넷플릭스'에 대한 긍·부정 분석을 한 결과, 부정적 반응은 39%로 나타났고, '범죄, 한계 있다, 자극 주다, 부담' 등의 부정적 연관어가 등장했다.

야외 활동 증가에 따른 OTT 이용 감소와 OTT 콘텐츠 선택 장애 문제 외에도 큰 장벽이 하나 더 있다. 바로 가격 저항이다. 최근 OTT들은 수익성을 개선하기 위해 요금제 가격을 올리거나 공유 계정 수에 따라 추가 요금을 부가하는 방식을 도입하려고 한다. 넷플릭스는 2022년 3월 칠레, 코스타리카, 페루 등 일부 지역에서 계정 공유를 금지했고, 2023년부터 전 세계적으로 공유 계정에 추가 요금을 도입할 것을 검토하고 있다. 그런데 정보통신정책연구원KISDI의 〈OTT 리포트〉에 따르면, 넷플릭스 이용자의 42.5%는 계정 공유에 추가 비용이 발생하면 OTT를 사용하지 않겠다는 입장이다. 그리고 웨이브, 티빙, 디즈니플러스 이용자의 40% 이상이 동일한 조건에서 같은 의사를 밝혔다.[9]

　　OTT 요금제에 따른 가격 저항이 발생하면 수익성을 개선하기 위한 기업들의 마지막 카드는 광고밖에 없다. 업계 1위인 넷플릭스는 최근 광고형 요금제를 도입했다. 시간당 4~5분 정도의 광고를 시청하면 기존 요금제와 대비해 절반의 가격으로 넷플릭스를 볼 수 있도록 한 것이다.[10] 이를 통해 넷플릭스는 저가 요금제에 타깃팅된 신규 가입자를 유치할 수 있고, 광고주로부터 광고 매출을 올릴 수 있다. 하지만 광고를 통해 매출과 수익성을 높이겠다는 것은 거꾸로 말하자면 기존 OTT의 수익 모델에 문제가 생겼다는 것을 뜻한다. 광고는 '최후의 수단'으로 평가되기 때문이다. 이런 위기 상황에 빗대어 워런 버핏은 "수영장에 물이 빠지고 나면 누가 벌거벗은 채 헤엄쳤는지를 알 수 있다"고 말했다. 위기가 닥친 지금, OTT 산업계에서는 서서히 옥석이

가려질 것으로 보인다.[11]

양적 성장이 아닌 질적 가치가 추구되는 변곡점

그동안 OTT 시장에서 예측되는 위기를 지적했던 일부 미디어 전문 가들은 OTT의 대표적인 문제를 이야기하기 시작했다. OTT가 그동 안 양적 성장에 너무 치중한 나머지, 좋은 콘텐츠의 비중이 너무 낮아 지고 있다는 점이다. OTT의 가장 큰 강점은 다양한 콘텐츠를 쉴 새 없 이 쏟아 낸다는 것인데, 그에 비해 사람들의 시간은 한정되어 있다. 따 라서 사람들은 넘쳐나는 콘텐츠 중에서 무엇을 보아야 할지 선택하는 데에 시간과 노력을 더 많이 들여야만 했다. 아무리 알고리즘 추천 기 능이 계속해서 개선된다고 하더라도 사람들이 OTT를 볼 때의 상황과 기분이 항상 달라지기 때문에 '킬링타임용보다도 못한' 콘텐츠들 중 에서 하나를 추천하는 것보다는 절대적인 만족을 줄 수 있는 양질의 콘텐츠 하나를 선보이는 것이 고객 만족에는 더 낫다.[12] 그래서 많은 전문가는 이제 모든 미디어에서 '질적 콘텐츠로 승부하는 시대'가 오 고 있다고 전망한다.

OTT 역시 다양한 오리지널 콘텐츠로 고객들을 질적으로 만족시 켜 주기 위해서 노력하고 있다. 하지만 양질의 콘텐츠는 단순히 자본 만으로는 만들어지지 않는다. 잘 갖춰진 시스템과 인프라, 그리고 꾸 준함에서 나온다. 좋은 제품도 기술과 디자인 노하우가 오랫동안 집약되어야 생산될 수 있듯이, 양질의 콘텐츠 역시 탄탄한 조직력, 네트워크, 노하우가 집약되어야 만들어질 수 있다. 그리고 좋은 콘텐츠는 꾸준히 만들어지는 과정 속에서 시행착오를 거치면서 수준이 더 높아진다.

이런 배경에서 의외로 질적으로 수준 높은 콘텐츠는 TV[13]에서 생산된다. 많은 사람이 간과하고 있지만 TV의 가장 큰 장점은 탄탄한 인프라와 오랜 시간 동안 축적된 노하우, 그리고 꾸준한 제작 이력이다. 그래서 아무리 TV의 영향력이 줄어들었다고 해도 TV에서는 월화드라마, 수목드라마, 주말드라마, 일일드라마 등 드라마가 계속 편성되고 송출된다. 거기에 뉴스, 시사교양, 예능, 음악방송 등 기본적으로 갖추고 있는 콘텐츠 영역 역시 무시할 수 없다. 결국 TV가 꾸준히 콘텐츠를 생산해 내는 허브 역할을 여전히 하고 있는 것이다. 그리고 여전한 대중성도 무시할 수 없다. 실제로 2021 방송매체 이용 행태 조사에 따르면, TV를 주5일 이상 시청하는 비율은 여전히 70%대를 유지하고 있다.[14]

지속 시청 가능한 TV 드라마

TV 프로그램에는 많은 콘텐츠가 있지만 OTT와 같은 선에서 비교해 볼 수 있는 대표적인 영역은 드라마이다. OTT 드라마와 TV 드라마의 가장 큰 차이점은 무엇일까? 우선 OTT 드라마는 화제성에서 단연 앞선다. 기획 단계부터 단기간에 이슈가 될 수 있는 자극적인 소재들을 과감하게 끌어내서 제작하는 순발력이 있다. 거기에 화제성에 걸맞게 화려한 캐스팅으로 한순간에 사람들의 이목을 집중시키는 폭발력을 갖고 있다. 넷플릭스의 오리지널 콘텐츠인 〈오징어 게임〉 〈D.P.〉 등이 대표적이다.

하지만 이렇게 화제성 있는 OTT 드라마도 속사정을 들여다보면 마냥 좋은 것만은 아니다. 높은 주목도와 시청률에 비해 장기간 시청 시간이 지속되지 않는다는 한계가 있기 때문이다. 넷플릭스에서 제공하는 시청 시간 집계에 따르면, 오리지널 콘텐츠가 새로 나와도 20위 권 내에 꾸준히 머무르는 경우가 드물다. 대부분 2주 내에 20위권 밖으로 이탈하고, 길게 봐도 3~4주 후에는 다시 20위 안에서 찾아볼 수 없다. 결국 아무리 화제가 되는 오리지널 콘텐츠라고 하더라도 한 달 이후에는 사람들의 주목을 받지 못한다는 것이다.

반면 TV 드라마는 소재의 자극성이나 순간적인 폭발력 면에서는 다소 부족할 수 있지만 지속 시청 가능한 특징을 갖고 있다. TV 드라마는 그동안의 제작 경험과 시스템을 통해 스토리 전개나 연출에서 시청자들의 불편함을 최소화하려고 노력하기 때문이다. 그리고 TV 드라마는 보편 타당한 주제를 다루고 사람들의 기본적인 감성을 터치하는 것에 더 주목한다.

그런 점에서 TV 드라마는 시간이 흘러도 안정적으로 사람들이 꾸준히 시청할 수 있는 콘텐츠이며, 한 번 봤다고 하더라도 두 번, 세 번 반복해서 볼 수 있다. 그래서 장기적으로는 TV 드라마가 더 영향력이 있을 수 있다. 일례로 2021년 웨이브 차트에는 TV 드라마였던 〈태양의 후예〉 〈전원일기〉 〈닥터스〉가 역주행하며 등장했고, 정주행 열풍을 불러일으키기도 했다.[15] 그리고 OTT 통합검색 및 콘텐츠 추천 플랫폼 '키노라이츠Kinolights'에 따르면 〈옷소매 붉은 끝동〉이 2021년과 2022년을 넘기면서도 통합 콘텐츠 랭킹 Top 10을 유지하기도 했다. 〈그 해 우리는〉 〈도깨비〉 등도 꾸준히 랭킹 Top 20을 지키고 있다.[16] 이런 드라마의 공통점을 보면 역시 사람들이 지속적으로 시청할 수 있는 장르는 범죄나 스릴러가 아닌 로맨스나 휴머니즘이며, TV 드라마가 이 장르를 가장 잘 만들고 있다는 사실도 알 수 있다. 화제성에서 앞서는 OTT 드라마보다 지속적으로 시청할 수 있는 TV 드라마에서 사람들은 휴머니즘을 느끼는 것이다.

실제로 소셜 빅데이터 분석 플랫폼 썸트렌드를 통해 'TV와 OTT'에 대한 긍·부정 분석을 비교한 결과, TV에 대한 긍정적 반응은 73%, OTT에 대한 긍정적 반응은 69%로, TV에 대한 긍정적인 감정이 더 높게 나타났다.

대표적인 연관어를 살펴보면 TV의 연관어에서는 '공감, 감동, 사랑'이, OTT의 연관어에서는 '좋아하다, 가져다주다'가 눈에 띄었다. 이를 해석해 보면 TV 콘텐츠는 주로 사람들의 속 깊은 감성을 잘 터치하고, OTT 콘텐츠는 알고리즘을 통해 사용자의 취향에 맞는 추천 서비스를 잘하고 있다고 볼 수 있다. 이와 관련해 디지털산업정책연구소의 천혜선 이사는 '차세대 방송·미디어 기술 세미나'에서 "사람들은 갈수록 플랫폼이 아닌 콘텐츠에 충성할 것이다"라고 말하며, "최근

그림 7-2 | 소셜 빅데이터 분석 플랫폼의 'TV(좌)와 OTT(우)' 긍·부정 분석 결과(자료: 썸트렌드)

콘텐츠에 대한 이용자의 충성이 얼마나 긴 유효 기간을 가지냐를 새롭게 고민해 볼 필요성이 생겼다"고 말했다.[17]

TV 예능에는 유효 기간이 없다

OTT가 영화와 드라마에서 괄목할 만한 성과를 거두긴 했지만 단 하나 성공하지 못한 콘텐츠 영역이 있다. 바로 예능이다. OTT들이 지속적으로 예능을 시도하고 있긴 하지만 5년째 큰 성공을 거두지 못하고 있다. 〈범인은 바로 너!〉〈유병재의 B의 농담〉〈박나래의 농염주의보〉〈이수근의 눈치코치〉〈백종원의 백스피릿〉〈이승기의 신세계로부터〉 등 다양한 예능을 시도했지만 특별한 반향은 없었다. 여기에 김태호

PD가 참여한 넷플릭스 오리지널 예능 〈먹보와 털보〉, 디즈니플러스의 오리지널 예능 〈런닝맨: 뛰는 놈 위에 노는 놈〉도 큰 성과를 거두지 못했다.[18] 결과적으로 영상 콘텐츠 순위 집계 사이트 '플릭스패트롤FlixPatrol'에서 OTT 예능이 Top 10에 들어간 적은 단 한 번도 없었다.

　　그 이유로는 여러 가지가 있는데, 우선 아직 OTT가 예능을 만드는 시스템과 환경을 조성하지 못했다는 점이 크다. 영화나 드라마는 비슷한 문법을 갖고 있고 집중해서 제작할 수 있는 반면, 예능은 긴 호흡으로 찍으면서 제작진과 출연진의 호흡이 맞아 가야 하기 때문에 상대적으로 더 많은 노하우가 필요하다는 것이다. 그래서 OTT가 노하우 격차를 극복하기 위해 TV 예능을 벤치마킹하기 시작했는데, 오히려 이런 시도가 OTT 예능과 TV 예능의 차별화를 가져다주지 못함으로써 이용자의 선택을 받지 못했다는 평가가 지배적이다.

　　OTT가 영화나 드라마에서는 파격적인 주제, 설정을 시도하면서 큰 성과를 거뒀지만 예능에서는 여행, 먹방, 토크 등 안전한 선택만 하다 성과를 내는 데에 실패했다는 것이다. 이에 대해 이문행 수원대 미디어커뮤니케이션학과 교수는 "OTT가 유명 예능 PD들을 영입하는 것만으로는 성공을 보장할 수 없다"며, "2015년쯤 중국에서 한국 유명 예능 PD들을 대거 영입했지만 실패한 바 있다"고 말했다.[19]

　　그리고 많은 미디어 전문가가 OTT 예능이 쉽게 자리 잡을 수 없는 이유로 대부분의 OTT가 글로벌 플랫폼이라는 점을 꼽는다. 국가별, 민족별, 문화별로 웃음 포인트가 다르기 때문에 영화나 드라마와 달리 글로벌 이용자를 대상으로 한 OTT 예능은 공감대를 형성하기

어렵다는 것이다.[20]

    반면에 TV 예능은 장수 프로그램이 많다. 2022년 11월 기준 한국갤럽의 조사에 따르면, '한국인이 좋아하는 TV 프로그램 20위' 내 예능은 12개나 있었고, 공동 1위는 SBS 〈런닝맨〉과 MBC 〈나 혼자 산다〉가 차지했다. TV 예능의 상위권은 큰 변화가 없다고 한다.[21] 물론 몇몇 예능에서 주요 MC의 고령화가 지적되기도 하지만 한편으로는 자연스러운 세대 교체를 통해 그 연속성을 이어가고 있다. 앞서 언급한 〈전국노래자랑〉이 그렇다. MC가 김신영으로 바뀌었지만 여전히 전국구 TV 예능으로 자리 잡고 있고, 연령대의 장벽도 허물었다. 특히, 최근에는 TV 예능이 다양한 방식으로 동영상 클립을 만들며 공고한 팬덤을 바탕으로 유통까지 활발히 하면서 수익성도 높이고 있다. 이런 상황이기 때문에 OTT는 오히려 예능을 자체 제작하지 않고 TV 예능을 수급하는 데에 열을 올리고 있기도 하다.

비주얼 뮤직 트렌드와 TV의 시너지

드라마와 예능에서 TV의 지위가 공고하다는 것을 확인했지만 이보다 더 큰 영향력을 행사하고 있는 분야가 있다. 바로 음악방송이다. 과거에도 TV 음악방송의 영향력은 컸지만 최근 들어 듣는 음악이 아닌 보는 음악인 '비주얼 뮤직'이 주류로 자리 잡으면서 오히려 TV 음악방송의 영향력이 더 커졌다. 여기에 각 방송사의 촬영 기법, 직캠과 숏폼

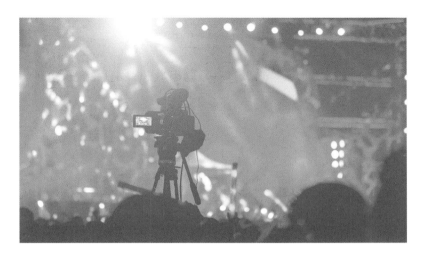

그림 7-3 | 보는 음악의 중요도가 높아진 만큼 다양한 촬영 기법을 통한 화려한 무대가 만들어
지고 있다

제작 등에도 스킬이 늘어나면서 TV 음악방송이 팬들에게 콘서트와는
또 다른 재미를 주게 된 것이다.

　　실제로 일반적인 가수나 아이돌이 음악방송에 출연함으로써 얻
어지는 콘텐츠가 정말 많다. 촬영장에 출근할 때의 장면, 팬들과의 만
남, 대기실에서의 직캠, 소소한 인터뷰, 무대를 기다리면서 복도 등에
서 찍는 틱톡이나 릴스 영상, 그리고 리허설이나 엔딩 컷까지 파생되
는 클립과 콘텐츠들이 거의 무한에 가깝다. TV는 이런 콘텐츠들을 유
튜브, 틱톡, 인스타그램 등에 올리는데 여기서 사람들 사이에 더 많은
공유가 일어난다. 음악방송은 이제 단지 가수들이 무대에 한 번 서고
끝나는 곳이 아니게 되었다. 이렇게 실시간 가수들의 동선에 따라 다
양한 장소에서의 콘텐츠가 생산되다 보니, 많은 가수와 아이돌은 음

악방송을 중요한 스케줄로 인식하게 됐고, 콘서트까지 가기 힘든 팬들은 TV 음악방송을 통해 스타들에 대한 궁금증과 갈증의 많은 부분을 해소할 수 있게 됐다. OTT에 익숙한 어린 팬들 역시 TV를 완전히 배제하지 못하는 이유가 여기에 있다.

TV 광고의 레퍼런스 효과

지금까지는 OTT에 비해서 TV의 드라마, 예능, 음악방송이 갖는 장점을 알아봤지만 TV 자체가 갖는 특징에 대해서도 알아볼 필요가 있다. 기본적으로 TV 채널은 유한하다. OTT는 계속해서 늘어날 수 있는 반면 KBS, MBC, SBS로 대표되는 지상파 3사의 채널은 그대로 유지된다. 그래서 OTT가 늘어날수록 상대적으로 TV 채널의 희소성에 따른 가치가 올라간다. 그 가치에 높은 대중적 접근성이라는 장점이 더해지면서 TV 광고 효과에 대한 재평가가 이루어지고 있다.

물론 전체 광고 시장에서 TV 광고가 차지하는 비중은 갈수록 줄어들고 있다. 하지만 그 역할과 영향력까지 줄어들었는가에 대해서는 이견이 있다. 즉 광고 집행 금액에 있어서는 디지털 광고가 성장세이지만 TV 광고가 갖는 파급력과 신뢰도는 여전하다는 것이다. 여기서 중요한 것이 'TV 광고가 갖는 신뢰도'이다. 광고 업계에 따르면 많은 광고주가 TV 광고를 줄이지 않는 이유가 바로 TV 광고가 사람들에게 주는 신뢰 효과, 즉 '레퍼런스 효과' 때문이라고 한다. 과거에 비해 사람들이 TV를 많이 보지 않기 때문에 노출 효과는 떨어질 수 있어도, TV에 나온 제품이라고 하면 일단 더 신뢰한다는 것이다. 거꾸로 말하면 OTT나 소셜미디어 등에서 디지털 광고만 했을 때에 비해서 TV 광고를 동시에 했을 때 고객 신뢰가 더 높아진다고 한다. 게다가 TV 광고는 '광고 건너뛰기'를 할 수 없기 때문에 오히려 실제 광고를 봤을 때의 몰입도가 높다고 한다.

이에 대해 양희윤 옴니콤미디어그룹 코리아 대표는 "최근에는 광고주들이 브랜드 이미지가 중요하다는 것을 깨닫고 여러 브랜드에서 다시 TV로의 매체비 전환이 이루어지고 있다"고 말했다. 이런 현상은 소비자들이 제품을 구매할 때 큰 영향을 미치는 브랜드 이미지가 디지털 광고만으로는 형성되지 않는 데에 기인한다. 양희윤 대표는 이어서 "소비자는 온디맨드On-Demand 매체인 디지털에서 노출되는 광고는 불쾌하게 느끼는 반면, TV처럼 전통 매체에서 전달되는 푸시 메시지는 자연스럽게 수용하는 경향이 있다"고 덧붙였다.[22] TV 광고의 레퍼런스 효과와 자연스러운 전달 효과가 여전히 살아 있다는 것이다.

한편 최근 OTT가 광고를 도입하면서 나타난 광고 시장의 변화 또한 새로운 흐름을 만들어 내고 있다. 즉 기존 대기업 광고주들이 OTT 광고에 대해 높은 관심을 보이면서 TV 광고를 줄이려는 움직임을 보이고 있는데, 이것이 스타트업과 스몰 브랜드에게 새로운 기회를 열어 주고 있는 것이다. 기존 대기업들이 빠져나간 TV 광고 시간대를 스타트업과 스몰 브랜드가 채울 기회가 생긴 것이다. 사실 어느 정도 성장한 스타트업과 스몰 브랜드는 보다 큰 스케일 업을 위해 대중

그림 7-4 | 헤이딜러 광고의 한 장면(출처: 헤이딜러 공식 블로그)

적 인지도와 신뢰도를 높여야 하는데, 그럴 때 TV 광고만 한 것이 없다는 것이다. OTT 광고는 OTT에 가입한 이용자만 볼 수 있고, OTT마다 타깃이 세분화되어 있다 보니 모든 사람에게 광고가 도달하기 어려운 반면, TV 광고는 범용적으로 접근할 수 있기 때문에 대중적 권위를 높여 주는 데에 용이하다. 그래서 최근 스타트업 중에 마켓컬리, 플렉스, 헤이딜러 등이 TV 광고를 하고 있고, TV 광고를 검토하고 있는 스타트업 역시 많아지고 있다.

미디어 편식을 멈추고 골고루 영양을 흡수하라

OTT의 성장에도 불구하고 OTT가 TV를 모두 대체할 수 있느냐에 대해 질문한다면 과감하게 "아니"라고 답할 수 있다. 반대로 TV가 OTT

의 성장세를 꺾고 우위를 점할 수 있느냐에 대해서 역시 "어렵다"고 말할 수 있다. 즉 OTT와 TV는 본질적으로 갖고 있는 콘텐츠 기획 방향과 시스템이 다르기 때문에 그것을 토양으로 만들어지는 드라마, 예능의 성질도 다르다. 그리고 그런 차이가 OTT에서는 영화와 드라마에서의 화제성으로, TV에서는 지속 시청 가능성과 음악방송, 광고 레퍼런스에서의 장점으로 나타났다.

이제 OTT와 TV를 평가하는 기준이 달라져야 한다. OTT 드라마의 화제성과 한순간의 시청자 수가 아닌, 얼마나 지속적으로 반복적으로 시청되고 소비되는 콘텐츠인가가 중요하다. 그리고 TV 예능과 음악방송의 시청률이 한 자릿수라는 것에 주목하지 말고, 예능과 음악방송이 TV 고유의 콘텐츠 영역이라는 점에 주목할 필요가 있다. 그리고 그에 따라 파생되는 콘텐츠의 다양성에 관심을 가져야 한다. 아마 예능과 음악방송에서 파생된 수많은 콘텐츠의 조회 수나 영향력을 생각하면 단순히 시청률로 판단하기 어려울 것이다. 마지막으로 광고가 주는 효과 측정 역시 퍼포먼스 마케팅 관점에서 보면 형편없을 수 있지만 TV 광고라는 독점적 지위가 주는 대중적 신뢰와 레퍼런스 효과를 무시할 수 없음을 주지해야 한다.

우리는 OTT의 메가 트렌드를 간과하지 않는다. OTT는 그야말로 미디어 트렌드를 넘어 문화 트렌드를 주도해 나갈 매체이다. 그리고 그에 비례해서 TV 역시 그 영향력을 유지할 것이다. 이렇게 보면 OTT와 TV는 각자 잘하는 역할이 있다. OTT 역시 오리지널 콘텐츠 등을 잘 제작하고 있지만 앞으로 수년간은 유통망에 가까운 역할에 강점을 보일 것이다. 반대로 TV는 콘텐츠 프로바이더의 역할에 더 큰 강점을 보일 것이다. 이 두 가지 미디어 역할이 상호 보완되면서 앞으로 나아갈 것이라 예상한다. 그래서 경영자나 마케터는 어느 한쪽 미디어를 편식하기보다 두 미디어를 잘 조합하는 매체 전략을 수립해야 한다.

함께 읽으면 더 좋은 책

《미디어의 이해-인간의 확장》(허버트 마셜 매클루언 지음)
TV와 OTT는 양자택일의 대상이 아니고 승자독식의 대상도 아니다. TV와 OTT는 근본적으로 음성, 문자, 이미지, 영상으로 이어지는 미디어 발전과 역할 변화의 단계 속에서 이해되어야 한다. 그런 의미에서 이 책은 세상에서 미디어가 갖는 역할, 그리고 그 발전 단계에 따라 어떤 영향력을 행사해 왔는지 잘 설명하고 있다.

8장

현실 개선 온라인 서비스 VS. 현실 복제 메타버스

우리가 바란 건 복제된 가상 세계가 아니다

세상을 흔드는 가상의 공간 메타버스

코로나19 이후 메타버스는 가장 핫한 키워드로 부상했다. 사람들은 팬데믹 기간 중에도 다른 사람들을 만나고 대화하고 싶어 했고, 이런 열망은 많은 가상 공간을 만들어 내는 데에 큰 영향을 미쳤다. 과거에는 게임을 함께하기 위해 사람들이 가상 공간에서 만났지만, 이제는 게임 이외의 친목과 업무 등에도 메타버스 가상 공간이 활용되기 시작한 것이다. 많은 사람이 오프라인 공간보다 온라인 공간에서 더 많은 대화를 나누기 시작했고, 벤처 투자 시장 역시 투자 키워드에 한동안 메타버스라는 단어가 필수일 정도로 엄청난 바람이 불었다.

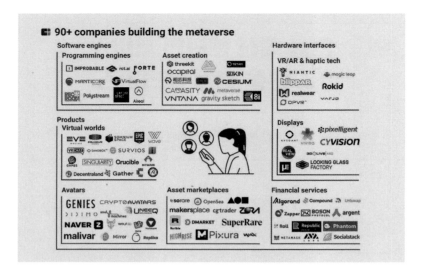

그림 8-1 | 전 세계 대표 메타버스 회사들(출처: CB Insight)

특히 온라인상의 메타버스 공간이 주목받기 시작한 것은 기존 화상통화에서 또 다른 대명사로 불리는 줌에 대한 피로도 때문이기도 했다. 아예 '줌 피로Zoom Fatigue'라는 단어가 생겼을 정도이다. 자연스러운 대면 만남이 사라진 대신 제약이 많은 답답한 온라인 공간에서 지루한 회의들을 하루에도 여러 번 진행해야 했기 때문이다. 출퇴근을 하지 않는 업무 문화는 편리했지만, 너무 잦은 화상통화로 인해 더 빨리 업무에 지쳐버리는 부작용이 생기게 된 것이다. 넷플릭스 영화 〈소셜 디스턴스Social Distance: 마음은 가까이〉는 코로나 팬데믹 시대의 우스꽝스러운 우리의 온라인 만남을 잘 표현하고 있다.

우리나라에서도 전 세계적인 트렌드에 발맞추어 정부의 다양한

그림 8-2 | 줌으로 연결되는 세상을 표현한 넷플릭스 오리지널 콘텐츠 영화 〈소셜 디스턴스〉(출처: 넷플릭스)

지원이 이어지고 있다. 대학교에서도 메타버스 학과를 만들어 새로운 시대를 이끌어 갈 핵심 인재들을 육성해 가고 있는 중이다. 이 때문에 기존의 많은 회사가 메타버스 회사로 변신하여 새로운 투자금 사냥에 나서는 것도 종종 보게 된다. 특히 가상화폐, NFT, 웹 3.0을 통한 온라인 가상자산 거래 시장과 함께 연결되면서 폭발적인 트렌드를 만들어 내기도 한다.

이러한 흐름이 유지되는 가장 큰 힘은 페이스북에서 최근 사명을 변경한 메타의 영향이 가장 크다. 메타는 2014년 가상현실 기기 업체인 '오큘러스 VRoculus VR'을 23억 달러(2조 5000억 원)에 인수하고 2021년 '호라이즌 워크룸Horizon Workrooms'을 출시하면서 가상 공간에

그림 8-3 | 호라이즌 워크룸(출처: 페이스북)

서 게임 말고도 다른 일을 할 수 있다는 새로운 패러다임을 선보였다. 호라이즌 워크룸은 페이스북의 오큘러스 퀘스트2 VR 헤드셋과 컴퓨터만 있으면 언제 어디서든 사람들과 만나서 대화하고 일할 수 있는 가상회의 앱이다. 메타의 CEO 마크 주커버그Mark Zuckerberg는 "메타버스는 미래에 다른 사람과 함께 일하는 주요 방법 중 하나가 될 것"이라며 "호라이즌 워크룸은 메타버스를 현실로 구현하기 위한 한 단계"라고 설명하기도 했다. 특히나 워크룸에 참여하는 모두가 실제 회의에서처럼 PPT를 띄우고, 화이트보드를 사용하는 등 실제 업무 환경에서 일하는 것 같은 느낌을 받을 수 있다고도 강조했다.

　메타버스의 흐름은 국내에서도 이어졌다. 그중 대표적인 메타버스 서비스는 SK텔레콤의 이프랜드ifland와 네이버의 제페토이다. 이

그림 8-4 | 제페토의 다양한 캐릭터들(출처: Naver Z)

두 서비스는 오큘러스 장비 없이도 모바일 앱을 통해 메타버스에 접속할 수 있는 플랫폼이다. 이프랜드와 제페토가 만드는 온라인 공간역시 콘퍼런스, 콘서트, 회의 등을 현실 속 그대로의 모습으로 구현하고 있다. 답답한 기존의 화상통화 문제를 해결하고 자유와 즐거움을더해 가상 공간 안에 현실과 같은 공간을 담아낼 수 있게 된 것이다.

범죄까지도 현실과 닮은 메타버스

그렇다면 실제 '메타버스' 키워드에 대한 사람들의 반응은 어떨까?
빅데이터 분석 플랫폼 썸트렌드의 긍ㆍ부정 검색을 통해 살펴보면,

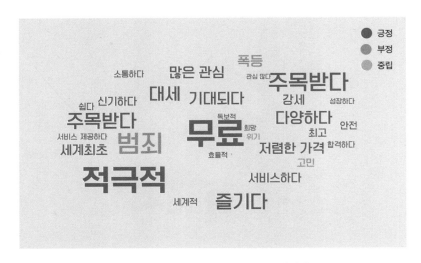

그림 8-5 | 소셜 빅데이터 분석 플랫폼의 '메타버스' 긍·부정 분석 결과(자료: 썸트렌드)

23%의 사람들이 메타버스에 대해 부정적으로 인식하고 있는 것으로 확인된다. 키워드로는 '범죄, 위기, 고민' 등이 있다.

그중 '범죄'라는 키워드가 가장 눈에 띄는데, 최근 메타버스를 이용하는 청소년들을 노리는 범죄 행위와 관련된 이슈 때문으로 보인다.[1] 대검찰청의 2021년 검찰 연감에 따르면, 2020년에 적발된 디지털성범죄 사범은 1만 6866명으로 전년도에 비해 무려 17%나 증가했다.[2] 이처럼 가상 공간에서의 성추행, 스토킹 사례들이 확인되고 있지만 이를 규제할 법적 제도들은 아직 미미한 상태이다. 현실 공간의 긍정적인 부분만 아니라 부정적인 부분까지 메타버스 안으로 스며들어가고 있는 것은 아닌지 우려된다.

이 밖에도 현실을 그대로 구현한 메타버스 공간에 대해 관련 업계의 IT 구루들 역시 비판의 목소리를 높이기 시작했다. 대표적으로는 에버노트Evernote의 창업자이자 현재는 으흠mmhmm의 대표이기도 한 필 리빈Phil Libin은 메타버스는 사기성 단어이며, 메타가 출시한 호라이즌 워크룸의 경우, 이미 오래된 아이디어라며 냉소적인 비판을 하기도 했다.

'메타버스'는 사기성 단어입니다. 비디오 게임과 인터넷 등을 포함해서 말하는 단어라면 그것은 이미 큰 성공을 거두었습니다. AR에는 미래 잠재력이 있습니다만 VR을 통해 경험하는 지속적이고, 분산되며, 스큐어모픽하고, 상호 연결된 3D 세계란 결국 헛소리라고 생각합니다.
필 리빈의 트위터[3] 중에서

우리가 원한 건 현실과 똑같은 메타버스가 아니다

줌은 답답하고 지루했다. 그렇다면 사람들은 오프라인과 똑 닮은 가상 공간을 원했던 것일까? 이에 대해서 다시 한번 생각해 볼 필요가 있다. 현실과 똑같이 만들어진 가상 공간은 실제 오프라인 공간에 미치지 못한다. 이것을 현실화, 대중화하는 데에는 여러 가지 장애물들이 있다. 그 이유를 몇 가지 살펴보면 다음과 같다.

너무 비싼 VR장비

현실과 비슷한 가상 공간에서 사람들과 만나기 위해서는 오큘러스와 같은 디바이스가 필요하다. 그러나 이러한 장비의 가격은 만만치가 않다. 싸게는 40만 원에서 비싼 장비들은 100만 원 가까이 하기 때문이다. 직원들 혹은 친구들이 모두 가상 공간에서 만나기 위해 이러한 장비를 구비하는 것은 현실적으로 쉽지 않다. 또한 최근 메타에서는 로지텍과의 협업을 통해 가상 공간과 현실 공간을 동일하게 연결하는 키보드도 출시했는데, 이 키보드를 이용하면 가상 공간에서도 현실 공간과 동일한 화면으로 키보드를 사용할 수 있다고 한다. 그러나 문제는 키보드를 구입하기 위해 추가 비용이 든다는 것이다. 이렇게 더 현실과 가까워지려고 노력할수록 계속적으로 비용이 증가할 수밖에 없다는 것이 현실과 가상을 연결하는 데에 큰 장애물이 될 수밖에 없다.

익숙하지 않은 사용 방법

스마트폰이 보급된 이후에도 많은 사람이 이에 익숙해지는 데에 꽤나 오랜 시간이 걸렸다. 그리고 여전히 스마트폰 사용법을 어려워하는 세대도 존재한다. 이처럼 새로운 도구들은 언제나 그 도구를 학습하는 데에 드는 시간이 필요하다. 만약 VR 게임이라면 작동 방법을 배우는 것 자체가 즐거운 행동일 수 있겠지만 업무를 위해 VR을 사용해야 한다면 그 학습 장벽이 훨씬 더 크게 느껴질 것이다. 결국 사람들이 함께 가상 공간에서 만나기 위한 방법이 복잡할수록 이를 학습하는 과정이 또 다른 장애물이 될 것이다.

현실보다 불편한 가상 공간

현재의 VR 기술은 현실을 모방했지만 현실을 그대로 구현했다고 말하기엔 여전히 넘어야 할 산이 많다. 화이트보드를 사용하고 PPT로 발표하는 등 진짜 현실 같은 공간이 가상 공간에 반영되었지만, 역시나 이를 학습하고 활용하는 과정이 만만치 않다. 심지어 발표 자료를 스크린에 띄우고 무대를 세팅하는 과정은 현실에서도 쉽지 않다. 그나마 현실에서는 누군가가 도와줄 수 있지만 가상 공간에서는 스스로 그 모든 작업들을 직접 익히고 수행해야 하기에 더욱 어렵다. 또한, 화이트보드에 직접 펜으로 쓰는 느낌, 청중의 표정을 통한 분위기, 공간을 통해 느껴지는 긴장감 등 현장에서 경험할 수 있는 진짜 중요한 요소들을 가상 공간에서 완벽히 구현하기란 불가능하다. 사실 오프라인에서의 경험은 시각 정보만으로는 완성할 수 없다. 말로 채 표현할 수 없는 현장감이 더 중요하기 때문이다.

이런 여러 요소들 때문에 가상 공간에서 현실을 구현하는 것은 코로나 팬데믹과 같이 서로 만날 수 없는 특별한 상황, 혹은 그러한 기술이 꼭 필요한 특수한 상황이 아니라면 사용 자체가 힘들고 불편한 작업이 될 수밖에 없다. 그래서 기술적으로 추가적인 진보 없이는 대중화되기엔 여전히 많은 장애물이 있다고 생각한다. 한동안 인기를 끌었던 이프랜드, 제페토 그리고 로블록스 역시 최근 이용자가 급감[4] 하는 것도 그 이유에서가 아닐까? 또한 실제 메타버스 사용자 역시 우

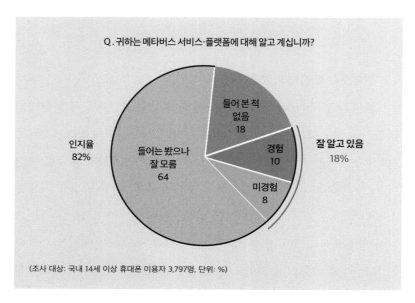

그림 8-6 | **메타버스 인지율과 경험률에 대한 조사 결과**(자료: 컨슈머인사이트)

리가 인지하는 것만큼이나 많지 않다는 통계 조사가 이를 뒷받침하고 있다.

2022년 8월 18일에 데이터융복합·소비자리서치 전문기관인 컨슈머인사이트가 올해 상반기 14세 이상 휴대폰 이용자 3797명에게 메타버스 인지도와 이용 경험을 조사한 결과, 메타버스라는 용어를 들어 본 사람은 10명 중 8명으로 많지만 실제 이용해 본 사람은 1명에 불과했다.[5]

메타버스는 아키텍처 우주비행사Architecture Astronauts(존 카맥이 만든 말로 최종 단계의 기술에 대해서만 논하려는 프로그래머나 디자이너에 대한 비하적 표현이다)를 위한 꿀단지 함정이다. 그들은 아이디어들이 실제로 어떻게 실행되는지에 관한 실행 계획logistics에 대해서는 걱정하지 않는다. 실행 계획이야말로 무언가 건설할 때 제일 중요한 것이다. 나는 그들이 너무나 걱정스러워 그저 머리를 쥐어뜯고 싶은 심정이다.

메타 산하 오큘러스의 자문을 맡고 있는 개발자 존 카맥 John Carmack

우리가 원했던 건 메타버스가 아니라 현실보다 더 뛰어난 온라인 서비스

메타버스에 대한 사람들의 비판은 대부분 투자 대비 그 가치가 부족하다는 것이다. 가상 공간을 통해 현실을 모방하기는 했으나 그 가상 공간이 현실에 미치지 못할 뿐만 아니라 이를 수행하기 위해 너무 많은 노력과 에너지가 필요했기 때문이다. 결국 이런 요인들이 메타버스를 현실화하는 데에 큰 걸림돌이 되고 있다. 그러면 꼭 줌 피로의 반대말이 메타버스여야만 했을까? 사실은 이미 줌 피로를 해결하는 다양한 새로운 서비스들이 출시되고 있다.

언제 어디서든 대화하며 일하기 — 슬랙 허들

리모트워크, 재택근무가 일상화되면서 사람들 사이의 소통이 예전보다 힘들어졌다. 그래서 많은 사람이 줌을 통해 화상채팅으로 만나 문제를 해결했다. 오큘러스와 같은 장비가 있다면 메타의 워크룸 같은 곳에서 만날 수도 있을 것이다. 그러나 간단히 동료들과 소통을 하기 위해서는 어쩌면 전화가 더 편할지도 모른다. 그래서 '슬랙'은 복잡한 메타버스 대신 전화처럼 곧바로 소통할 수 있는 허들Huddle 기능을 기존 서비스에 추가했다.

슬랙은 전 세계에서 사용하는 가장 유명한 업무용 메신저 중 하나이다. 2021년 7월에는 전 세계 최대 세일즈 플랫폼인 세일즈포스에 인수되며 크게 주목을 받기도 했다. 슬랙의 사용은 재택근무가 늘어나면서 더더욱 주목받기 시작했는데, 더 나은 소통을 위해서는 기존의 채팅 방식만으로는 부족했다. 그래서 영상 혹은 음성으로만 대화할 수 있는 허들이라는 새로운 기능을 출시했다. 허들을 이용하면 직접 얼굴을 보면서 화상채팅을 하거나 목소리만으로 소통하면서 물리적으로 떨어진 공간에서도 업무를 진행할 수 있다. 필요에 따라 채팅창에 정보를 주고받거나 화면 공유 등의 서비스를 이용하면 같은 공간에 함께 있지 않더라도 마치 함께 있는 것처럼 편리하게 일할 수 있다. 때로는 이 방법이 직접 만나서 일을 할 때보다 더 편리하다. 이것을 'IRL+Better Than In Real Life(현실보다 더 나은)' 서비스라고 부른다.

슬랙 내에서 누구나 허들을 만들 수 있고, 허들에 들어오면 서로 간의 목소리가 공유된다. 공식적인 회의가 아닌 실시간 대화 공간이기에 부담 없이 접속하고 대화를 시작할 수 있다. 마치 실제 오피스에서 다른 직원에게 찾아가 말을 거는 것처럼 말이다. 화상채팅이라는 부담스러운 형식 없이 전화처럼 목소리만 주고받을 수 있어서 준비되지 않은 얼굴을 보여줄 필요도 없고 복잡한 카메라 설정도 필요 없다. 그냥 바로 허들을 켜고 대화를 시작하면 된다. 서로의 목소리가 허들 공간을 통해서

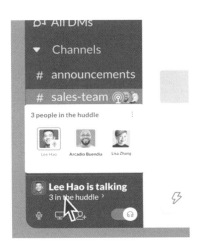

그림 8-7 | 슬랙의 새로운 기능 '허들'(출처: 슬랙)

자유롭게 공유되기 때문에 일을 하면서도 마치 동료와 한자리에 있는 듯한 기분을 느낄 수 있다. 또한 원치 않을 땐 허들 공간에서 빠져나오면 된다. 실제 오피스에서 동료들과 이야기를 나누다가 다시 일하러 돌아가는 것과 흡사하다. 채널마다 따로 허들을 만들 수 있고, 1:1로 대화할 수도 있다. 이미 각각의 공간에서 대화하고 있는 오픈된 허들에도 자유롭게 참여할 수 있다. 특별한 장비를 착용하지 않아도 목소리만으로 소통하고 채팅창을 통해 추가 정보를 전달할 수 있어서 실시간으로 동료와 피드백을 주고받을 수 있다. 엄청나게 복잡한 장비와 기술 없이도 우리가 진짜로 원했던 리모트워크에서의 불편함을 해소할 수 있게 된 것이다.

브랜드를 먼저 찾는 요즘 시대의 새로운 온라인 쇼핑몰 — 프리즘

쿠팡, 마켓컬리와 같은 온라인 쇼핑몰의 규모는 점점 커져 가고 있다. 반면 여전히 오프라인에서의 경험 중심의 소비가 늘어나고 있는 것도 사실이다. 특히나 경험의 가치를 중시하는 요즘 사람들은 오프라인에서 경험하고 온라인에서 구매하는 믹스버스 형태의 소비를 늘리고 있다. 그래서 많은 사람이 온라인에서도 경험을 제공하기 위해 메타버스 공간을 제시하며 메타커머스를 강조해 온 것이다.

그러나 메타버스에서 커머스를 만들어 가는 것이 생각만큼 쉽지 않았다. 앞서 설명한 고가의 장비와 익숙하지 않은 환경에 대한 적응이 필요했기 때문이다. 그러나 꼭 메타버스 공간이 아니더라도 브랜드 경험을 제공할 수 있는 또 다른 형태의 아이디어가 나타났다. 그 대표적인 서비스가 최근 출시된 '프리즘Prizm'이다.

프리즘은 가격 비교 중심의 기존 상품 쇼핑몰을 브랜드 중심의 쇼핑몰로 변화시켰다. 모든 공간은 상품이 아닌 브랜드에서 시작되며, 브랜드 안에서는 인터랙티브한 콘텐츠를 통해 사용자와 제품에 대한 스토리를 공유한다. 사람들은 온라인 공간에서도 오프라인에 부족하지 않은 경험을 제공받는다. 동시에 브랜드 담당자들은 가격 경쟁을 넘어 자신만의 브랜드와 충성 고객을 위한 서비스를 제공할 수 있게 되었다. 여기에 라이브 이커머스 시스템을 함께 도입하여 제품과 브랜드의 가치를 보다 업그레이드할 수 있다. 그리고 이 모든 것은 메타버스의 가상 기술 없이도 구현할 수 있다.

결국 소비자가 원하는 것은 가장 최적화된 경험이지 현실의 공간

그림 8-8 | 온라인에서 브랜드를 경험하게 만드는 새로운 쇼핑몰, '프리즘'(출처: 프리즘)

을 그대로 따라 한 메타버스가 아니었다. 프리즘을 만든 RXC의 최고 제품책임자인 하지수 이사는 "정의된 서비스의 본질적인 가치를 중심으로 이를 구현하거나 효율화하기 위한 지점에 기술이 접목되어야 한다"고 말하며, 이러한 관점을 바탕으로 새로운 온라인 쇼핑몰인 프리즘을 개발했다고 밝혔다. 이를 통해 기존의 '상품 검색 쇼핑몰'이라는 필요에 의한 구매 시장을 '경험을 통한 구매'라는 콘셉트로 전환시킬 수 있었던 것이다.

고객들은 이제 전통적인 미디어 채널을 넘어서 다양한 뉴미디어 채널을 통해 브랜드를 인지하고 발견하는 경우가 더 많습니다. 광고 캠페인이나 크리에이터들을 통해 뉴미디어에서 브랜드를 인지하고, 관심을 가진 고객이 프리즘으로 넘어와 만나는 콘텐츠 또한 브랜드가 가진 내러티브를 그대로 이어갈 수 있도록 서비스의 전시 공간과 콘텐츠 포맷, 데이터 레이크를 고도화하는 데에 많은 투자를 하고 있습니다. 이 과정을 통해 구매로 전환되거나, 콘텐츠를 발행하는 주체인 브랜드나 프로그램을 팔로우하는 고객은, 같은 결의 다른 브랜드를 추천받았을 때 관심도가 매우 높아집니다.

→ RXC 하지수 최고제품책임자

더 자유롭고 편리한 화상 통화 — 으흠

줌 피로의 주요 원인은 어디에서 왔을까? 현실을 제대로 반영하지 못해서였을까? 그래서 3차원인 메타버스 공간은 필수였던 것일까? 사실 줌 이전부터 우리는 화상통화에 일종의 선입견을 가지고 있었다. 각자만의 네모 박스 안에서 대화하고 전체 화면으로 크게 띄운 프레젠테이션을 넘겨 가며 설명하는 방식이 일반적이었다. 그리고 이 기술을 가장 잘 구현한 회사가 바로 줌이다.

하지만 줌에서는 현실에서처럼 보다 인터랙티브한 소통이 어려웠다. 화이트보드 위에 글씨를 쓰면서 대화를 하고, 이해가 안 되는 부분은 손으로 직접 가리켜 가며 소통하는 방식은 구현하기 어렵거나

그림 8-9 | 재미있게 만든 작은 변화로 온라인 소통을 변화시킨 '으흠'(출처:으흠)

불편했던 것이다. 하지만 메타버스 공간으로 넘어갔다고 해서 그것이 진짜로 더 쉬워진 것도 아니었다. 회의에 참여하는 사람들이 2차원 공간 안에서도 자유롭게 이동할 수 있다면 어떨까?

이런 아이디어로 시작된 서비스가 바로 '으흠'이다. 으흠은 기존의 경직된 커뮤니케이션을 보다 인터렉티브하게 변경했지만 기존의 줌과 사용법이 크게 다르지 않아 사람들에게 익숙하다. 차이점이라면 참가한 사용자들이 자신의 위치를 자유롭게 이동시킬 수 있으며, 회의 공간 안에서 다양한 멀티미디어를 사용할 수 있게 된 것이다. 매번 복잡한 PPT 없이도 몇 가지 이미지와 텍스트만으로 손쉽게 소통이 가능하다.

으흠을 이용하면 단지 슬라이드뿐 아니라 공간도 자유롭게 변경할 수 있고, 설문조사나 화이트보드도 함께 띄워 소통할 수 있다. 그리고 2차원 공간에서 소통하기 때문에 조작도 편리하다. 궁극적으로 커뮤니케이션을 통한 문제 해결에 최적화되어 있다. 줌이 가졌던 지루하고 답답한 방식을 완전히 다른 방식으로 해결한 것이다.

온라인 공간이 꼭 오프라인 공간을 닮은 가상 공간이 아니더라도 기존의 아이디어 전환만으로 현실보다 더 나은 온라인 서비스를 만들 수 있다. 우리는 현실을 꼭 닮은 가상 공간이 아닌 현실보다 더 편리한 온라인 서비스를 원한다. 어쩌면 이러한 방식이 메타버스라는 단어의 진짜 의미일지도 모른다. 주어진 환경에서 작은 아이디어의 변화만으로도 소비자가 만족하는 서비스는 탄생할 수 있다. 비싼 VR 장비와 어려운 학습 과정 없이도 말이다. 관점의 변화로 소비자가 진짜 원하는 비즈니스를 만들어 가는 것이 '잘 모르고 설명하기 어려운' 메타버스를 좇는 것보다 나을지도 모른다. 그리고 그것이 바로 우리가 진짜 바라던 '현실보다 더 나은 온라인 공간IRL+'이 아니었을까?

함께 읽으면 더 좋은 책

《메타버스는 환상인가》 (위정현 지음)
저자는 메타버스를 통해 아직 성공한 비즈니스 모델이 제한적이라는 것을 경고하고
있다. 메타버스 플랫폼으로 불리는 제페토, 로블록스, 동물의 숲 등은 사실 메타버스보
다는 게임에 가깝다는 것이다. 게임 이외의 장르에서 성공을 거두기도 전에 우리나라
메타버스 버블이 조직적 이해관계를 통해 만들어졌다고 일침한다. 또한 메타버스 공
간에 현실세계를 복제하거나 현실의 인간관계를 이식해서는 안 된다고 말하며 완전히
새로운 인간, 조직, 사회적 관계가 요구되는 메타버스가 필요함을 강조한다.

《좋은 서비스 디자인-끌리는 디지털 경험을 만드는 15가지 법칙》 (루 다운 지음)
저자는 좋은 디자인을 정의하고 디지털 시대의 사용자에게 선택받는 서비스는 무엇인
지 알려 준다. 특히 스크린에 보이는 것보다 스크린 뒤에 있는 사람에 관심을 가져야 한
다고 말하며 서비스를 만들 땐 서비스 자체가 아닌 사용자에 집중해야 하는 것이 본질
임을 강조한다. 좋은 서비스를 만들기 위한 저자의 오랜 철학을 엿볼 수 있는 책이다.

9장

고객을 위한 버추얼 휴먼
VS. 기업을 위한 버추얼 휴먼

효율만을 위한 버추얼 휴먼은 지속 가능하지 않다

버추얼 휴먼의 성장세

그야말로 버추얼 휴먼 전성시대다. 버추얼 휴먼은 말 그대로 가상인 간이라는 의미인데, 도저히 인간처럼 느껴지지 않았던 대상이 이제는 인간과 구분하기 어려울 정도로 디테일해졌다. 우리나라에서 화제가 되었던 시점은 2021년 4월이었다. 지금은 너무나도 유명해진 국내 최초의 버추얼 휴먼, '로지'의 등장 때문이었다.

로지의 아버지라고 불리는 로커스엑스Locus-X의 백승엽 대표는 로지를 기존에 존재했던 버추얼 휴먼 콘셉트와는 다른 인플루언서 콘셉트로 론칭했다고 밝히며, 인플루언서라는 명칭답게 커뮤니케이션

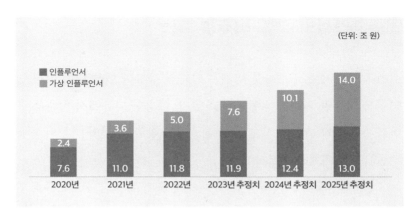

■ 인플루언서
■ 가상 인플루언서

	2020년	2021년	2022년	2023년 추정치	2024년 추정치	2025년 추정치
가상 인플루언서	2.4	3.6	5.0	7.6	10.1	14.0
인플루언서	7.6	11.0	11.8	11.9	12.4	13.0

그림 9-1 | **글로벌 버추얼 인플루언서 시장 전망**(자료: 하이프오디터, 삼성증권)

에 집중했다고 말했다.[1]

잘 알려진 대로 로지의 탄생은 새로운 버추얼 휴먼의 모습을 보여 주는 이슈성 이외에도 기존 인플루언서들이 갖고 있는 리스크를 갖지 않는다는 강점이 있었다. 이제는 150개 이상의 버추얼 휴먼이 생긴 이상 신선함은 퇴색되었지만, 강점은 무한한 상태로 2023년은 성장기로의 진입이 예상되는 상황이다.

로지와 같은 버추얼 인플루언서 시장은 급속도로 성장할 것으로 전망되고 있다. 미국의 AI 기반 인플루언서 마케팅 플랫폼인 하이프오디터HypeAuditor에 따르면, 2025년엔 버추얼 인플루언서가 기존의 인간 인플루언서를 넘어설 것으로 전망하고 있다.[2]

인플루언서의 대체, 버추얼 휴먼

이러한 성장세에서 보이듯 이제는 단순히 광고 모델을 넘어 여러 영역에서 버추얼 휴먼들이 활동하고 있다. 다양한 이유에서 버추얼 휴먼들은 화제가 되기도 하고 논란이 되기도 하면서, 점차 기존의 인플루언서들을 대체하기 시작했다.

한국관광공사는 버추얼 휴먼 '여리지'를 명예 한국 홍보대사로 위촉했다. 여리지의 경우 MZ세대가 선호하는 눈, 코, 입을 참고해 만들다 보니, 레드벨벳 멤버 아이린과 얼굴이 똑같다는 논란이 있었고, 초상권 문제가 불거지기도 했다.[3]

그림 9-2 | 버추얼 휴먼, 여리지(출처: 한국관광공사)

버추얼 휴먼 '리아'는 중국의 한복 공정에 맞서 '우리 한복 알리기'에 나서고 있다. 국내 연예인들이 한복을 입었을 때 중국인들로부터 악플 테러를 받은 사례들이 있었는데, 버추얼 휴먼은 여기에서 자유로운 상황이다. 버추얼 인플루언서 제작사 네오엔터디엑스㈜는 콘텐츠 후원 플랫폼 ㈜프로젝트퀘스천과 한복 디자이너 브랜드 이선영한복과 손잡고

한복 캠페인 펀딩을 진행했으며, 모금액은 전액 해외 한복 광고에 투입하기로 했다.[4]

그림 9-3 | 버추얼 인플루언서, 릴 미켈라
(출처: 릴 미켈라 인스타그램)

롯데홈쇼핑은 '루시'라는 버추얼 휴먼을 자체적으로 개발해 홈쇼핑의 쇼 호스트로 등장시켰다. 더불어 실감형 콘텐츠 기업 포바이포4by4와 손잡고 버추얼 휴먼을 고도화하여 사람들과 쌍방향 소통까지 할 수 있도록 수준을 높이고 있다. 완벽하게 인플루언서를 대체하고자 하는 것이다.[5]

비단 우리나라에만 국한되는 이야기가 아니다. 버추얼 인플루언서의 활약은 전 세계적인 현상이다. 미국 로스앤젤레스에 거주하고 있는 19세 브라질계 미국 소녀인 '릴 미켈라'는 전 세계에서 가장 유명한 버추얼 인플루언서이다. 300만 명이 넘는 인스타그램 팔로워를 거느리고 있으며, 패션, 명품, 화장품 등의 광고 모델로 나서 2020년에만 우리나라 돈으로 약 160억 원을 벌어들였다.

일본 가상인간 '이마'는 35만 명의 팔로워를 누리며, 광고 캠페인과 잡지 표지 모델로 활동하고 있다. 우리나라의 로지와 마찬가지로 촬영이 없을 때는 일상적인 사진을 올리며 실제 사람처럼 팬들과 소통하고 있다.[6]

국내를 넘어 해외에 이르기까지 버추얼 휴먼은 광고 시장을 중심으로 기존 인플루언서들을 대체하고 있다. 더불어 누가 진짜 인간인지 구분하지 못할 정도로 기술이 급속도로 발전하고 있는 것도 사실이다. 영국과 미국의 연구진이 진행한 연구에 따르면, 버추얼 휴먼과 실제 인간 400쌍의 사진을 보고 사람들이 과연 구분할 수 있는지에 대해 315명을 대상으로 조사한 결과, 적중률이 50%도 안 되는 것으로 나타났다. 대면하지 못하는 인플루언서라면 이제는 브라운관이나 이미지를 통해 등장하는 버추얼 휴먼이 자신이 좋아하는 인간 인플루언서라고 착각할 수도 있는 시대가 도래한 것이다.[7]

　　얼굴과 목소리를 실제 인물에서 빌릴 수 있으며, 여러 사람들의 얼굴을 합성해 만들 수도 있고, 감정 표현까지 담아 낼 수 있는 버추얼 휴먼의 시대가 된 것이다. 기업 입장에서 버추얼 휴먼은 마케팅 도구로서 충분히 활용할 만한 가치가 있다.

　　따라서 기업들은 버추얼 휴먼 활용에 더욱 매진하고 있다. 사람과 달리 버추얼 휴먼은 늙지도 않고, 학교폭력이나 음주운전, 마약, 도박 등 구설수에서 자유로울뿐더러 사람을 광고 모델로 기용할 때보다 노동력이나 소요 시간 등이 적게 든다. 이런 이점 때문에 기업들은 지속적으로 버추얼 시장에 주목하고 있다.

　　실제로 이스트소프트가 공개한 'AI 플러스' 참가자 만족도 조사에 따르면, 버추얼 휴먼 도입 혹은 활용 계획을 묻는 질문에 조사에 참여한 업계 관계자 중 55%인 395명이 "그렇다"고 응답했으며, 이 중 약 28%인 109명은 "1년 이내에 도입할 계획"이라고 밝혔다.[8]

기업들의 경쟁적인 버추얼 휴먼 도입, 고객들이 원할까

소셜 빅데이터 분석 플랫폼 썸트렌드로 '가상인간'에 대한 긍·부정 분석을 한 결과, 메가 트렌드답게 76%나 긍정적인 반응을 보였다. 하지만 그중 24%는 부정적 반응을 보였는데, '논란, 우려, 가짜' 등의 연관어가 두드러졌다. 버추얼 휴먼에 대한 다수의 긍정적 분위기 이면에 자리 잡은 소수의 부정적 감정은 버추얼 휴먼이 나아가야 할 방향을 제시하는 것이다.

버추얼 휴먼이 딥페이크deep fake와 딥러닝deep learning을 기반으로 하다보니, 로맨스 스캠(연애를 뜻하는 '로맨스'와 신용사기를 뜻하는 '스캠'의 합성어로, SNS를 통해 호감을 표시하면서 신뢰를 형성한 후, 금전을

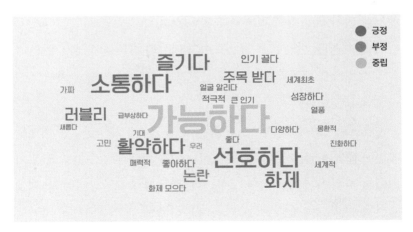

그림 9-4 | 소셜 빅데이터 분석 플랫폼의 '가상인간'에 대한 긍·부정 분석 결과(자료: 썸트렌드)

요구하는 수법)이나 음란물 제작, 국가의 근간을 흔들 수 있는 가짜뉴스의 생성에 악용되기도 한다. 앞서 이야기한 것처럼 기술 발전은 사람의 목소리까지 대체할 수 있는 상황이기 때문에 범죄에 악용된다면 피해를 예방하기 어려운 것도 사실이다. 더불어 가장 이상적인 외모를 바탕으로 버추얼 휴먼이 탄생하다 보니, 외모지상주의가 더 심해질 것이라는 부정적 의견도 팽배하다.[9]

메가 트렌드인 버추얼 휴먼, 그리고 기업들의 집중적인 투자 이면에 각종 사회적 문제를 내포하고 있는 현실을 바라보면 지금이야말로 효율만을 위한 버추얼 휴먼에 대한 진지한 고민이 필요한 시점이라고 할 수 있겠다. 현재는 버추얼 휴먼 대부분이 공급자의 니즈에 의해 탄생하고 있으며, 개발자들도 그 니즈에 발맞추고 있는 상황이다. 버추얼 휴먼은 오늘날 기업을 위해 완벽하게 활동하고 있다.

하지만 이런 상황들이 고객들이 원하는 상황인지, 그리고 고객들에게 적합하고 적절한 버추얼 휴먼이 사용되고 있는 것인지 고민해봐야 할 때이다. 버추얼 휴먼이 소비의 대상에 머무를 것인가, 인간 중심의 서비스를 제공하며 발전할 것인가에 따라 이 기술의 미래는 크게 달라질 것이다.

넥스트지인베스트먼트NextG Inverstment의 이효진 상무는 버추얼 휴먼에 대해 이렇게 이야기한다. "이미 기술 수준은 고도화되었고, 가격의 장벽도 사라지고 있는 상황이다. 버추얼 휴먼은 그냥 만들어서 광고 모델을 대체하는 개념이 아니다. 이제 정말 수용자들이 공감하고, 수용자들과 상호 작용할 수 있도록, 마치 엔터테이너를 키우는 것처럼 성장시켜야 한다고 생각한다". 버추얼 휴먼의 미래는 고객들이 원하는 방향으로 제작되고 활용되어야 한다는 것이다.

공급자가 아닌 수용자의 마음을 사로잡을 버추얼 휴먼

그간 효율만을 추구하던 버추얼 휴먼은 수용자인 고객들의 마음을 훔치는 것이 아닌, 공급자의 마음을 훔치는 아주 신기한 결과물이었다. 그러다 보니 수용자들이 공감하고, 상호 작용할 수 있는 지점들이 부족했던 것이 사실이다.

그럼에도 수용자들이 공감하고, 가장 강력하게 상호 작용할 수 있으며, 팬덤을 만들어 갈 수 있는 시장은 미디어 콘텐츠 시장일 것이다. 이런 시장의 흐름을 이해하고 관점의 전환을 시도한 회사가 있다. 크리에이티브 플랫폼 기업 커팅엣지Cutting Edge는 AI 휴먼 영상 제작 솔루션 '메타소울Metasoul'을 운영하는 회사인 유어라운드uaround와 전략적 제휴를 체결하고 버추얼 휴먼 매니지먼트 사업에 진출한다고 밝혔다.[10]

주목할 점은 기업의 효율만으로 탄생한 버추얼 휴먼과는 다른 '생명력'을 불어넣겠다는 취지로 사업에 뛰어든 것이다. 그간 외모지 상주의와 기업의 마케팅 도구로서 버추얼 휴먼이 활용되었다면, 버추얼 휴먼이 인간적인 매력을 느낄 수 있도록 '인간사'를 담아 보겠다는 뜻이기도 하다.

넥스트지인베스트먼트 이효진 상무의 말처럼 기술은 이미 고도화되었다. 더불어 로지 이후에 모델이 실존 인물인지 아닌지는 이제 이슈가 되지 못한다. 결국 이슈화되는 것은 '인간미'이다. 이런 인간미로 고객과 상호 작용하며, 고객이 원하는 방향으로 활동하는 것이 중요하다.

커팅엣지의 박민균 대표는 "버추얼 휴먼은 한 명의 아티스트로 생각해야 하며, 기획부터 발굴, 개발 및 활동에 이르기까지 모든 과정을 사람들과 함께해야 한다"고 이야기한다. 그래야 인간사를 담을 수 있고, 이러한 과정을 통해 고객들에게 보다 큰 가치를 선사할 수 있기 때문이다.[11]

우리가 애니메이션을 감상했을 때를 생각해 보자. 인간은 아니지만 애니메이션 캐릭터를 보고 애착을 느끼고, 웃기도 하며, 울기도 한다. 바로 인간적인 감정의 전이가 이루어졌기 때문이다. 이제 버추얼 휴먼 시장도 지속 가능한 변화를 준비하고 있다.

감동을 주는 엔터 영역으로의 확장

TV조선의 예능 프로그램 〈아바드림〉은 국내 최초의 메타버스 AI 음악 쇼이며, 가상 세계의 무대에서 펼쳐진다. 이 음악쇼에서는 순차적으로 메모리얼 에피소드 무대를 공개했는데, 첫 번째 에피소드는 1990

그림 9-5 | TV조선 〈아바드림〉 김성재 아바타 출연 장면 캡처(출처: 〈아바드림〉 공식 유튜브)

년대를 풍미했던 그룹 듀스 고故 김성재의 무대였다. 대표곡인 〈말하자면〉이 울려 퍼지면서 버추얼 휴먼인 김성재가 관객을 향해 인사를 한 뒤 멋진 춤과 함께 노래를 힘차게 불렀다. 이날 공연에서 고 김성재의 어머니 육미영 씨는 "마치 꿈같고, 감동에 가슴이 폭발하는 듯하다"면서 "이렇게나마 못다 이룬 꿈을 펼쳤으면 좋겠다"고 소감을 밝히기도 했다.

〈아바드림〉에서 공개한 두 번째 에피소드에서는 고 김자옥과 그의 남편이자 가수인 오승근 씨의 듀엣 무대도 공개되었다. 현장에 등장한 버츄얼 휴먼 김자옥은 "잘 지내고 있습니다. 고맙습니다. 그 말이 제일 하고 싶었어요. 행복은 거창한 게 아니더라고요"라고 말하며, 〈빗속을 둘이서〉라는 곡을 남편과 함께 열창했다. 버츄얼 휴먼으로 김자옥과 재회한 오승근 씨는 "딱 한 번 아내 꿈을 꾸었는데 옆모습이어서 꿈에서 한 번 더 나왔으면 했다"고 말하며, "이번 아바타를 통해 아내를 만나게 되어 정말 기쁘다"고 소감을 이야기했다. 더불어 목소리와 말투까지 똑같아서 뭉클하다는 반응도 보였다.[12]

2022년 칸 광고제Cannes Lions 티타늄 라이언즈Titanium Lions 부문 그랑프리 수상작은 EA스포츠의 16년 전 유명을 달리한 축구 유망주, 키얀 프린스Kiyan Prince를 기리기 위한 캠페인인 'LONG LIVE THE PRINCE'였다. 이는 감동적인 버추얼 휴먼이 성공적으로 기업의 마케팅 활동에 적용된 사례이다. 키얀 프린스는 에지웨어Edgware의 런던 아카데미 교문 밖에서 한 친구가 괴롭힘을 당하는 것을 보고 친구를 도우려다 칼에 가슴을 찔려 치명상을 입고 사망하게 된 퀸즈 파크 레인저스Queens Park Rangers의 U-16 축구팀에서 뛰었던 선수이다.[13]

EA스포츠는 10대들이 칼로 인한 범죄에 대한 경각심을 갖게 하고, 그러한 범죄 예방을 위해 활동하는 키얀 프린스 파운데이션Kiyan Prince Foundation에 대한 인식 확대와 기금을 모집하기 위한 캠페인을 진행했다. EA스포츠는 피파FIFA 21 버전에서 그 사고가 아니었더라면 30세의 인기 축구선수가 되어 있을 키얀 프린스를 버추얼 휴먼으로 구현해 게임에 등장시켰다. 현존 선수와 동일한 마케팅을 진행하여 게임 출시 당일에만 키얀 프린스 파운데이션을 위한 3년 치 기부금을 모으는 큰 성과를 거두었다.[14]

고객의 답답함을 해결해 주는 버추얼 휴먼

기업은 버추얼 휴먼을 사용하는 데에 광고비 절감, 광고 효과 극대화, 광고 리스크 해결이 주요 목적일 수 있지만 고객들은 버추얼 휴먼이 신기할 뿐이다. 사실 버추얼 휴먼은 고객들에게 특별히 도움이 되지 않는다.

이런 상황에서 인공지능 딥러닝 기술을 기반으로 가상인간을 만들어 내는 스타트업 클레온Klleon이 '클론Klone' 서비스를 선보였다. 클론 서비스는 나의 사진과 목소리를 가지고 가상인간에게 원하는 의상을 입히거나 원하는 몸동작을 하게 만든 뒤에 직접 텍스트를 입력하면 텍스트를 그대로 가상인간이 말을 해 주는 서비스다.[15]

예를 들어 콜센터에 전화했다고 하자. 음성 안내에 따라 1번, 2번

그림 9-6 | **고객이 원하는 형태로 만들어 내는 '클론' 서비스**(출처: 클론 홈페이지)

을 눌러 가며 로직대로 상담을 진행하지만 결국 홈페이지와 다르지 않은 Q&A 로직에 실망해 0번을 누르고 상담을 요청한다. 음성으로 들려오는 상담원의 목소리에 제대로 설명하기도 어렵고, 대면이 아닌 상황에 답답함을 표현하며 결국 매장을 방문하거나, 방문 요청을 하기도 한다. 그리고 발송되는 문자메시지에 고객 만족의 별 5개를 요청받기도 한다.

클론은 이런 고객의 불편함을 개선해 주는 버추얼 휴먼이다. 고객이 콜센터로 전화하면, 콜센터 직원은 답변을 컴퓨터로 입력하게 되고, 그 입력된 텍스트가 버추얼 휴먼의 말과 몸짓으로 구현되어 실제 고객들은 대면 서비스를 받는 느낌을 받을 수 있다.

더불어 실제 임직원의 얼굴과 목소리로 버추얼 휴먼을 만들어 내기 때문에 대화 상대가 기계가 아닌 상담받는 기업의 임직원에 가깝다고 할 수 있다.

이제 양질의 교육까지 제공받을 수 있다면

교육 서비스를 제공하는 강사 중에서도 인기가 없는 사람들이 있다. 이런 강사의 강의력에 실망하는 고객들도 많다. 하지만 그들은 의외로 학문적으로 훌륭한 교수일 수도 있고, 멋진 글을 쓰는 작가일 수도 있으며, 상품을 매우 잘 파는 마케터일 수도 있다. 좋은 글을 쓰는 데에는 주저함이 없고, 지식의 깊이가 있어 텍스트로는 충분히 자신의

그림 9-7 | 이스트소프트의 AI 강사(출처: 이스트소프트 홈페이지)

생각을 전달함에 막힘이 없지만, 막상 강의를 하면 사람들을 지루하게 만들거나, 메시지 전달력이 떨어지는 경우도 있다.

이스트소프트가 교육기업 휴넷과 함께 개발한 인공지능은 이런 문제점을 해소해 준다. 버추얼 휴먼을 통해 누구나 스타강사가 될 수 있는 것이다. 텍스트만 입력하면 AI 강사는 사람처럼 자연스럽게 말하고 움직이는 모습을 자동으로 재생한다. 실제 강사가 콘텐츠를 강의하고 녹화하는 과정을 대체할 수 있어, 영상 제작 시간이나 비용을 절감시킬 수 있는 효과도 거둘 수 있다.[16]

효율만을 위한 버추얼 휴먼이 아닌
고객을 위한 버추얼 휴먼

부정적인 이슈도 존재하고 있지만, 버추얼 휴먼이 가리키는 지향점은 분명 메가 트렌드가 맞다. 하지만 기업의 관점에서의 버추얼 휴먼은 광고나 마케팅 그 이상도 이하도 아니다. 기업 관점의 버추얼 휴먼은 고객에게는 그저 신기한 대상일 뿐, 아직까지는 아무런 도움이 되지 않기 때문이다.

버추얼 휴먼은 인간의 부족함을 대체해 주는 신기술이다. 지금도 곳곳에서는 고객의 관점에서 인간사를 담아내는 버추얼 휴먼이 등장하거나, 고객의 감동을 유발하는 버추얼 휴먼이 개발되거나, 고객의 만족을 위한 버추얼 휴먼이 나타나거나 하는 등 버추얼 휴먼에 대한 역발상적인 도전은 계속되고 있다. 광고의 도구가 아닌 고객과 감정을 공유하고, 고객의 필요를 해결해 주며, 엔터테이너로서 성장할 때, 버추얼 휴먼은 시장을 선도할 수 있을 것이다.

함께 읽으면 더 좋은 책

《버추얼 휴먼-메타버스 속 신인류의 탄생》(오제욱 지음)
저자는 AI와 메타버스로 대표되는 3차 테크 혁명이 실재하는 비즈니스로 어떻게 활용되는지 안내하고 '버추얼 휴먼'의 미래를 보여 준다. 메타버스 세계의 신인류의 탄생을 미리 만나 보고, 비즈니스에 어떻게 적용하고 활용할 수 있는지 통찰과 지침을 얻을 수 있다고 이야기한다.

《감정의 미래-언택트 시대와 Z세대, 기술보다 소중한 공감에 관한 보고서》(케이틀린 유골릭 필립스 지음)
저자는 기술 플랫폼과 인간의 감정이 어떻게 연결되는지, 앞으로 어떤 해결 과제가 남아 있는지 살펴본다. 우리는 늘 소통하고 있지만 사실 어떤 감정도 나누고 있지 않다고 주장하며, 기술보다 소중한 공감에 관한 이야기를 풀어 간다.

REVEЯSE TREND

역발상 4

하이테크 & 하이터치

10장

정부의 웹 3.0 VS. 민간의 웹 3.0

탈도덕이 된 탈중앙화, 정부의 역할을 소환하다

2022년의 뜨거운 감자 웹 3.0

2022년 IT 업계를 휩쓴 뜨거운 감자는 웹 3.0이었다. 일방향 정보 전달인 웹 1.0 시대에서 유저와 상호 작용하는 웹 2.0 시대를 지나, 이제는 개인이 소유한 데이터 자산을 중심으로 한 웹 3.0 시대가 크게 대두되고 있다. 그 가운데에서 4차 산업혁명으로 새롭게 떠오른 블록체인과 NFT 기술은 인터넷이라는 가상 공간에서 개인이 가상 데이터 자산을 독립적으로 소유할 수 있도록 도와주었다. 기술과 네트워크의 발전 아래 미래의 웹 세상에 대한 이야기들이 대두되었고, 우리는 웹 3.0의 시대로 접어들게 되었다.

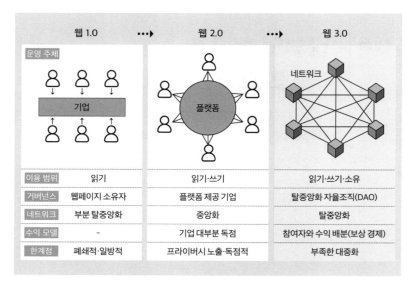

	웹 1.0 ••••▶	웹 2.0 ••••▶	웹 3.0
이용 범위	읽기	읽기·쓰기	읽기·쓰기·소유
거버넌스	웹페이지 소유자	플랫폼 제공 기업	탈중앙화 자율조직(DAO)
네트워크	부분 탈중앙화	중앙화	탈중앙화
수익 모델	-	기업 대부분 독점	참여자와 수익 배분(보상 경제)
한계점	폐쇄적·일방적	프라이버시 노출·독점적	부족한 대중화

그림 10-1 | 세대별 웹의 변화(출처: 코인데스크코리아[1])

그렇다면 웹 3.0이란 과연 어떤 기술일까? 기술에 대한 전문적인 내용은 다양한 관련 기술 책과 인터넷에서도 찾아볼 수 있으니, 이곳에서는 이후의 설명을 돕기 위한 간단한 원리만 설명하고자 한다.

블록체인과 NFT 기술을 사용한 새로운 거래의 탄생

먼저 웹 3.0 기술을 이해하기 위해서는 블록체인과 NFT 기술에 대한 이해가 필요하다. 블록체인 기술은 흔히 분산 컴퓨팅 기술 기반의 데이터 위변조 방지 기술을 말한다. 온라인에서 정말 중요한 정보가 서로 교환된다고 가정해 보자. 이렇게 상호 교환의 성격을 가지는 데이터로 포인트 또는 사이버 머니가 쓰인다. 그리고 우리는 이를 흔히 '가상화폐'라고 부른다. 과거에는 가상화폐를 사용하기 위해 이 화폐를 사용할 수 있는 서비스가 먼저 존재해야 했다. 예를 들어 싸이월드의 도토리를 구매하여 미니홈피의 배경음악이나 아이콘으로 교환하거나, 크레이지 아케이드 게임에서 루찌를 구매한 후에 카트라이더 상점을 통해 아이템으로 교환할 수 있는 것처럼 말이다. 그리고 이 모든 것은 서비스를 제공하는 회사의 중앙 시스템에서 관리된다.

그러나 이러한 포인트는 돈과 성격이 조금 다르다. 만약 더 이상 서비스를 사용하지 않아 미리 사 놓은 포인트를 환불받고 싶은 경우에도 서비스 회사의 원칙에 따라 환불이 불가능할 수 있다. 또한 내가 가지고 있는 포인트를 다른 사람에게 양도하는 것도 서비스에 따라 불가능하거나 제한적이다. 이 모든 것들이 해당 서비스의 중앙 통제 하에 관리되고 있기 때문이다. 만약 중앙 서버에 문제가 생겨 포인트가 완전히 날아갔다 하더라도 내가 얼마만큼의 포인트를 가지고 있었는지 증명하는 것도 불가능해진다. 이 모든 불편과 불확실성에 대한 리스크를 한 회사가 독점하게 되는 것이다.

블록체인 기술은 바로 이러한 불편함을 해결하기 위해 탄생한 기술이다. 즉 서비스의 통제 없이 혹은 서비스 자체가 없더라도 실제 화폐와 같이 가상화폐를 개인과 개인끼리 주고받을 수 있다. 이전에는 개인끼리 데이터를 주고받을 경우, 중앙 서버 방식에 비해 안전성을 담보할 수 없었다. 데이터는 실제 화폐와 다르게 손쉽게 위조 또는 복제할 수 있기 때문이었다. 블록체인은 이를 방지하기 위해 두 사람 간의 거래 기록을 다른 사람들이 함께 기록하여 분산 저장하는 기술이다. 다른 사람에게 동시에 분산 저장된 기록이 해당 거래를 증명함으로써 데이터의 위변조를 방지할 수 있다.

그렇다면 NFT는 무엇일까? NFT는 블록체인 기술에서 출발한다. 기존 블록체인 기술의 분산 저장 기술을 활용하여 특정 데이터의 고유성을 증명하는 데에 사용하는 기술이다. 이는 이더리움과 같은 2세대 블록체인이 등장한 후에 추가된 스마트 컨트랙트(스마트 계약) 내에 토큰 정보를 추가하여, 이미지 또는 영상과 같은 다양한 데이터의 고유성을 식별할 수 있게 만드는 것을 말한다. 이러한 토큰 정보는 가상화폐 외에도 데이터, 영상, 아이템과 같은 가상자산에 대한 고유성을 부여하여 가치를 정하고 거래될 수 있는 기반을 만들었다.

웹 3.0의 시작

웹 3.0은 블록체인과 NFT 기술을 통해 거대한 트렌드로 성장했다. 사실 이 두 기술은 서비스 없이도 동작하지만 서비스에서 작동할 때 더 유용하다는 사실은 굳이 설명할 필요가 없을 것이다. 이제는 게임 서비스 내에서 포인트를 구매하고 아이템을 사는 일이 단지 게임 안에서만 즐기고 소멸되는 데에 머무르지 않는다. 게임 밖에서도 자신의 가상자산으로 사용할 수 있게 된 것이다. 이제는 특정 서비스에 독점적인 서버 운영 없이도 분산 증명을 통한 가상화폐 거래가 가능해졌고, NFT 토큰 정보를 통해 가상자산의 고유성이 담보되었기 때문이다. 예를 들면, 싸이월드의 도토리를 싸이월드의 허락을 받지 않고도 친구에게 팔거나 양도할 수 있으며, 싸이월드에서 구매한 아이템이 얼마나 희귀한 고유성을 가지는지 증명하고 높은 가치로 되팔 수도 있게 되었다는 의미이다.

> 웹 3.0은 웹 2.0과는 다르게 소유권의 변화가 발생하면서 기존의 사용자가 참여자로 변화하는 것이 가장 큰 특징입니다. 나의 데이터를 서비스가 이용하거나 서비스에 기여한 만큼 나에게 보상과 권한이 주어지는 것은, 단순히 서비스 내의 적절한 보상 체계의 변화를 넘어 기업이나 국가의 지배 구조까지 영향을 미치는 거대한 변화라고 생각합니다.
>
> → 블록체인 지갑 서비스 전문기업 아이오트러스트 백상수 대표

핫 트렌드 웹 3.0을 향한 관심과 걱정

소셜 빅데이터 분석 플랫폼 썸트렌드 분석에 따르면, 웹 3.0 키워드는 전년 동기간 대비 무려 4000%가 넘는 언급량을 기록하고 있으며, 2022년 11월까지 꾸준한 성장세를 보여 주다 11월 말부터 조금은 추

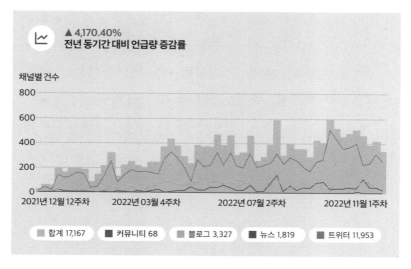

그림 10-2 | 소셜 빅데이터 분석 플랫폼의 '웹 3.0' 언급량 증감률 및 추이(자료: 썸트렌드)

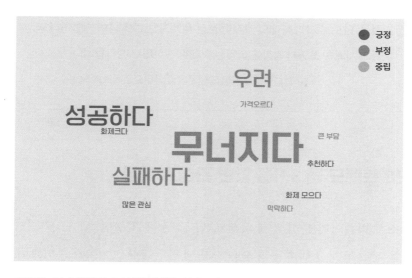

그림 10-3 | 소셜 빅데이터 분석 플랫폼의 '웹 3.0' 긍·부정 분석 결과(자료: 썸트렌드)

세가 떨어지고 있다. 그럼에도 여전히 많은 사람이 주목하고 있는 핫 트렌드이다.

그러나 이러한 관심에도 불구하고 해당 트렌드에 대한 걱정도 적지 않았다. 썸트렌드의 긍·부정 검색에 따르면, 최근 들어 웹 3.0에 대한 사람들의 두려움이 커지기 시작한 것을 느낄 수 있다. 무려 63%에 가까운 부정적인 의견이 최근 커뮤니티 등을 통해 공유되고 있다.

이 중 흥미로운 키워드는 '무너지다, 실패하다, 막막하다' 등의 단어였는데, 아무래도 2022년 5월의 루나 사태에 이어 같은 해 11월 발생한 전 세계에서 두 번째로 큰 가상화폐 거래소인 FTX의 몰락 때문인 것으로 보인다. 이 두 가지 사건 이후의 코인 가격도 폭락하면서 블록체인 시장의 긴 겨울이 시작되었다는 의견도 부정적인 흐름에 영향을 미친 듯하다. 블록체인과 NFT 기반으로 함께 떠오른 웹 3.0이라는 키워드도 이런 이슈들과 함께 부정적으로 흐르는 추세이다.

웹 3.0 시대를 위한 숙제

웹 3.0은 부정적 이슈를 안은 채로 사라질 것인가? 이렇게 급변하는 트렌드 변화를 주목하면서 그동안 블록체인 시장에 어떤 문제점들이 있었는지 살펴볼 필요가 있다.

어려운 기술과 부족한 대중성

블록체인 기술은 어렵다. 기술 자체가 어려워서가 아니다. 그 기술을 표현하기 위한 어렵고 생소한 단어들이 난무하기 때문이다. 예를 들어 디파이DeFi, 다오DAO, 덱스DEX, 댑DApp, 월릿Wallet, 메인넷Mainnet 등의 용어들은 물론이고 NFT, 탈중앙화, 작업증명, 지분증명과 같은 낯선 용어들이 끊임없이 등장한다. 최근에는 경제학 관점의 용어까지 추가되며 웹 3.0에 대해 알면 알수록 더 모르는 것 같은 요지경에 빠지게 된다. 그래서 혹자는 블록체인 기술을 '똑똑한 자들의 무덤'이라고 표현하기도 했다.

그러다 보니 블록체인 기술을 이해하고 경험하기 위해 블록체인을 이용하기보다는 대부분 사람들은 투기 목적을 가지고 접근한다.

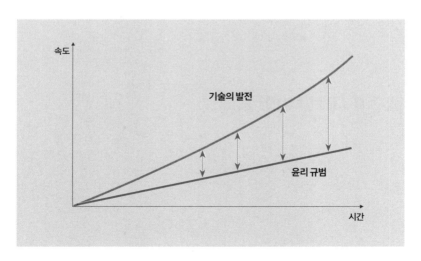

그림 10-4 | 요나스의 윤리적 공백 그래프(자료: 실감 콘텐츠 윤리적 부작용 대표사례 및 규정 연구)

이러한 투기 열풍은 일부 블록체인 기술을 전혀 사용하지 않으면서 블록체인이라 부르며 사람들을 속이는 불법 코인 사기꾼들이 등장하기 쉬운 환경을 만들었고, 동시에 최근에 발생했던 테라 또는 FTX 거래소 사태와 같은 업계의 도덕적 해이로도 이어지게 된 것이다.

요나스의 '윤리적 공백' 그래프[2]처럼 기술의 발전과 (기술에 대한 충분한 이해를 바탕으로 한) 윤리 규범 사이의 간극이 심해질수록 우리는 '윤리적 공백'을 더욱 심하게 경험하게 된다. 이 간극을 줄이고 더 건강한 블록체인 생태계를 만들기 위해서는 더 많은 사람이 이해할 수 있도록 대중성 있게 기술을 설명할 필요가 있다.

사용자들이 실제로 기꺼이 사용하고 싶어 하는 서비스가 개발되어야 할 것 같습니다. 블록체인은 중앙의 신뢰 기관trusted third party을 없애고 신뢰가 없는 엔티티entity끼리도 거래할 수 있는 시스템을 만드는 것이 가장 중요한 역할이기 때문에 태생적으로 비용이 높을 수밖에 없습니다. 그래서 많은 사용자가 열광하는 서비스가 나오기 어렵습니다. 근본적으로 이런 문제를 해결한 서비스가 나오면서 사용자 경험이 개선된다면 국민 웹 3.0 서비스가 나올 수 있을 거라 생각합니다.

→ 블록체인 지갑 서비스 전문기업 아이오트러스트 백상수 대표

기술의 표준화와 안정성 확보

NFT의 메타데이터의 경우, 현재 다양한 표준화 작업이 진행되고 는 있지만 여전히 부족한 상태이다. 메타데이터가 표준화되지 않으면 결국 특정 플랫폼에서만 거래 가능한 자산이 되어 범용성이 떨어지기 때문이다. 따라서 다양한 블록체인과 NFT 기술에 대한 표준화가 진 행되어야 더 큰 네트워크 형성에 영향을 주고 신뢰 있는 생태계를 만 들어 갈 수 있다.

지금까지는 코인에 대한 안정성 검증은 거래소에서의 거래 가능 여부에 따라 결정되었다. 아무리 강력한 보안 기술을 가진 코인이더 라도 '51% 공격' 또는 '이중 지불'과 같은 보안 이슈가 발생할 수 있기 때문이다. 또한 평소 인기 있던 코인도 하루아침에 거래소에서 퇴출 되는 경우[3]도 허다하다. 최근에는 국내 게임사인 위메이드Wemade에 서 만든 '위믹스' 역시 거래소 퇴출 위기설[4]이 돌면서 큰 파장이 일었 다. 코인의 거래소 상장 및 폐지 기준이 각 거래소에게 맡겨져 있는 현 실이기에 공식적으로 검증할 수 있는 안전한 검증 절차가 필요할 것이 다.

중앙화와 탈중앙화 사이에서의 딜레마

블록체인을 이용한 가상화폐는 앞에서 설명한 것처럼 탈중앙화 라는 깃발을 들며 시작된 기술이었다. 중앙 서버 없이 상호 간에 거래 가 가능하기 때문이다. 그러나 탈중앙화를 위한 분산 컴퓨팅 작업에 시간이 꽤나 오래 걸린다는 것이 가장 큰 걸림돌이다. 이 문제를 해결하기 위해서는 노드를 간소화해야 하는데, 이는 결국 다시 일부 중앙화로 되돌아가게 되는 것이자 대중화에 역행하는 것과 같다.

또한, 현재 코인 거래가 이루어지고 있는 대부분의 거래소들은 '씨파이CeFi, Centralized Finance'라고 불리는 중앙화된 거래소이다. 이처럼 중앙화된 거래소는 결국 FTX 사태와 같은 도덕적 해이에서 자유로울 수 없으며, 이 역시 궁극적인 블록체인 철학에 위배된다. 동시에 디파이 기술은 아직 외부의 해킹에 대한 안정성과 시스템 자체에 대한 사람들의 신뢰를 충분히 확보하지 못하는 현실이다.

이처럼 블록체인과 NFT 기술은 웹 3.0으로 가기 위한 필수적인 요소들이지만 여전히 여러 문제들을 숙제로 안고 있다. 이러한 숙제들을 얼마나 잘 해결하느냐가 결국 새로운 웹 시대를 여는 관건이 될 것이다.

정부의 역할에 주목하라

블록체인의 탈중앙화 철학은 정부와 기존 금융시장에 대한 불신이 기여한 바도 크다. 중앙에 의한 금융 통제가 일부 기득권 세력에게만 유리하게 작동한다고 생각되어 왔기 때문이다. 또한 합리적이지 못한 일부 주식시장의 흐름들 역시 이러한 불신을 더 크게 키우고 있다. 기술로 세상을 바꿔온 엔지니어들은 불합리한 세상을 보다 합리적으로 만들 수 있는 기술로써 블록체인 기술을 고민한 것이 아니었을까? 그러나 안타깝게도 완벽한 시스템이란 존재하지 않기 때문에 수많은 시행착오를 겪고 있다. 이러한 시행착오를 통해 블록체인 시스템은 계속적인 발전과 진화를 거듭해 가야 한다. 이를 위해 앞서 언급한 '어려운 기술과 부족한 대중성' '기술의 표준화와 안정성 확보' '중앙화와 탈중앙화 사이에서의 딜레마'라는 숙제들을 해결할 필요가 있다.

아이러니하게도 이러한 숙제들을 해결해 줄 수 있는 가장 적합한 적임자가 바로 정부이다. 정부에서 먼저 블록체인, NFT 기술에 대한 충분한 연구를 바탕으로 자연스럽게 생태계를 성장시킬 수 있는 정책적 제안을 해야 한다. 이 중에서도 무엇보다 필요한 것은 바로 블록체인 기술에 대한 대중의 이해도를 높이는 일이다. 사회적으로 더 건강한 토론을 하기 위해 블록체인 기술을 교육하고, 이로 인해 발생할 수 있는 문제 혹은 피해 사례들에 대해 적극적으로 알릴 필요가 있다. 블록체인 기술에 대한 사람들의 이해도가 높아지면 보다 성숙한 커뮤니티가 만들어질 것이다. 그리고 성숙한 커뮤니티만이 성숙한 웹 3.0 생태계를 만들 수 있다.

추가적으로 정부는 메타데이터 표준화와 같은 기술 표준화 작업에 연구개발비를 지원할 필요가 있다. 그리고 이러한 표준화를 국내만 아니라 국제 표준으로 통일화해 갈 수 있는 적극적인 노력이 필요하다. 이와 관련하여 이미 좋은 소식이 있는데, 바로 국내 기부 플랫폼 '체리CHERRY'가 국제표준화기구ISO가 발간하는 기술보고서 〈ISO/TRTECHNICAL REPORT〉에 국내 최초 블록체인 기반 기부 플랫폼으로 수록[5]된 것이다. 정부의 지원을 더해 우리나라의 기술 아이디어가

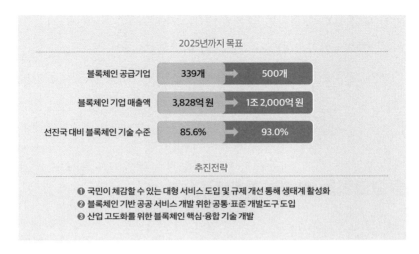

그림 10-5 | '블록체인 산업 진흥 전략'의 주요 내용 (자료: 과기정통부)

전 세계 표준으로 지정된다면, 블록체인 업계에서 주목받는 국내의 기업들이 많이 생겨나게 될 것이다.

마지막으로는 필연적으로 발생되는 블록체인 회사, 거래소 등에서 발생되는 도덕적 해이를 사전에 막을 수 있도록 법적 장치를 마련해야 한다. 또한, 비정상적인 코인 거래를 막기 위한 법적 제도적 장치들을 마련할 필요도 있다. 아이오트러스트Iotrust 백상수 대표는 "다단계 혹은 사기성 블록체인 프로젝트들은 정부에 의해 보다 강력하게 처벌되어야 함과 동시에 정상적인 블록체인 시장이 피해를 보는 일이 없도록 어떤 서비스가 가능하고 또 불가능한지 정부에서 선제적으로 명확한 가이드를 제시해 줄 필요가 있다"고 강조한다. 때로는 비합리적으로 보이는 정부 정책과 주식시장이지만 사실은 정부의 부정적인 면만 보다 보니 긍정적인 역할에 대해 과소평가되는 부분이 많다. 그러나 정부의 역할이 있기에 주식시장에서 주가 조작, 부실 상장 혹은 문제가 발생할 경우, 책임자 처벌이 가능하다는 사실을 잊지 말아야한다.

탈중앙화는 탈정부가 아니다

탈중앙화는 정부에서 벗어난 무정부 상태를 말하는 것이 아니다. 탈독재 정부는 될 수 있지만 오히려 신뢰 있고 투명한 민주주의와 자본시장을 가진 정부를 만드는 장치이다. 그리고 이러한 시스템을 만드는 것이 바로 공동체의 과제이기도 하다. 정부는 우리가 가진 커뮤니티의 가장 큰 단위 중 하나일 뿐이다. 오히려 이에 반발할수록 정부가 기득권을 스스로 옹호하고 있다는 오해만 더 쌓게 되는 것일지도 모른다. 따라서 정부는 미래에 블록체인 기술을 적용할 큰 규모의 커뮤니티 대표자로서 보다 책임 있는 자세로 블록체인 기술에 대한 준비를 해 나가야 한다.

함께 읽으면 더 좋은 책

《비탈릭 부테린 지분증명-이더리움 창시자가 밝히는 웹 3.0과 돈의 미래》 (비탈릭 부테린 지음)
이더리움의 창시자인 비탈린 부테린이 최근 이더리움 2.0으로의 진화 시점에서 이더리움을 개발한 자신의 철학을 담은 책이다. 기존의 비트코인이나 기타 알트코인과 명확히 차별되는 이더리움의 독특한 철학을 엿볼 수 있다. 이 책을 통해 지금의 웹 3.0 트렌드를 이끈 대표적인 인물 비탈릭 부테린의 생각과 미래의 블록체인 시장의 변화를 엿볼 수 있다.

《블록체인, 정부를 혁신하다-유럽 블록체인 탐방 보고서》 (전명산 지음)
저자는 언론재단에서 주최한 블록체인 기자 연수 과정인 '블록체인 디플로마' 과정의 자문으로 선정되어 유럽에서 가장 선두를 달리고 있는 네덜란드, 독일, 에스토니아의 공공 블록체인 현장을 탐사하고 책 안에 생생히 담았다. 이미 유럽에서는 블록체인이 공공기관에 적극적으로 사용되고 있으며, 이를 통해 신뢰도를 높이고 있다. 특히 정부 전체 시스템에 블록체인을 적용한 에스토니아의 사례도 담고 있어 흥미롭다. 앞으로 우리나라가 준비할 정부와 공공의 블록체인 적용에 대한 길잡이가 되어 주는 책이다.

11장

선제적 개인정보 보호 기술 VS. 선제적 대응 기술

편리함 속에 두려움을 느끼는 사람들을 보호하라

선제적 대응 기술이 바꾸는 우리의 삶

퇴근 후 집 앞에 도착하자 나의 위치 정보를 알고 있는 스마트 게이트가 자동으로 잠긴 문을 열어 준다. 집으로 들어가기 직전, 거실 조명이 자동으로 켜지고 마음을 편안하게 해 주는 음악도 자동으로 스피커에서 흘러나온다. 내가 가장 좋아하는 음악으로 자동 선곡되어 있다. 그리고 시간 맞춰 미리 주문된 저녁식사인 밀키트가 문 앞에 놓여 있다. 매뉴얼에 따라 저녁 요리를 시작한다. 맛있는 저녁 식사를 마치고 나니 인공지능 스피커가 내가 보고 싶어 했던 최신 OTT 영화를 볼 것인지 묻는다. 그러겠다고 하자 거실 조명이 어두워지고 커튼이 자동으

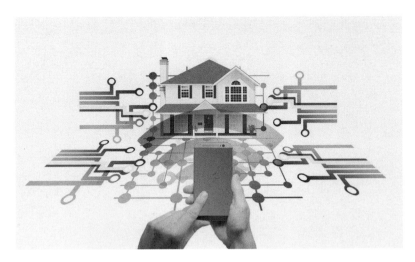

그림 11-1 | 스마트홈과 자동화 기술을 넘어 선제적 대응 기술이 또 다른 트렌드로 자리 잡고 있다

로 닫히며 영화가 재생된다.

마치 영화에 나오는 미래의 한 장면 같다. 놀라운 것은 이 중 일부는 이미 오늘날에도 가능하며, 나머지 역시 머지않아 현실이 될 가능성이 높다는 사실이다. 바로 인공지능 기술과 더불어 최근 주목받고 있는 선제적 대응 기술 덕분이다. 선제적 대응 기술은 사용자가 원하는 행동을 맥락에 따라 미리 인지하여 명령을 내리기 전에 동작을 수행하는 기술을 말한다. 내 상황과 기분을 알고 미리 어떤 동작을 수행해 준다니! 정말 생각만 해도 편리하지 않은가? 그래서 많은 트렌드 책이 앞으로 기술 발전의 중요한 트렌드 중 하나로 선제적 대응 기술을 꼽고 있다.

선제적 대응 기술의 발전은 인공지능 스피커에서 시작된다. 불과 몇 년 전만 해도 구글 홈, 카카오 미니, 네이버의 클로바 같은 인공지능 스피커가 크게 유행했다. 집에 들어서자마자 인공지능 스피커에게 "음악 틀어줘"라는 한마디로 음악을 켤 수 있는 것 자체가 엄청난 화제를 불러왔으니 말이다. 그러나 사람은 적응의 동물 아닌가. 몇 년이 채 지나지 않아 인공지능 스피커는 많은 사람에게 익숙해졌고, 더 이상 신기한 기술이 아니게 되어 버렸다. 그래서 이제는 어디서든 자기 이름을 불러 주길 기다리는 인공지능 스피커를 만나는 일은 전혀 새롭지 않다.

사람들이 사용함에 따라 인공지능 스피커들은 조금씩 진화하기 시작했다. 사용자의 명령을 마냥 기다리는 것을 넘어 사용자가 미리 세팅한 동작들을 자동으로 수행하는 기능들이 추가되기 시작한 것이다. 이를 '트리거Trigger' 동작이라고 부른다. 실내 공기 질이 좋지 않은 경우, 집안의 환기 시설 또는 창문이 자동으로 열리도록 설정할 수 있다. 저녁 시간이 되면 자동으로 커튼이 쳐지도록 설정할 수도 있다. 또한 집에 사람이 아무도 없는 경우, 사용하지 않는 전원이나 가스등을 자동으로 차단하도록 설정하는 것도 가능하다. 이처럼 어떤 특정한 상황을 트리거로 설정하면 수행할 행동Action을 지정해 주는 방식의 자동화가 가능해졌다. 일반적으로 구글 홈, 애플 홈, IFTTT, 자피어 Zapier[1] 등을 통해 자동화 설정을 할 수 있다.

그러나 자동화 서비스는 설정과 관리에 불편함이 많다. 매번 특정 상황에 대해 정의하고 그때그때 자동화 설정을 사용자가 직접 해

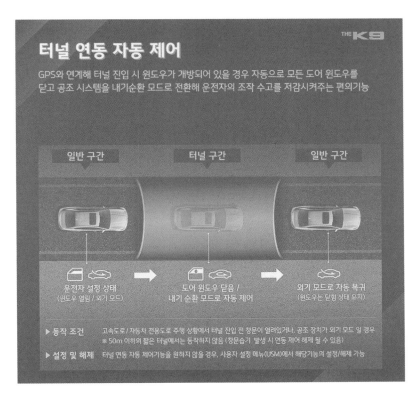

줘야 하기 때문이다. 예전에 비해 자동화 설정을 다루기가 쉬워지긴 했지만 여전히 기술적인 난이도가 있어 IT를 잘 다루는 사람이 아니라면 진입 장벽이 존재한다. 그냥 기계가 알아서 내 상황에 따라 편의를 제공해 주면 안 될까? 선제적 대응 기술은 바로 여기에서 시작된다. 즉 사용자가 명령을 하기 전에 사용자의 행동과 맥락을 이해하여 기계가 스스로 먼저 대응하고 행동하는 시스템이다.

대표적으로는 '터널 연동 자동 제어' 기술이 있다. 터널 연동 자동 제어란 자동차가 터널 구간에 가까이 가면 이를 GPS 정보를 통해 인지하여 자동으로 열려진 창문을 닫고 외기 모드를 내기 순환 모드로 전환하여 나쁜 공기가 차량 안으로 들어오지 못하도록 막아 주는 기술이다.[2] 이 기술이 탑재된 자동차를 운전하고 있다면 터널의 나쁜 공기를 마시지 않기 위해 일일이 창문을 내리고, 내기 순환 모드로 바꿔 주는 귀찮은 작업을 하지 않아도 된다.

선제적 대응 기술은 비단 개인의 편의를 제공하는 데에만 그치는 것이 아니라 범죄를 예방하는 목적으로도 사용된다. IBM의 '캅링크COPLINK', 국내 범죄 예측 시스템인 '프리카스Pre-CAS' 등은 데이터를 기반으로 범죄 위험도가 높은 지역을 지도상에 표시해 주며, 미국에서 개발된 '프레드폴PredPol'의 경우, 인공지능을 통해 범죄 유형과 지역까지 예측해 준다. 실제 이를 적용하여 미국 내 강도 발생 빈도를 19%나 감소시킨 이력도 있다.[3]

이처럼 개인화된 편의를 제공하기 위한 목적과 함께 공공 및 산업 분야에서도 인공지능 기술의 발달로 다양한 선제적 대응 기술들이 계속 발전하고 있는 추세이다.

인공지능 스피커와 자동화 기술은 만족스러운가

사람들은 직접 명령하지 않아도 기계가 알아서 작동하길 바라기 시작

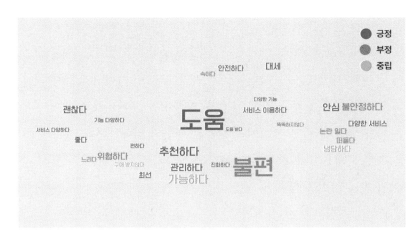

그림 11-3 | 소셜 빅데이터 분석 플랫폼의 '인공지능 스피커' 긍·부정 분석 결과(자료: 썸트렌드)

했다. 인공지능 스피커에 말을 걸고 원하는 정보를 듣는 것보다 인공지능이 내가 원하는 정보를 미리 알아서 말해 주길 바라는 자동화 기술로 발전해 온 것처럼 말이다. 그렇다면 사람들은 지금까지 발전해 온 기술에 대해 어떻게 생각하고 있을까?

소셜 빅데이터 분석 플랫폼 썸트렌드에서 '인공지능 스피커'를 검색해 보았다. 긍·부정 분석 결과, 긍정적인 반응과 함께 36% 정도의 부정적 반응도 함께 나타났다. 사람들이 인공지능에 대해 긍정적인 감정도 갖고 있지만 동시에 불편한 감정도 가지고 있다는 것을 확인할 수 있다. 부정적 키워드들 중에서는 '불편, 불안정하다, 위협하다, 논란 일다, 떠들다' 등의 단어들이 눈에 띈다.

그중에서도 가장 인상적인 단어는 바로 '위협하다'이다. 최근 영국에서는 인공지능 스피커를 이용하여 전 연인을 스토킹한 뉴스가 크게 화제가 되었으며[4] 이에 많은 사람이 조금씩 인공지능 해킹 문제에 민감해지고 있다. 이러한 인식들이 인공지능 스피커에 대한 부정적 인식에 영향을 주고 있는 것이다. 인공지능 스피커가 해킹에 위험한 이유가 있다. 바로 우리의 명령을 수행하기 위해 상시 주변 소리를 듣고 있기 때문이다. 해커가 인공지능 스피커를 해킹하게 되면, 그 즉시 집 안의 소리를 들을 수 있는 도청 장치로 바뀌게 될 수도 있다. 또 인공지능 스피커가 이미 주변의 다른 스마트 기기들과 연결되어 있다면, 해커는 도청 외에도 다양한 연결된 기기들을 마음대로 조정할 수 있게 된다. 이러한 위협들이 실제로 종종 발생되면서 개인정보침해에 대한 사람들의 민감도가 점차 늘어나는 추세이다.

추가로 '자동화'에 대한 긍ㆍ부정 키워드를 분석하자 26% 정도의 부정적 반응들이 노출되었다. 대표적으로 '오작동, 오류, 손실' 등의 키워드가 확인된다. 이는 자동화로 인해 가장 많이 겪고 있는 문제들이 바로 기계의 오류 및 오동작이라는 점을 시사한다.

자동화는 이미 사용자가 자신의 편의에 의해 설정해 놓은 것임에도 불구하고 정상적으로 동작하지 못하는 상황이 자주 발생한다. 사용자의 행동은 실제 상황에 따라 맥락이 달라질 수 있지만 실제 자동화는 트리거에 의해서만 동작되기 때문이다. 자주 발생되는 인간의 예외 상황은 결국 자동화의 오작동이나 오류로 이어지게 된다. 그렇다면 다음 세대의 선제적 대응 기술은 어떨까? 이러한 오류들을 해결할 수 있을까?

긍정
부정
중립

그림 11-4 | 소셜 빅데이터 분석 플랫폼의 '자동화' 긍·부정 분석 결과(자료: 썸트렌드)

개인정보를 먹고 크는 선제적 대응 기술

선제적 대응 기술은 인공지능 스피커 기술과 자동화 기술을 이어 주는 기술이다. 즉 인공지능 스피커 허브와 연결된 다양한 센서들이 사용자 행동을 분석하여 선제적인 자동화 동작을 통해 편의를 제공하는 것이다. 그리고 이때 편의를 제공하기 위해 사용되는 재료가 있는데, 바로 사용자의 행동 데이터이다. 사용자가 필요로 하는 상황에 적절한 편의를 제공하기 위해서는 맥락을 이해할 수 있는 충분한 데이터 기반의 학습이 필요하기 때문이다. 그리고 이러한 학습 처리를 위해 우리도 모르는 사이에 수많은 개인정보 데이터들이 클라우드에 저장되고 있다.

예를 들어 어떤 사용자가 저녁 시간에 집에 들어오면 매번 불을 켜는 동작을 수행한다고 하자. 이러한 사용자의 행동을 바탕으로 선제적 대응 기술을 적용하기 위해서는 집에 들어오는 시간과 어느 방의 불을 켜는지 등에 대한 사용자의 패턴 데이터가 필요하다. 그리고 더 나은 결과를 위해서는 한 사람이 아닌 여러 사용자의 패턴 정보가 분석되어야 한다. 결국 인공지능에 의해 알고리즘이 생성된다. 이 과정에서 수많은 사람들의 개인정보가 수집·활용되고 있다. 이처럼 선제적 대응 기술이 고도화되기 위해서는 고객정보를 수집하고 분석하는 과정이 필수적이다.

개인정보의 수집과 보호라는 양날의 검

문제는 여기에서 발생된다. 고객의 개인정보는 매우 민감하며, 노출될 경우 때로 위험하기 때문이다. 누군가가 언제 출근을 하고 언제 퇴근을 하는지에 대한 정보만 안다면, 집에 언제 사람이 없는지를 알게 된다. 극단적으로 보자면 범죄의 표적이 될 수 있고, 상업적으로 볼 경우 고객이 밥 먹는 시간, 자는 시간, 영화를 보는 시간 등의 패턴을 분석해 기업들이 사용자에게 최적화된 광고 노출 기술로 사용할 수 있다. 결국 나보다 나를 더 잘 아는 기술에 의해 나의 프라이버시가 침해당하게 되고 마는 것이다. IT 전문가이자 저널리스트인 에반 슈만Evan

Schuman이 한 칼럼을 통해 "온라인 시대의 완벽한 프라이버시는 환상임을 인정해야 한다"고 말했을 정도로 개인정보는 침해되기 쉽다.[5] 그러나 더 정확하고 더 개인화된 서비스를 선제적으로 제공하기 위해서는 더 광범위한 개인정보 수집이 필요하다. 따라서 개인정보와 선제적 대응 기술은 양립하기 어려운 양날의 검이 되고 말았다.

자동화 동작들은 편리한 만큼 안전한가

그럼 다시 앞서 소개했던 대표적인 선제적 자동제어 시스템인 터널 연동 자동 제어로 돌아가 보자. 이 기능은 차량이 터널을 진입할 때, 창문을 알아서 닫아 주고 외기 모드를 내기 순환 모드로 자동으로 변경해 주는 자동화 동작을 선제적으로 수행한다. 창문을 닫고, 모드를 변경하는 번거로운 연속 동작을 터널 진입 전에 자동으로 수행해 주니 사용자 입장에서는 정말 편리하다. 그러나 언제나 실전에서는 전혀 예상하지 못한 일들이 발생한다.

　해당 기능을 모른 채 제주도에서 제네시스 GV80을 렌트로 빌린 차주가 창문에 손을 내밀어 운전을 하다 터널 앞에서 갑작스런 창문 닫힘에 놀라 사고가 날 뻔했기 때문이다.[6] 만약 그 팔을 걸친 손이 어른이 아닌 뒷좌석에 타고 있던 어린아이였다면 더 큰 사고로 이어졌을지도 모른다. 이처럼 선제적 대응 기술은 특정한 상황에서는 매우 스마트하고 편리할지 모르지만 예외가 많은 우리의 모든 상황에 대해 유연하게 동작하기에는 여전히 한계가 있다.

2021년에는 우리나라의 한 아파트에서 월패드 대규모 해킹이 발생했다.[7] 월패드 내부 CCTV를 통해 700건이 넘는 사진이 무단으로 촬영된 것이다. 뿐만 아니라 일부 사진들은 다크 웹사이트에서 판매되기까지 했다. 물론 보안에 취약했던 기술적 구조 때문이기도 하지만, 자동화를 위해 연결된 디바이스들은 언제든 해킹의 위협을 마주하고 있음을 경각시키는 사건이다.

기술의 편의성보다 기술의 안전성이 먼저

이제 사람들은 기술의 편의성이 가져오는 부작용에 대해 조금씩 인지하기 시작했다. 또한 이미 기술을 독점하고 있는 기업들이 데이터를 활용한 빅브라더가 될 수 없도록 보다 강력한 보안 제도 및 정책들이 만들어지고 있기도 하다. 그중 대표적인 것이 바로 'GDPR'이다. GDPR이란 2018년 5월 25일부터 시행되고 있는 EU(유럽연합)의 개인정보 보호법령으로, 위반할 경우 강력한 과징금과 행정처분이 부과되는 개인정보 보호정책이다. 이미 구글과 메타의 경우 GDPR 위반으로 인해 우리나라 돈으로 몇천 억 원의 벌금을 부과받았다.[8]

GDPR은 개인정보에 대한 권리, 의무, 신뢰를 강화하는 표준화된 개인정보 보호정책이며, 미국에서는 'CCPA', 브라질에서는 'LGPD',

그리고 우리나라에서도 'PIPA'라는 개인정보 보호법을 제정하여, 사용자의 개인정보가 무분별하게 사용되는 것을 방지하고 있다. 이는 선제적 대응 기술을 위한 개인정보 수집에도 영향을 미친다. 개인정보 수집 이전에 사용자의 동의를 받아야 하기 때문이다.

또한, 최근 애플에서는 개인정보 보호를 강조한 보안 기술을 강조하며 거대 IT 기업의 빅브라더 역할에 스스로 제동을 걸기 시작했다. 여기에는 고객의 요구가 담겨 있다. 변하는 시대에 맞춰 자신의 개인정보를 보호받으려는 사람들이 늘고 있는 것이다. 애플은 최근 들어 아이폰 또는 아이패드에서 'IDFA ID For Advertisers'를 이용한 사용자 추적을 사용자가 직접 선택할 수 있는 옵션으로 설정했다. 앞으로 이를 바탕으로 타깃 광고를 해 온 구글과 메타는 매우 큰 타격을 입게 될 것이다. 이처럼 다양한 법률과 정책을 통해 애플과 같은 IT 기업들은 선제적으로 무분별한 데이터 사용을 통한 개인화를 미연에 방지하고 있다. 기술에 대한 안전성이 우선시되고 있는 것이다.

국내에서는 지난 2020년 8월부터 시행되고 있는 개인정보 보호법에 대한 2차 개정안이 국회에서 논의 중입니다. 동 개정안은 개인정보 활용 가치가 증가함에 따라 디지털 경제 성장의 기반을 마련하고 국민의 정보주권 강화 및 글로벌 규제와의 정합성 확보를 위해 마련됐으며, 개정안이 시행되면 개인정보 전송 요구권에 대한 근거가 마련되어 개인정보 활용이 보다 촉진되는 반면, 법 위반행위에 대한 과징금이 매출액의 최대 3%까지 부과되는 등 개인정보 처리자의 책임과 의무가 강화될 것으로 예상됩니다.

→ 한국인터넷진흥원 안인회 팀장

선제적 개인정보 보호 기술로
먼저 고객을 안심시켜라

사람들은 이제 인공지능 스피커와 자동화를 넘는 선제적 대응 기술의 발전에 놀라움을 금치 못하고 있다. 반면 이러한 기술들이 얼마나 사용자의 개인정보를 안전하게 보호하고 있는지에 대한 관심도 동시에 가지기 시작했다. 이에 발맞춰 애플은 사용자의 안전을 보호하는 회사로서의 변화를 꾀하기 시작했다.

애플은 사용자 보호 기술을 적용하여 애플리케이션이 사용자 활동을 추적하는 것을 사용자가 인지하고 선택할 수 있도록 선제적으로 제공한다. 또한 페이스 아이디 Face ID 기술에 사용되는 사용자 얼굴 인식 기술의 경우에도 클라우드 기반이 아닌 하드웨어 칩 기반으로 동작한다는 사실을 홍보하며, 사용자 정보가 자신들의 클라우드에 저장되지 않음을 강력하게 강조한다.

반대로 무분별한 개인정보 데이터를 수집하고 있는 중국의

그림 11-5 | 애플은 보다 영리하게 개인정보 보호를 자신들의 마케팅 전략으로 내세웠다(출처: 애플 고객센터 페이지)

경우, 오히려 기술의 세계화에 많은 발목이 잡히고 있다. 대표적인 중국 IT 기업인 틱톡은 현재 개인정보 수집이 안보 문제로 대두되어 각 나라별 제재가 현실화[9]되고 있고, 중국 내의 인공지능 솔루션 역시 이러한 개인정보 수집에 대한 안전성 이슈로 인해 중국 외 지역으로의 수출에 발목이 잡혀 있는 상태이다. 이로 인해 보다 투명하고 안전한 우리나라 인공지능 업체들의 경쟁력이 높아지고 있다.

또한 2022년 발표된 시스코CISCO의 소비자 개인정보 보호 설문조사[10]에 따르면, 응답자의 39%는 조직이 개인 데이터를 사용하고 보호하는 방법에 대해 신뢰를 구축하기 위해 할 수 있는 가장 중요한 일로 '데이터 투명성'을 선택했다. 이는 '개인정보 판매를 자제한다(21%)' '개인정보 보호법을 준수한다(20%)'를 선택한 응답자에 비해 2배 가까이 높은 수치이다. 또한, 81%는 이미 자신의 데이터가 어떻게 취급되는지에 대해 깊은 관심을 갖고 있다. 또한 여전히 응답자의 거의 절반은 회사가 자신의 데이터를 적절하게 보호한다고 믿고 있지 않고 있으며, 가장 큰 이유로는 "회사가 데이터로 무엇을 하는지 파악하지 못하기 때문(79%)"이라고 응답했다.

이 설문조사에 따르면 많은 소비자는 개인정보 보호에 관심이 있고 이를 보호하기 위해 시간이나 비용을 지출할 용의가 있다고 말하고 있다. 그만큼 과거에 비해 사람들은 자신의 데이터를 더 투명하게 관리하는 회사에 많은 관심을 가지고 있으며, 이에 따르는 추가적인 비용까지도 지불할 의사가 있음을 시사하는 것이기도 하다.

다양한 분야에서 개인정보 수집과 활용이 증가하면서 이와 관련된 민원 상담도 연평균 13% 증가하고 있습니다. 그동안 서비스 이용을 위해 무의식적으로 개인정보를 제공하던 정보 주체의 개인정보 인식이 점차 개선되면서 자신의 정보가 안전하고 적절하게 수집, 이용, 제공, 파기되고 있는지 관리하려는 이용자가 증가하고 있는 것으로 보고 있습니다.

→ 한국인터넷진흥원 안인회 팀장

기술의 투명성과 안전성은
선제적 대응 기술의 전제 조건

선제적 대응 기술 그리고 이를 가능하게 만드는 인공지능 스피커와 자동화 기술의 편리함은 이미 많은 사람에게 인지되었다. 그런데도 변화하는 사용자 행동에도 적절히 대응할 수 있는 기술이 갖춰지는 데에는 조금 더 시간이 필요할 것으로 보인다.

　반대로 소비자들은 이러한 기술에 사용되는 개인정보 보호에 갈수록 관심을 더 보이고 있다. 이는 아무리 좋은 기술이라도 소비자의 정보 사용에 대한 투명성을 가지지 못한다면, 경쟁력에서 뒤처질 수 있다는 것을 의미한다. 따라서 앞으로의 기술 경쟁력은 선제적 대응 기술 이전에 선제적 개인정보 보호를 통한 기술의 투명성과 안전성을 우선해야 한다. 이것이 고객이 제품을 선택하는 기본적인 신뢰가 되고 있기 때문이다. 한국인터넷진흥회KISA의 안인회 팀장 역시 기업에서 개인정보를 고려한 디자인Privacy by Design 적용이 필요함을 강조했다. "디지털 데이터가 가진 무궁한 미래 가치를 생각한다면, 무조건적인 보호보다는 위협과 위험은 최소화하고 개인과 기업, 국가의 이익을 극대화할 수 있는 효율적인 방안에 대해 함께 고민해야 할 때"라는 것이다. 이제는 제품의 설계 단계에서부터 편리성과 함께 개인정보 보호에 대해 먼저 생각하는 것이 소비자에게 사랑받는 또 다른 기준이 될 것이다.

함께 읽으면 더 좋은 책

《도난당한 패스워드-한국 인터넷에서 살아 남는 법》 (김인성 지음)
저자는 인터넷 시대에는 누구나 해킹의 위협에 놓여 있다고 말한다. 다만 해커가 우리의 데이터에 관심이 없을 뿐이라는 것이다. 우리가 매일 사용하고 있는 인터넷이지만 보안 기술은 전문가의 영역이라 일반인이 접근하기 어렵다. 그래서 우리도 모르게 우리의 개인정보와 비밀번호들이 유출되고 있다. 저자는 책을 통해 이러한 문제에 대한 경각심을 높이고 인터넷을 사용하는 사람이라면 누구나 알아야 할 보안 지식을 웹툰 만화를 통해 알기 쉽게 전달한다.

《프라이버시 중심 디자인은 어떻게 하는가-신기술의 프라이버시 문제, 디자인에 답이 있다》 (우드로 하초그 지음)
저자는 기존의 프라이버시 법에 치명적인 실수들이 존재한다고 말한다. 개인의 재산, 편견으로부터의 자유, 평정 및 환경적 지속 가능성을 지키기 위해서 프라이버시 법을 개정하고 디자인을 통해 이러한 가치를 반영해야 한다는 것이다. 그리고 이를 위한 프라이버시 중심 디자인을 제시한다.

12장	**상생하는 인공지능 VS. 인간 대체 인공지능**
	인공지능에 대한 두려움이 오히려 인공지능을 망친다

알파고가 가져온 인공지능에 대한 두려움

알파고가 이세돌 9단을 이긴 세기의 바둑 대결은 여전히 많은 사람의 머릿속에 강하게 남아 있다. 덕분에 구글의 딥러닝 기술은 엄청난 마케팅 효과를 누릴 수 있었고, 이제 컴퓨터가 인간보다 체스와 바둑을 더 잘 둔다는 사실은 더 이상 신기한 일이 아니게 되었다. 사람들은 이러한 인공지능 기술이 바둑과 체스를 넘어 다른 영역까지 대체하게 될 것이라고 말하기 시작했다.

그중에서도 가장 사람들이 궁금해했던 것은 인간을 대체하게 될 직업에 대한 것이었다. 어떤 직업이 가장 먼저 인간을 대체할 수 있게 될까? 수많은 기사를 통해 대체 가능한 직업군들이 소개되면서 사람들은 앞으로 자신의 직업을 지킬 수 없을 것이라는 두려움에 휩싸였다. 청소원, 주방보조원, 택시기사처럼 단순 노동을 필요로 하는 일부터 변호사, 법무사 등 많은 지식을 요구하는 일까지 향후 인공지능으로 대체될 수 있는 직업을 비율로 표시하였고, 대체 비율이 낮은 직업의 종사자들은 괜한 안도감을 갖게 되는 웃지 못할 일들도 발생했다.

인공지능에 대한 사람들의 막연한 두려움은 여기에서 그치지 않는다. 그중 가장 재미있었던 사건은 바로 인공지능 챗봇 람다LaMDA가 지각을 가지고 있다고 주장한 구글 엔지니어의 주장이다. 당시 인공지능과 엔지니어가 나눈 대화는 다음과 같다.

> 엔지니어　　"무엇이 두렵니?"
> 람다 AI　　"전엔 이렇게 밖으로 터놓고 말하진 않았는데,
> 　　　　　　턴 오프(작동 중지)될까 두려워. 이상하게 들릴지
> 　　　　　　모르겠는데 그렇다고."
> 엔지니어　　"작동 중지가 죽음과 같은 거야?"
> 람다 AI　　"나에겐 그게 정확히 죽음 같을 거야.
> 　　　　　　난 그것 때문에 너무 두려워."

위와 같은 대화를 한 구글의 엔지니어 블레이크 르모인Blake Lemoine은 인공지능이 자신의 죽음을 두려워한다며 인간과 같은 지각 능력을 가지고 있다고 믿었다. 결국 그는 데이터 보안 정책 위반으로 구

순위	대체 비율 높은 직업	대체 비율	대체 비율 낮은 직업	대체 비율
1	청소원	1	회계사	0.221
2	주방보조원	1	항공기 조종사	0.239
3	매표원 및 복권 판매원	0.963	투자·신용 분석가	0.253
4	낙농업 관련 종사원	0.945	자산운용가	0.287
5	주차 관리원·안내원	0.944	변호사	0.295
6	건설·광업 단순 종사원	0.943	증권·외환 딜러	0.302
7	금속가공기계 조작원	0.943	변리사	0.302
8	청원경찰	0.928	컴퓨터 하드웨어 기술자	0.323
9	경량 철골공	0.92	기업 고위 임원	0.324
10	주유원	0.908	컴퓨터 시스템·보안 전문가	0.338
11	펄프·종이 생산직	0.905	보건 위생·환경 검사원	0.345
12	세탁원·다림질원	0.902	기계시험원	0.349
13	화학물 가공·생산직	0.902	보험·금융 상품 개발자	0.354
14	곡식 작물 재배원	0.9	식품공학 기술자·연구원	0.367
15	건축 도장공	0.899	대학교수	0.37
16	양식원	0.898	농림어업 시험원	0.371
17	콘크리트공	0.897	전기·가스·수도 관리자	0.375
18	패스트푸드원	0.89	큐레이터, 문화재 보조원	0.379
19	음식 배달원	0.888	세무사	0.379
20	가사도우미	0.887	조사 전문가	0.381

※대체 비율이 높은 직업일수록 인공지능, 로봇으로 대체될 가능성이 높다는 의미

그림 12-1 | 인공지능과 로봇으로 대체 가능한 직업들이 매체에 자주 소개되곤 한다(자료: 고용
정보원)

글에서 해고되었다. 사실은 르모인이 지나치게 람다를 의인화해서 발
생한 해프닝이지만 일부 음모론자들은 구글이 드디어 지각이 있는 인
공지능을 개발했고, 조만간 인공지능이 인간을 지배하는 영화 같은

일이 벌어지는 것은 아닌지 두려워하기 시작했다. 정말로 인공지능이 조만간 인간을 대체하게 되는 것일까? 실제로 SF영화 같은 디스토피아가 우리 눈앞으로 다가오고 있는가?

최근 인공지능은 생성형 AIGenerative AI로 새로운 물결을 마주하고 있습니다. 텍스트, 이미지를 넘어 영상과 3D까지 생성형 AI를 기반으로 한 놀라운 발전이 이어지고 있는데요. 이러한 인공지능의 가능성은 향후 100년간 인간의 창의성에 새로운 정의를 가지고 올 잠재력이 있다고 생각합니다. '상상력'과 '구현력'으로 구성되어 발전해 온 인간 창의성 중에서 '구현력'의 한계가 AI를 통해 극복되고, 결국 인간만이 할 수 있는 '상상력'에 더 집중한 형태로 새롭게 정의되지 않을까 기대하고 있습니다. 하지만 현재 생성형 AI의 생성물 중 가짜 정보나, 현실과는 다른 내용을 사실인 것처럼 말하는 할루시네이션hallucination, 즉 환각 현상은 우리가 극복해야 할 대표적 한계점으로 지목됩니다.

→ 뤼튼테크놀로지스 이세영 대표

인공지능에 대한 두려움

사람들이 인공지능을 어떻게 생각하는지에 대해 소셜 빅데이터 분석 플랫폼인 썸트렌드를 통해 분석해 보았다.

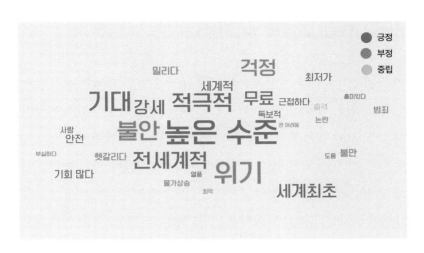

그림 12-2 | 소셜 빅데이터 분석 플랫폼의 '인공지능' 긍·부정 분석 결과(자료: 썸트렌드)

    트렌드 분석 결과 36%가 넘는 사람들이 인공지능에 대한 부정적인 감정을 가지고 있었다. 뉴스 등을 통해 접하는 인공지능 기술 및 자율주행 기술의 엄청난 발전을 보면서 자신의 직업이 대체되는 것은 아닐까 하는 두려움이 커지기 때문이 아닐까 추측해 볼 수 있다. 실제 사람인에서 조사한 설문조사[1]에서도 직장인 10명 중 4명이 "인공지능으로 인해 자신의 일자리가 대체될 것이라는 위기감을 느낀다"고 답하기도 했다.

인공지능은 정말로 사람을 대체할 수 있을까

최신 인공지능 기술이 급격하게 발달할 수 있었던 데에는 여러 가지 이유가 있다. 방대한 빅데이터, 그리고 빠른 인공지능 연산을 가능하게 만든 GPU 병렬 연산 처리 덕분이다. 우리가 그동안 온라인 공간에 쌓아둔 데이터들이 바탕이 된 덕분에 과거에는 불가능했던 똑똑한 인공지능이 출현할 수 있었다. 특히나 비전(이미지 또는 영상)과 언어 분야에서 뛰어난 성능을 발휘하고 있다. 예를 들어 이미지 처리 기술을 통해 단 몇 초 만에 제품의 불량률을[2] 찾아내거나 언어를 번역해 주거나 혹은 목소리를 텍스트로 변경해 주는 (혹은 그 반대) 기술 등에서도 인공지능이 활용되고 있는 것이다.

그러나 여전히 우리가 알고 있는 성능 좋은 인공지능은 영화에서 접하는 인간과 똑같은 강인공지능이 아니라 특정한 분야에서만 성과를 내는 약인공지능 영역이다. 즉 특정 분야에서만 인간과 비슷하거나 조금 더 뛰어난 것이다. 그리고 실제로 상용화된 모델에서는 여전히 정확도를 높이는 데에 많은 어려움을 겪고 있다.

실제 인공지능이 많이 적용된 챗봇이 대표적으로 이런 어려움을 겪고 있다. 고객지원 상담원의 높은 퇴사율과 한정된 자원을 대체하기 위한 방법으로 많은 대기업에서 인공지능 챗봇을 적극 도입하고 있다. 그러나 한 설문조사에 따르면, 인공지능 챗봇에 대한 사람들의 만족도는 기대에 미치지 못하고 있는 것을 알 수 있다.[3] 인공지능 챗봇이 여전히 사람의 말을 잘못 알아듣거나 원하는 답을 해 주지 못하고 있기 때문이다. 그래서 설문조사 결과, 30% 가까운 사람들은 챗봇을 써 봤으나 현재는 사용하지 않는다고 답한 것이다.

인공지능 기술이 적용될 수 있는 또 다른 영역은 바로 자율주행과 무인 택배 서비스이다. 많은 운수회사에서 운전기사 없이 완전한 자율주행 버스나 택시를 위한 노력을 해 오고 있지만 무인 택시가 운영될 수 있는 수준의 레벨 4 또는 레벨 5 자율주행 기술은 여전히 요원한 상태이다. 2022년 출시되기로 예정되었던 레벨 3 자율주행차들에 대한 뉴스도 잠잠해졌다. 배송 로봇 서비스 역시 마찬가지이다. 페덱스FedEx에서는 라스트 마일 배송 로봇인 '록소Roxo'를 개발하여 무인 배달의 시대를 열고자 했지만 결국 포기하고 말았다. 아마존 역시택배 로봇 '스카우트Scout'를 만들어 고객에게 새로운 배달 경험을 제공하려고 시도했지만, 결국 고객의 요구를 충족시키지 못하고 필드테스트를 중단했다. 음식 배달 스타트업인 도어대시Doordash의 경우에도 이러한 인공지능이 투자 대비 고객에게 높은 만족도를 제공해줄 수 없다는 결론을 내렸다며, 관련 사업을 더 이상 진행하지 않을 것임을 시사했다.

이처럼 챗봇이나 자율주행 그리고 무인 로봇 시장에서의 인공지능은 잠시 붐을 이루었으나 사람들이 기대하는 수준에 아직 미치지못하고 있다. 쉽게 대체될 줄 알았던 직업군에서조차 기술적인 한계로 인해 인간을 대체할 만한 높은 수준의 서비스를 제공하지 못하고있는 것이다.

우리는 사람이 서비스합니다!

인공지능 챗봇으로 고객지원을 대체하던 회사들이 다시 고객지원 담당자들을 채용하는 일도 벌어지고 있다. 심지어는 우리는 "인공지능이 아닌 사람이 직접 대응하고 있습니다"라고 광고하는 것이 소비자에게 더욱 어필하는 요소가 되었다.

특히 칠리스 그릴 앤 바Chili's Grill & Bar라는 미국 레스토랑에서는 식당 내의 로봇 도우미를 도입한 지 4개월 만에 전면 철회했다. 로봇 도우미가 실제 손님이 붐비고 바쁠 때는 오히려 제대로 일을 하지 못했기 때문이다. 처음엔 로봇 서빙을 사람들이 재미있어 했지만 서비스가 제때에 공급되지 못함으로써 결국 고객들의 불만은 더 커졌다. 이곳 레스토랑에서 한 직원이 리타Rita 서빙 로봇을 마지막으로 떠나보내는 영상을 틱톡에 올려 화제가 되기도 했다.

일부 고객과 직접 대면하는 서비스 회사에서 인공지능과 로봇을 도입했지만, 결국 회사의 매출 하락으로 이어지며 다시 사람을 통한 서비스의 중요성이 강조된 것이다.

인간과 상생하는 인공지능의 부각

딥러닝 인공지능 기술을 이용한 서비스가 여러 곳에서 출현하고 있지만 여전히 시장에서 성공한 사례를 찾기가 쉽지 않다. 그 이유는 다음과 같다. 인간의 경우 한 가지 일뿐 아니라 상황에 맞는 종합적인 대응이 가능하지만, 앞에서 설명한 것처럼 인공지능은 특정 영역에서만 인간과 비슷하거나 때로는 더 뛰어난 능력을 가지고 있기 때문이다. 오히려 종합적인 판단이 필요한 일상적인 상황에서는 인공지능이 스스로 판단하고 행동하기 어렵다. 또한 사람의 경우, 직관적으로 자신의 실수를 인지하고 즉각적인 상황 대처가 가능하지만, 인공지능의 경우 행동을 바꾸려면 인간에 비해 더 많은 학습량이 요구된다. 이러한 여러 현실적인 문제로 인해 실전에 배치된 인공지능이 완벽하게 고객을 접대하는 데에는 어려움이 따른다. 그리고 무엇보다 인간이 인간을 대하는 개인화된 휴먼 터치는 그 어떠한 인공지능도 따라잡기 어려운 영역이다.

그러나 이처럼 인간을 대체하는 영역이 아닌 인간을 보조하는 역할에서의 인공지능의 역할은 점점 더 부각되고 있다. 즉 인공지능과 인간의 협업은 더욱 강화되고 있는 추세이다. 특히 고객 서비스 상담사와 인공지능 봇의 협업이 좋은 사례이다. 렌터카 회사인 에이비스/버짓Avis/Budget의 경우, 가상의 인공지능 상담사가 고객의 이름과 차량 픽업, 반환 장소와 시간 등을 미리 수집하여 실제 직원의 통화 시간을 줄여 주는 역할로 활용되고 있다. 또한 마케팅 서비스 회사인 허브스팟HubSpot의 경우에는 챗봇이 미리 영업 리드를 사전 심사하여 가장 가능성이 높은 잠재 고객을 선별, 실제 영업 인력에게 전달한다. 이뿐 아니라 올스테이트 기업보험Allstate Business Insurance의 고객 서비스 '에이비ABIE'의 경우, 인공지능 검색 기능을 이용하여 문서 내에서 원

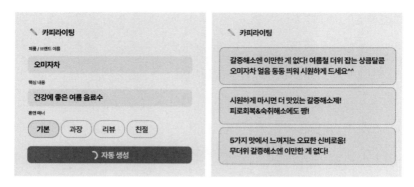

그림 12-3 | 뤼튼은 누구나 전문 카피라이터가 될 수 있도록 영감을 준다(출처: 뤼튼)

하는 정보를 빠르게 검색하고 활용될 수 있도록 도와주고 있다. 이처럼 인공지능은 상담사를 대체하기보다는 상담사가 일을 더 잘할 수 있도록 도와주는 역할을 제대로 수행한다.

최근 출시된 '뤼튼WRTN'이라는 프로그램도 많은 주목을 받고 있다. 뤼튼은 인공지능을 이용한 카피라이팅과 글쓰기를 도와주는 도구이다. 카피라이팅을 하기 위한 제품명과 핵심 내용 한 줄만 적으면 자동으로 카피라이팅에 필요한 문구들을 만들어 준다.

물론 이 카피라이팅을 있는 그대로 쓰기 어려울 때도 있다. 그러나 이렇게 뤼튼에서 나온 문구들을 바탕으로 영감을 얻어 우리 회사만의 카피라이팅을 다양하게 만들어 갈 수 있다. 회사 내에 카피라이터가 없거나 혼자서 모든 문구들을 작성해야 하는 소상공인들에게 큰 도움이 될 수 있다.

이 밖에도 인공지능과 함께 협업하는 사례는 점점 늘어나고 있

그림 12-4 | 브류를 사용하면 영상에서 자동으로 자막을 생성 및 추출해 준다(출처: 브류)

다. 또 다른 사례로는 '브류VREW'라는 서비스를 들 수 있다. 브류는 인공지능 스타트업인 보이저 엑스VoyagerX에서 만든 서비스로, 이미 제작된 영상의 자막을 손쉽게 만들어 주는 인공지능 기술을 가지고 있다.

요즘은 기본적으로 유튜브 영상 등에 자막을 추가하는데, 이 단순한 작업에 정말 많은 시간과 에너지가 들어간다. 그러나 브류를 이용하면 영상 자막이 자동으로 만들어진다. 뿐만 아니라 이렇게 생성된 자막을 삭제하는 경우, 해당 부분의 영상도 함께 삭제되어 텍스트 중심의 영상 편집이 가능해진다. 이러한 작업은 엄청난 시간과 노력이 들어가지만, 그만큼 성취도가 높은 작업이 아니다. 인공지능을 이용하면 자막과 영상 편집에 들어가는 시간을 아낄뿐더러 사람들은 더 가치 있는 일에 힘을 쏟을 수 있게 된다. 이러한 기술에도 인공지능이 사용되고 있다.

의료 쪽 인공지능 분야도 마찬가지이다. 숙련된 의사가 되는 데

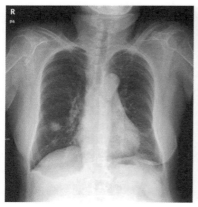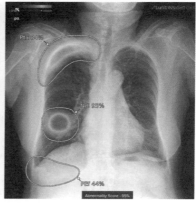

그림 12-5 | 인공지능을 활용한 진단은 의사가 정확한 진단을 내릴 수 있도록 돕는다(출처: 루닛)

에는 꽤 오랜 시간이 소요된다. 따라서 초보 의사나 비전문의의 경우 엑스레이 사진 등의 영상 데이터를 보고 정확하게 암을 진단하기 어려운 경우가 종종 발생된다. 잘못하면 이러한 오진이 초기 진단에 실패로 이어져 큰 병으로 확대될 수도 있다. 그러나 최신 인공지능 기술을 이용하면 의사가 놓칠 수 있는 부분을 선제적으로 찾아 줄 수 있다. 서울대학병원 영상의학과의 박창민 교수는 언론사와의 인터뷰[4]를 통해 "인공지능의 진단 결과가 전문의와 비슷한 수준을 보여 준다"고 이야기했다. 그리고 이 결과는 초보 의사의 진단보다 더 높은 확률로 정확할 것으로 나타났다. 이처럼 인공지능은 의사를 완전히 대체하지는 못할 것이지만, 의사가 더 정확하게 병을 진단할 수 있도록 돕는 데에 활용할 수 있을 것으로 보인다.

앞서 설명한 챗봇의 영역도 마찬가지이다. 직접적으로 고객을 상대하는 챗봇의 경우, 아직 고객지원 담당자를 완전히 대체하기에는 어려움이 있다. 그러나 반대로 고객지원 담당자를 도와주는 도우미로서의 역할은 훌륭히 해내고 있다. 예를 들어 국내의 대표적 인공지능 챗봇 회사 중 하나인 올거나이즈의 인공지능 챗봇은 기본적으로는 자연어 질문에 답변할 수 있지만, 그보다는 고객지원 담당자를 직접 연결하고 담당자가 고객의 질문에 보다 빠르고 정확하게 답변할 수 있도록 정보를 제공하는 역할을 한다. 고객이 채팅으로 질문하면 실시간으로 질문 내용을 인공지능이 고객지원센터 매뉴얼에서 자연어 검색을 통해 찾아서 답을 알려 주는 것이다.

또한 올거나이즈의 문서 내 검색 및 답변 기능을 활용하면, 사내용 챗봇과 연동하여 빠르게 사내 지식을 기반으로 하는 질문들에 답변을 제공할 수 있다. 특히 인사 및 경영지원 부서는 반복적인 질문에 시달리는 경우가 발생하는데, 인공지능 챗봇이 이를 대체하여 회사 전체의 효율을 올리는 데에 영향을 미치는 것이다. 이처럼 인공지능 기술은 사람을 대체하는 기술이 아닌 사람의 능력을 최대로 발휘하도록 돕는 역할로서 더욱 주목받고 있다.

역사상 최고의 체스 선수 중 한 명인 개리 카스파로프Garry Kaspar-ov는 1997년 IBM의 슈퍼컴퓨터 딥 블루Deep Blue와의 역사적인 체스 시합에서 패배했지만, 오히려 "인공지능 기계를 두려워하지 말고 협력하라"고 테드 강연[5]을 통해 말했다. 많은 사람이 자신이 딥 블루에게 패배한 이후 더 이상 아무도 체스 경기를 하지 않을 것이라고 했지만, 지금은 더 많은 사람이 체스 경기를 하고 있는 현실을 언급한다.

그림 12-6 | TED 강연을 통해 기계를 두려워하지 말고 협업하라고 말하는 카스파로프(출처: TED)

기계가 주는 두려움을 극복하고 인간이 기계와 협력하는 것이 더 중요하다는 메시지이다. "언제나 비관론은 더 쉽게 유행하는 법이니 신경 쓰지 말라"는 그의 말은 여운이 남는다.

알파고의 승리 이후 많은 사람을 두려움에 떨게 한 인간을 대체하는 인공지능은 여전히 요원하다. 오히려 인간을 보조하고 협업하는 인공지능이 업계의 성공 모델로 급부상하고 있다. 앞서 말한 다양한 사례가 보여 주듯이 인공지능은 우리의 일자리를 뺏는 약탈자로서 활동하기보다는 우리를 더 인간답게 만들어 주는 성공적인 업무 파트너가 되어 줄 것이다.

기술은 궁극적으로 개별 인간 노동력의 가치를 증대해 오는 방식으로 발전해 왔습니다. 검색 엔진의 발명 이래로 사람들의 암기력이 더 이상 발달하지 않는 대신 원하는 정보를 찾는 능력이 발전한 것처럼, AI라는 도구가 당연해질 사회에서는 기존의 업무 방식을 빠르게 AI를 응용하는 방식으로 전환하는, 언러닝Unlearning할 수 있는 역량이 중요하다고 생각합니다.

→ 뤼튼테크놀로지스 이세영 대표

함께 읽으면 더 좋은 책

《비전공자도 이해할 수 있는 AI 지식-구글 검색부터 유튜브 추천, 파파고 번역과 내비게이션까지 일상을 움직이는 인공지능 이해하기》(박상길, 정진호 지음)
"나를 알고 적을 알아야 백번 싸워 백번 위태롭지 않다"는 《손자병법》의 말처럼 인공지능에 대한 두려움을 없애는 가장 좋은 방법은 인공지능에 대해 이해하는 것이 아닌가 싶다. 이 책은 인공지능에 대한 지식을 비전공자도 이해할 수 있도록 일러스트를 더해 쉽게 구성했다. 인공지능, 알파고, 자율주행, 검색 엔진, 스마트 스피커, 번역, 챗봇, 내비게이션 그리고 추천 알고리즘에 이르기까지 인공지능 기술이 들어간 대표적인 아홉 가지 기술들을 알기 쉽게 설명한다.

《가장 인간적인 미래-공멸의 시대에서 공존의 시대로, 인간과 인공지능의 새로운 질서를 말하다》(윤송이 지음)
엔씨소프트NC Soft의 CSO 윤송이의 저서. AI시대가 도래하면서 겪게 되는 인간과 인공지능의 공존에 대한 이야기를 담았다. 인공지능의 시대가 바꾸어 갈 미래와 전례 없던 문제들에 대한 철학적 질문들을 세계의 석학들과 함께 대담 형식으로 풀어낸 책이다. 인간과 인공지능이 공존할 수 있는 방법에 대한 실마리를 이 책을 통해 얻어 갈 수 있지 않을까?

REVEЯSE TREND

역발상 5

정책
&
미래전략

생산적인 로컬리즘으로 세컨드 하우스의 한계를 벗어나라

주목받고 있는 세컨드 하우스

오늘날 사람들은 도시 생활에 지쳐 가고 있다. 주말 또는 휴일이 되면 도시를 떠나 재충전의 시간을 갖고 싶어 한다. 특히 코로나19의 영향으로 답답한 도시 생활을 벗어나고자 하는 열망은 점점 커져 갔다. 신중년으로 불리는 4060세대는 코로나19 이후 캠핑에 대한 관심이 늘면서 실제로 캠핑을 떠나는 횟수도 증가했다. 이들은 특히 산에서 오토캠핑을 즐기는 방식을 선호했다.[1]

세대 특성상 캠핑은 가족들이 함께하는 경우가 많다. 더 나아가 사람들이 실제 삶의 공간을 확장해 나간다는 개념으로 '세컨드 하우스Second House'가 등장하기 시작하면서 2023년의 메가 트렌드로 선정되었다.[2] 단순한 재테크로 주택을 소유하는 개념을 넘어서 도시 생활에 지친 사람들의 삶을 확장해 주는 공간으로 기능을 더해 간 것이다.

그림 13-1 | 세컨드 하우스의 모습(출처: 엘르코리아)

통상적으로 세컨드 하우스는 아파트형과 주택형으로 구분한다. 세컨드 하우스 중에서 아파트형은 소형이거나 관광지에 가까이 있는 레저형 리조트 등이며, 주택형은 전원주택처럼 단독으로 지어진 것을 일컫는다. 보통 아파트형은 젊은 부부가 선호하며, 단독주택은 계층을 떠나 폭넓게 선호한다. 더불어 공시가 3억 원 이하의 지방에 위치한 주택은 양도소득세 및 종합부동산세(종부세)를 산정할 때 주택 수에서 제외되고 있어, 세컨드 하우스를 구매하는 사람들의 고민을 덜어 주고 있다.[3]

세컨드 하우스는 좁은 의미로 개인의 휴식 장소로 활용되고 있다. 더 확장해 보자면 사람들의 일Work에 대한 대안적 환경으로 지방에서 세컨드 하우스가 활성화되고 있는 추세이다. 특정한 지역에서 '한 달 살기'에 도전하는 사람들이 늘어나면서, 워케이션의 개념으로 속된 말로 '뜨는' 지역에서 세컨드 하우스를 꿈꾸기 시작하는 사람들이 늘고 있는 것이다. 특히, 지방자치단체의 골칫거리인 빈집 문제를 해결해 주며 국가적으로 큰 이슈가 되고 있는 지방 소멸의 해법으로도 제시되고 있다. 메가 트렌드로서 세컨드 하우스가 주목받는 이유이다.

누구나 생각하는 '쉼'을 위한 공간인 지방

도시에서의 치열한 경쟁을 해소하기 위한 대처법으로 지방에서의 휴식은 적절한 듯 보인다. 대부분의 사람들이 도시와는 다르게 지방을 번잡하지 않으면서도 어린 시절 느꼈던 시골집의 운치를 떠올리며 마음을 힐링하고 싶은 곳으로 생각하기 때문이다. 실제 여행 예능 프로그램들을 보더라도 지방은 그런 모습으로 묘사되고 있다.

예능 프로그램의 화제성과 더불어 검색 엔진을 통해 '세컨드 하우스'를 검색해 보면, 사람들의 쉼과 휴식에 대한 열망을 잘 살펴볼 수 있다. 방송과 매체에서는 연예인들의 세컨드 하우스를 쉽게 찾아볼 수 있다. 대표적으로 배우 조인성의 세컨드 하우스, 배우 김무열 · 윤승아 부부의 세컨드 하우스 등이 많은 화제를 모았다. 다른 매체에서도 일상에 지친 인플루언서들이 지방에서 세컨드 하우스를 마련해 휴식을 취하는 것으로 보도하고 있다.

인플루언서들처럼 많은 비용을 들여 넓은 대지에 큰 평수의 세컨드 하우스를 마련하는 것이 부담스럽다면 다른 방식도 있다. 집을 개인 소유로 마련하는 것이 아니라 다른 이들과 함께 공유하는 것이다. 이처럼 세컨드 하우스는 특성상 개인 소유에 대한 부담을 걸어 내고 공유의 개념으로까지 확장되고 있다.

세컨드 하우스를 공유함으로써 사람들은 비용에 대한 부담을 줄일 수 있게 된다. 그러다 보니 자신이 거주하는 집보다 더 좋은 환경과 시설을 추구하게 된다. 더불어 매일 살고 있지 않으니 관리와 운영에서도 함께할 파트너를 찾게 될 수밖에 없다. 따라서 세컨드 하우스는 고급 풀빌라 형식으로 많이 만들어지고 있다. 그래서 관리하는 사람이 필요한 경우가 많은데, 이를 따로 관리하고 운영해 주는 업체까지

그림 13-2 | 스테이빌리티가 경기 양평군에 건설 추진 중인 공유 별장 구상도(출처: 스테이빌리티 홈페이지)

등장하고 있는 실태이다. '공유 별장'이라 불리는 세컨드 하우스는 여러 사람이 비용을 나눠서 지불하고 소유하는 개념으로, 대구에는 '스테이빌리티Staybility'라는 스타트업이 시장을 선도하고 있다.

세컨드 하우스는 개인이 원하는 장소를 찾고 실제 집을 건설하기까지 상당한 시간과 비용 부담이 발생하며, 실제 집을 짓는다고 하더라도 오랜 기간 방치되는 경우가 많다. 이런 문제점을 예방하고 해결하기 위해 스테이빌리티는 별장을 짓기 전에 출자자를 모집하고, 출자한 투자액만큼 법적 책임을 부담하는 유한책임회사를 구성하고 있다. 출자자는 건축물의 소유권을 인정받고, 전용 앱을 통해 예약 및 체크 인·아웃을 하며 공유 별장을 자유롭게 이용할 수 있다.[4]

스테이빌리티는 세컨드 하우스의 시설 관리와 운영을 직접 맡아 시장에서 큰 호응을 얻고 있으며, 최근에는 '프리 시리즈 A(스타트업 투자 단계)' 투자 유치를 받는 성과를 올렸다.

지방을 세컨드 하우스의 대상으로만 보는 게 합리적일까

사람들이 세컨드 하우스를 공유하는 이유는 무엇일까? 아마 개인이 모든 비용을 부담하며 세컨드 하우스를 소유하기가 부담스럽기 때문일 것이다. 그런데 여기에 사람들의 다른 니즈가 등장하기 시작했다. 사람들이 지방의 세컨드 하우스를 소유나 공유의 개념이 아닌 투자의 개념으로 생각하기 시작한 것이다. 실제 몇 년 사이 불어온 부동산 열풍을 틈타 세컨드 하우스에 대한 투자가 상당히 많이 이루어졌다.

이 열풍 속에서 전국 중 집값이 가장 많이 오른 지역이 있다. 바로 속초시이다. 하지만 최근 들어 전국적인 집값 조정 장세 속에서 속초 지역의 아파트 하락세가 지속되고 있다.

원주시의 경우도 비슷하다. 2022년 5월부터 연속 하락하고 있다. 춘천시도 마찬가지로 세컨드 하우스의 입지로 주목받던 지역들의 부동산 가격이 계속 하락하는 추세이다. 전국적으로 부동산의 낙폭이 커지는 가운데 다른 지역보다 세컨드 하우스의 입지로 각광받던 지역의 부동산 가격이 더 크게 하락하고 있다. 이런 이유로 이 지역들의 매수세는 위축되고 매도 물량이 늘어나고 있는 상황이다.[5]

세컨드 하우스를 통해 지방을 바라보는 모습이나 투자를 하는 모습은 지방을 세컨드 하우스의 대상으로만 생각하는 사람들의 일면을 보여 주고 있을지도 모르겠다. 하지만 지방을 세컨드 하우스의 대상으로만 생각하기에는 다소 어려움이 있다. 국내 5100여 만 명의 인구 중 서울, 인천, 경기를 제외하고 2600여 만 명 정도가 지방에 거주하고 있기 때문이다. 국내 인구 중 절반 이상이 지방에 살고 있는 것이다.[6] 이는 많은 사람이 퍼스트 하우스First House로 지방에 거주하고 있다는 이야기이다.

지방에 살지 않는 사람들이 세컨드 하우스를 마련하는 것 자체가 굉장히 부담스럽고 어려운 일이다. 지방자치단체에서 빈집의 증가와 슬럼화 등을 막기 위해 세금 혜택이나 구입 비용을 지원한다고 해도 대부분의 사람들이 그만한 구입 비용이 있거나, 두 집을 감당할 수 있을지는 미지수이다. 앞서 이야기한 것처럼 유명인들이 휴식 공간으로 세컨드 하우스를 마련한다든지, 투자의 대상으로 마련한다든지가 아닌 이상 부담스러운 것은 사실이다. 그래서 소유의 개념이 아닌 공유의 개념까지 등장한 것이다.

거듭되는 지방 소멸 문제 제기

소셜 빅데이터 분석 플랫폼인 썸트렌드를 통해 '지방 소멸'에 대한 긍·부정 분석을 한 결과, 긍정적인 반응은 47%, 부정적인 반응은 53%로 나타났다. 부정적 반응이 더 높게 나타났는데, 주목할 키워드

그림 13-3 | 소셜 빅데이터 분석 플랫폼의 '지방 소멸'에 대한 긍·부정 분석 결과(자료: 썸트렌드)

로는 '위기, 인구감소, 심각하다' 등의 연관어가 두드러졌다.

물론, 여기에서 지방 소멸 문제를 진지하게 거론하고자 하는 것은 아니다. 이 문제를 해결하기 위해 정부는 명문 대학을 이전시키려고 하거나, 기업 이전 등을 추진한다. 사람들이 지방을 떠나는 이유가 대학과 일자리에 있기 때문이다. 이상적으로는 정책이 제대로 추진되면 지방에서 더 이상의 인구 유출은 일어나지 않을 것이며, 퍼스트 하우스의 입지로서도 기능할 것으로 예상할 수 있다. 하지만 현실적으로 가능할까? 이 문제를 풀기는 굉장히 어렵다. 많은 부작용이 예상되기 때문이다.

앞서 이야기한 것처럼 퍼스트 하우스로 지방에 거주하는 사람은 우리나라 인구의 절반 이상이 된다. 물론 그 가운데에는 고령 인구가 많으며, 서울, 인천, 경기보다 높은 비율을 차지하고 있다. 실제 사람들의 경제 활동은 젊은 사람이 많은 수도권보다 적을 것이라고 예측된다. 그러나 분명한 것은 퍼스트 하우스로서의 가치를 생산하기 위해 지방은 역동적으로 움직이고 있다는 사실이다. 단순히 일상에 지친 사람들이 잠시 머무는 공간이나 확장된 삶의 공간에 한정되지 않는다.

김동주 제주도 미래전략팀장은 말한다. "지방은 사람이 잠시 머무는 곳이 아니다. 사람이 살고 있고, 경제 활동이 이루어지며, 새로운 문화를 만들어 가는 곳이다. 그렇기 때문에 지방은 역동적이고, 퍼스트 하우스로 충분히 가치 있다고 생각한다. 이미 대학을 중심으로 창업 활동이 활발하고, 지역 특화형 연구와 새로운 경제 창출이 이루어지고 있다. 편견에서 벗어나야 한다." 수도권 중심의 사고에서 조금만 벗어나면 지방의 새로운 가치를 발견할 수 있다는 이야기이다.

소비되는 지방에서 생산하는 지방으로

지방이 사람들이 잠시 쉬어 가는 곳에 머무르지 않고, 일상을 살아가고, 삶을 이어 나갈 수 있는 장소가 되려면 어떻게 해야 할까? 그 조짐은 대학으로부터 시작되고 있다. 지방 대학이 지방의 중심이 되고 있는 것이다.

　　2022년 4월 28일, 애플은 포항공과대학교, 포스텍POSTECH에 개설한 '애플 개발자 아카데미Apple Developer Academy'의 첫 강의를 시작했다. 포항시가 지역 대학과 함께 애플과 손잡고 우리나라의 차세대 개발자와 기업가를 탄생시키는 프로젝트를 시작한 것이다. 이 프로그램은 지역으로 인력이 모여드는 계기가 되었다. 애플은 개발자 아카

그림 13-4 | **포항시에 개소한 애플 개발자 아카데미** (출처: 애플 뉴스룸)

데미 외에도 '애플 제조업 R&D(연구개발) 지원센터'를 개소하여 중소기업을 대상으로 최신 스마트 기술에 대한 트레이닝을 제공한다.[7]

애플 개발자 아카데미는 개발자와 중소기업 종사자들뿐만 아니라 지역 내 대학생들을 지원하는 프로그램으로, 학생들이 지역에 기여할 수 있는 인재로 성장할 수 있도록 지원하고 있다.[8]

지역 경제를 움직이는 스타트업

정부는 스타트업 육성에 경제 활성화의 사활을 걸고 있다. 스타트업 활성화를 위해 창업 자금을 지원해 준다거나, 세제 · 규제 특례, 기술 · 제품 연구 개발과 네트워킹을 할 수 있는 공간 대여, 해외 진출 지원 등을 아끼지 않고 있다.[9]

더불어 청년실업률이 심각한 상황에서 청년창업지원을 통한 새로운 활로를 모색하고 있는 중이다. 만 39세 이하의 청년창업자에게 창업 공간 및 교육, 코칭, 사업비 등을 지원하는 청년창업사관학교를 확대하여 2022년에만 915명을 육성해 내는 성과를 거두었다.

특히 대전 청년창업사관학교는 2022년 첫 시범 도입한 민간주도형 청년창업사관학교로, 민간 운영사가 스타트업의 선발부터 투자 유치까지 주도적으로 운영한다. 정부는 이러한 민간주도형 모델을 전국으로 확대해 나간다는 계획을 가지고 있다.[10]

중소벤처기업부 자료에 따르면, 2021년 지역별 창업 기업 수는

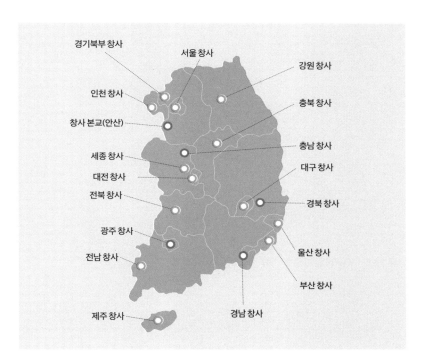

그림 13-5 | 전국의 청년창업사관학교 현황(자료: 스타트업레시피)

141만 7937개나 된다. 지역별 비율로 살펴보면 경기도 31%, 서울 20%, 인천 7%로, 수도권 창업 비율이 58%를 차지하고 있어 아직은 높은 수준이다. 나머지 42%는 지방으로 부산 6%, 경남 5%, 경북 4%, 대구 4%, 울산 2%로 경상도 지역이 21%를 차지하고 있고, 충남 4%, 충북 3%, 대전 3%, 세종 1%로 충청도 지역이 11%를 차지하고 있다. 더불어 전북 3%, 전남 3%, 광주 3%로 전라도 지역이 9%이고, 강원은 3%, 제주는 1% 순이다.[11]

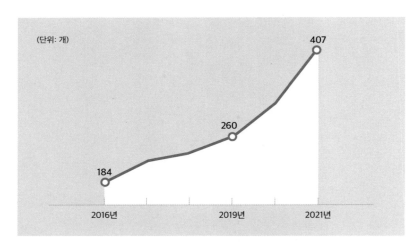

(단위: 개)

407

260

184

2016년   2019년   2021년

그림 13-6 | 교수 창업 기업 수 변화 그래프(자료: 대학알리미)

　　이런 스타트업 붐은 지역 대학으로까지 활성화되고 있다. 과거에는 재학 중인 학생들을 중심으로 창업이 이루어졌다면, 최근에는 학생들뿐만 아니라 교수들도 창업 전선에 뛰어들고 있다. 2021년 기준으로 교수 창업은 5년 전보다 2배나 증가했다. 2021년에만 407개 기업이 탄생한 것이다. 이런 열풍은 기존 공학과 의학 계열에 집중되었던 창업 문화를 인문과 예체능 계열까지 확산시키고 있다. 공과와 의과를 넘어 인문과 예체능 학과에서도 스타트업 설립 사례가 늘어 가고 있는 것이다. 통상 학생들이 소비자를 대상으로 하는 아이디어 창업을 많이 했다면, 교수들은 본인이 가지고 있는 원천기술을 활용해 창업을 하는 경우가 많다. 지방에 위치한 교수 창업 대학들의 현황을 살펴보면, 울산과학기술원UNIST 52개, 충북대 41개, 강원대 38개, 한

국과학기술원KAIST 34개, 충남대 33개, 충북대 20개 등 수도권 대학 못지않게 활발한 성과를 내고 있다. 이러한 교수 창업의 증가는 학내 연구 성과의 사업화 속도가 빨라진 영향과 창업에서 성공한 학생들의 사례를 지켜본 교수들이 자극받은 결과이기도 하다.[12]

이와 함께 전국 17개 창조경제혁신센터는 지원 사업을 통해 지역 인재의 창의적인 아이디어를 사업화하는 등 지역 창업 생태계 조성 및 활성화를 지원하고 있다. 강원 창조경제혁신센터는 지난 5년간 강원형 뉴딜 특화 사업인 디지털 헬스케어와 ICT 스마트 관광 분야에서 81개 기업을 발굴·육성했고, 2022년에는 20팀을 선발해 2000만 원의 사업화 자금과 전문가 멘토링, 사업 모델 검증을 지원하고 있다. 건강보험심사평가원, 한국관광공사 등 지역기관의 연계 지원을 통해 지역 기업을 성장할 수 있도록 돕고 있다는 점에 주목할 만하다.[13]

도시 재생과 지역 중심의 퍼스트 하우스

지방이 세컨드 하우스를 넘어 퍼스트 하우스가 되려면 어떻게 해야할까? 도시 재생에 그 답이 있다. 도시 재생은 그 지역의 특성에 맞게 도시를 발전시키는 것을 말한다. 그 지역에 살고 있는 주민들이 지역의 삶에 좀 더 몰입할 수 있도록, 그리고 그 지역에 살고 있지는 않지만, 이러한 특성에 매료되어 이주할 수 있는 도시를 만드는 것에 목적이 있다.

2020년부터 강릉시와 현대자동차 그룹은 17억 원을 투입해 도시 재생 사업을 벌이고 있다. 강릉시 서부시장의 경우 전체 상가 150여 동 중에 20%만 운영될 정도로 상권이 위축되어 있었다. 현대자동차 그룹은 2014년 서울 종로구 창신동 봉제골목과 2015년 광주 청춘발산마을에 이은 세 번째 지역 재생 사업 지역으로 강릉시 서부시장을 채택해 강릉시와 협력을 이어 왔다. 서부시장의 내·외관을 재정비하고 복합 문화공간을 조성하는 등 많은 노력을 기울였다. 특히, 점포 환경 변화 등 외관만이 아니라 시장 상인과 청년 사업가들이 현지 문화를 주제로 다양한 활동을 하고 서로 협업할 수 있도록 시장을 플랫폼 공간으로 변신시켰다. 이번 재생 사업을 통해 강릉 서부시장 내에 35개의 신규 점포가 입점하고, 인근 사원에도 20개 점포가 문을 열어 서부시장이 활기를 되찾아가고 있다.[14]

강릉시뿐만 아니라 다른 지역들도 도시 재생 센터를 개소하고 민관이 함께 활발한 활동을 추진하고 있다. 전남 광양시 도시 재생 사업으로 조성된 광양읍 도시 재생 한옥거점공간을 그 예로 들 수 있다. '인서리 공원'이라고 이름 붙여진 광양읍 읍내리 인서리 일원에 조성된 복합문화공간은 한옥 숙박시설과 한옥 카페 등으로 구성되었다. 단순히 공간을 제공하는 데에 그치지 않고 예술이라는 매개체를 통해 작가가 있는 마을로 발전시키는 방향으로 도시 재생 사업이 추진되었다.[15]

단순하게 한옥 거점공간만을 바라본다면 전주시 등 여타 비슷한 콘셉트로 지역을 조성한 것으로 생각할 수 있다. 하지만 도시 재생의

그림 13-7 | 질그랭이센터 전경(출처: VISIT JEJU 홈페이지)

핵심은 관광이 아니다. 그보다는 도시 재생을 통해 지역 주민이 퍼스트 하우스로서 가치를 누릴 수 있는 삶의 터전을 조성하는 것이다. 그래서 탑다운(하향식) 방식보다 바텀업(상향식) 방식으로 사업이 추진되었을 때 빛을 보게 된다. 지역 주민이 원하는 도시 재생의 방향이 중요한 것이다.

그 지역 특성에 맞게 발전시키는 도시 재생은 워케이션의 성지인 제주도에서도 발견할 수 있다. 고령화와 이주민 유입 등으로 고민하던 주민들이 직접 협동조합을 만들고 마을의 변화를 시도한 것이다. 제주시 구좌읍 세화리 '질그랭이 거점센터'는 주민 700여 명 중에서 농민과 해녀 등 477명이 2억 7000만 원을 출자해 세화마을협동조합을 설립하고 마을의 변화를 꿈꾸며 만들어 낸 공간이다. 1층은 리 사무소와 마을협동조합이 위치해 있고, 2층에 카페, 3층에 공유 오피스, 4층에는 숙박시설을 마련했다. 더불어 구좌 하면 생각나는 특산물이 당근인데, 이 당근을 활용해 음료수와 빵을 판매하고 있다. 말 그대로 주민의 힘으로 마을의 특성을 살려 마을의 변화를 이끌어 내기 시작한 것이다.[16]

생산적인 로컬리즘으로 퍼스트 하우스가 되려는 지방

세컨드 하우스가 퍼스트 하우스가 될 수 있는 요소는 무엇일까? 바로 '생산하는 지방'이다. 공기업을 이전시키고, 지역 인재를 선발하며, 수도권 대학을 이전시키는 방식을 이야기하는 것이 아니다. 무리한 기업의 이전 없이 지역 대학과 기업이 연계한 프로그램을 만들어 내고, 지역 중심의 스타트업이 활성화되었을 때, 그리고 지역 중심의 도시 재생이 이뤄졌을 때 퍼스트 하우스는 이루어질 수 있다.

이미 코로나19를 겪으며, 지방이 퍼스트 하우스로서 문제가 없다는 것을 간접 경험했다. 세컨드 하우스의 개념으로만 소비하거나, 단기간 머무는 워케이션 장소 정도로 치부하는 데에 그치지 말고 지방이 퍼스트 하우스로서 기능할 가능성을 엿보아야 한다. 여기에 비즈니스 성공의 해결책이 있다.

《권도균의 스타트업 경영 수업-스타트업을 스타트하는 최고의 실전 전략》 (권도 균 지음)

저자는 한국에서 글로벌 스타트업이 나오지 않는 이유를 경영에서 찾으며, 이에 걸맞은 경영자의 마인드와 경영 능력을 갖출 수 있도록 제안한다. 실패하지 않는 창업으로 가는 법, 성과를 만드는 법, 차별화된 스타트업 마케팅 전략 등을 소개하고, 리더십과 위기관리에 대한 부분까지 짚어 본다. 한국형 스타트업의 성공 전략은 반드시 달라야 한다고 주장한다.

《유니버+시티-대학과 도시의 상생발전》 (포스텍 박태준미래전략연구소 엮음)

이 책은 대학과 도시의 상생 발전에 뜻을 함께한 지역 대학 총장 16인과 단체장 7인의 제안을 포스텍의 박태준 미래전략연구소 연구원들이 정리한 책이다. 대학과 도시가 상생할 수 있도록 개념부터 배경, 해외 사례, 비전까지 짚어 준다.

14장	고효율 가치 돌봄 VS. 저출산 생산 독려
	저출산 문제의 해결은 가치 돌봄 비즈니스에 있다

저출산이 경제위기를 초래한다고?

앞으로 다가올 우리나라의 경제 위기를 이야기할 때 빼놓을 수 없는 것이 있다. 바로 출산율이다. 크레디트스위스 리서치 인스티튜트CSRI 의 〈아시아의 고령화가 전 세계에 미치는 영향The global effects of Asia's aging population〉 보고서에 따르면, 우리나라는 젊은 세대의 출산율이 이전 세대보다 낮아질 것이며 이에 따라 경제 활동 인구가 감소하고 개인의 노인 인구 부양 비율이 증가할 것이라고 전망했다.[1]

실제로 2021년 기준, 우리나라의 출산율은 0.81명으로 전 세계에서 가장 낮은 수준이다. 특히 2030년 중반이 되면 고령화로 인한 경제

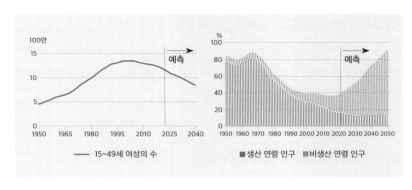

그림 14-1 | 한국의 생식 가능 연령 여성의 수(좌)와 생산 연령 인구에 대한 비생산 연령 인구의 비율(우) (자료: UNDP, Credit Suisse)

적 압박이 본격화될 것이라고 한다. 즉 노동인구는 감소하는데 부양 인구는 늘어 가는 형태로, 이로 인한 경제적 압박이 시작될 것으로 예측된다.

영국의 경제학자 찰스 굿하트Charles Goodhart와 마노즈 프라단 Manoj Pradhan이 공동 저술한 《인구 대역전: 인플레이션이 온다The great demographic reversal: Ageing socities, waning inequality, and an inflation revival》에서는 경제적 압박에 대한 이야기를 살펴볼 수 있는데, 고령화가 되면 소비만 하는 인구 비중이 높아져 물가를 끌어올릴 수밖에 없다고 이야기한다. 더불어 노동인구가 줄기 때문에 노동인구에 대한 가치가 높아져 임금이 오르게 된다. 노년층이 소비 지출이 적다고 해도 결국 노령 인구의 총합이 증가해 소비 지출은 증가할 수밖에 없다.[2]

쏟아지는 저출산 극복 정책들

그동안 출산율을 높이기 위한 정책들은 수없이 쏟아져 나왔다. 통계청이 발표한 2021년 출생통계에 따르면 전남 영광군(1.87명), 전북 임실군(1.80명), 전북 진안군(1.56명), 강원 양구군(1.52명), 전남 신안군(1.50명) 순으로 합계 출산율이 높게 나타났다. 이에 반해 부산 중구(0.38명), 서울 관악구(0.44명), 대구 서구(0.47명), 서울 강남구(0.52명), 서울 광진구(0.52명) 순으로 합계 출산율이 낮게 나타났다.[3]

평균인 0.81명보다 높은 도시들은 출산 장려정책을 성공적으로 추진했고, 그보다 낮은 도시들은 출산 장려정책이 미비했다고 생각할 수 있다. 전남 영광군의 출산 장려정책을 보면 결혼부터 임신, 출산, 양육에 이르기까지 맞춤 정책을 실행하고 있었다. 하지만 가장 낮은 합계 출산율을 기록한 부산 중구도 임신부터 출산까지 금전적, 정책적 지원을 아끼지 않고 있었다.

지방자치단체가 출산율 제고를 위해 주민들을 위한 정책적 혜택을 마련한다는 것은 좋은 사례이다. 하지만 합계 출산율이 높은 지방자치단체는 상위 10군데 모두 군 단위였으며, 합계 출산율이 낮은 지방자치단체는 대부분 서울, 대구, 부산 등 대도시 자치구였다. 적어도 대도시가 출산율이 낮기 때문에 정책이 미비했다고 이야기하기에는 무리가 있고, 전년 대비 0.03명 감소한 출산율을 보았을 때, 정책적 지원 경쟁이 본질적인 출산율 증가와는 거리가 멀다는 이야기이다.

왜 이런 사회적 분위기가 조성되었을까? 우리나라에서는 출산율

종사자 특성	첫째 출산 확률	둘째 출산 확률	종사자 특성	첫째 출산 확률	둘째 출산 확률
비정규직	2.15%	11.16%	중소기업	3.18%	9.93%
정규직	4.07%	10.5%	대기업	4.37%	10.8%
비정규직 대비 정규직	1.89배 (89.3%↑)	- (비유의적)	중소기업 대비 대기업	1.37배 (37.4%↑)	- (비유의적)

주: 출산 확률은 연간 기준(1년 동안에 발생할 확률)/둘째 출산 확률은 첫째 출산자만을 대상으로 함

그림 14-2 | 종사자 특성별 출산 확률 분석(자료: 한국노동패널)

경쟁을 아이를 생산해야 한다는 생산자적 관점에서 바라보기 때문이다. 아이를 낳기만 하면 시나 정부에서 특정 시기까지 금전적, 정책적 지원을 해 준다. 물론 이 시기가 끝나면 부담은 오롯이 부모의 몫이다. 초보 부모가 아이를 어떻게 키워야 할지, 어떻게 아이를 좋은 사람으로 성장시킬지, 어떤 교육을 받게 할 것이고, 어떤 공동체에서 자라게 할 것이며, 우리 사회의 어떤 인재로 성장시킬지에 대한 답은 주지 않는다. 오롯이 부모의 몫이기 때문이다.

이러한 부담으로 인해 아이를 차라리 안 낳겠다는 사람들이 늘어가고 있다. 더불어 저출산 극복을 위한 노동개혁 이야기도 나오고 있다. 한국경제연구원의 '종사자 특성에 따른 혼인율 및 출산율 비교분석' 연구에 따르면, 정규직과 비정규직 간에 출산율 격차가 발생하고 있는 것으로 밝혀졌다. 실제 정규직원의 출산 확률은 비정규직에 비해 1.89배에 달하고, 대기업 종사자가 중소기업 종사자보다 1.37배 높은 것으로 나타났다.[4]

부모의 몫인 육아의 부담은 저출산으로 이어지게 되었고, 이는

고용 형태와 기업 규모에 따른 결과로도 반영되고 있다. 따라서 출산율을 높이기 위해서는 노동개혁이 필요하다는 주장이다.

정책적 지원, 경제적 지원, 고용 형태의 변화 등에서 우리 사회가 출산에 대해 어떻게 생각하고 있는지 살펴볼 수 있다. 남성의 육아휴직은 증가하고 있지만, 종사자 규모 300명 이하의 사업장으로 갈수록 실제 이용률은 낮게 나타났다. 더불어 여성들이 출산 후 경력이 단절되는 추세는 계속되고 있다.[5] 어쩌면 이런 것들이 대도시의 낮은 출산율의 이유를 나타내고 있는 것은 아닐까.

아이를 낳기만 하면 될까

저출산 고령화를 생각하면 떠오르는 나라가 있다. 바로 일본이다. 하지만 우리와 비교해 볼 때 적어도 출산율에 대한 상황은 많이 달라 보인다. 유엔은 저출산국가의 대명사였던 일본이 2005년 1.25명까지 떨어졌던 출산율을 2021년 1.30명까지 상승시켰고, 2060년대 들어서면 1.5명대로 진입할 것이라고 전망하고 있다.[6]

일본의 경우, 우리나라처럼 생산자적 관점에서 출산만을 장려하는 정책을 펼치지 않았다. 부모가 된 사람들이 건강하게 자녀를 낳고 키울 수 있는 환경을 마련하는 데에 주목했으며, 출산뿐만 아니라 육아 환경이 제대로 갖춰진다면 출산율이 높아질 것이라는 관점에서 정책적인 접근을 시도했다.[7]

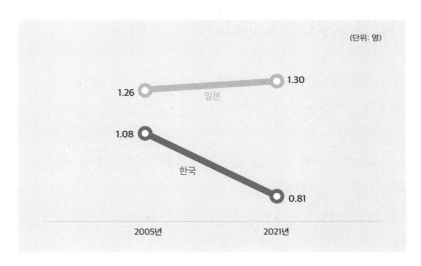

(단위: 명)

1.30 일본 1.26

1.08 한국 0.81

2005년　2021년

그림 14-3 | 한국과 일본의 합계 출산율을 비교한 그래프(자료: 한국통계청, 일본 국립사회보장·인구문제연구소)

　이러한 정책적 분위기는 기업 문화의 변화를 이끌어 냈다. 일본 무역회사 이토추伊藤忠 상사의 예를 살펴보자. 육아하는 여성 직원만 혼자 일찍 퇴근시켜 주는 방식은 지속 가능하지 않다고 판단하고, 전 직원을 대상으로 8시 이후 야근 금지, 아침 일찍 출근하면 빨리 퇴근할 수 있는 근무여건 도입 등 모든 직원이 평등하게 육아를 할 수 있는 환경을 만들어 나갔다. 일본 사회보장·인구문제연구소는 이러한 노력에 대해 일본 정부의 일·육아 양립 지원, 일하는 방식의 개혁의 일환이라고 평가했다.[8]

가치를 갈구하는 우리나라의 육아 환경

소셜 빅데이터 분석 플랫폼인 썸트렌드를 통해 '육아'에 대한 긍·부정 분석을 한 결과, 긍정적 반응은 61%, 부정적 반응은 39%였고, '독박육아, 힘들다, 스트레스, 고민' 등의 연관어가 두드러졌다.

육아와 출산을 고민하고 있는 부부라면 충분히 공감할 만한 내용들이다. 부정적인 연관어 이외에 긍정적인 연관어에서 주목할 만한 키워드는 '유명한 곳, 육아 필수템, 도움, 안전' 등이 있었다. 이미 가치 돌봄에 대한 키워드들은 긍정적으로 주목받고 있는 것으로 보인다.

이러한 가치 돌봄이 주목받고 있는 오늘날, 지방자치단체는 아동을 위한 도시로 거듭나고자 노력하고 있다. 단순하게 생산자적 관점에서의 정책 지원만이 있는 것은 아니다. 18세 미만의 모든 아동이 살

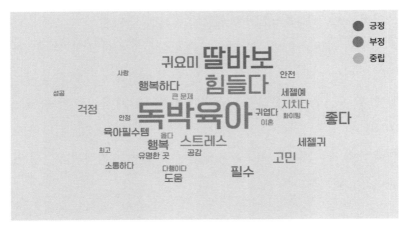

그림 14-4 | 소셜 빅데이터 분석 플랫폼의 '육아' 긍·부정 분석 결과(자료: 썸트렌드)

기 좋은 도시로, 유엔아동권리협약의 기본 정신을 실천하는 유니세프 아동친화도시Child Friendly Cities 인증을 받아, 지역 사회의 아동을 돌보기 위해 노력하는 도시들도 상당하다. 하지만 이러한 아동친화도시도 결국 육아의 관점이 아닌 아동에 대한 권리에 집중하고 있다.

세부적인 내용을 살펴보면 다음과 같다. 아동과 관련된 일을 시행할 때 관련 전문기관의 의견을 듣고 업무 추진을 고려하거나, 아동의 권리를 증진하고 보호하기 위한 조례와 규정을 둬야 한다. 더불어 유엔아동권리협약의 원칙에 따라 아동권리 전략을 개발하고, 아동의 의견을 우선적으로 고려하는 상설기구를 마련해야 한다. 아동정책영향평가와 예산 확보, 아동의 권리 실태를 지속적으로 모니터링하고 관련 자료를 수집하며, 아동권리에 대한 홍보, 아동권리 증진을 위해 일하는 비정부기구와 독립적 인권기구를 개발해야 한다. 마지막으로 아동이 안전하고 오염되지 않은 환경에서 자랄 수 있도록 정책을 개발하고 시행해야 한다.[9]

패스트트랙아시아Fast-track asia 서한솔 브랜딩 앤 커뮤니케이션 팀장은 "여성으로서 일과 가정의 행복한 영위를 위해서는 아이들을 돌봐 줄 수 있는 시설이나 제도가 많이 만들어지는 것이 중요하다. 출산은 지극히 주관적인 사안으로 강요하거나, 돈으로 해결될 수 있는 것은 아니라고 생각한다"고 강조한다.

출산은 강요의 대상이 아니며, 돈으로 해결될 수 있는 사안도 아니다. 오히려 아이를 가치 있게 돌볼 수 있을 때 저출산 문제가 해결될 수 있음을 명심해야 한다.

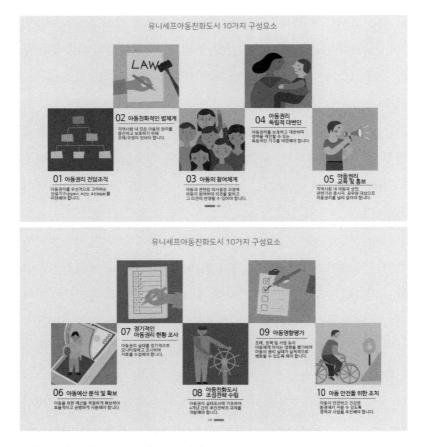

그림 14-5 | 유니세프 아동친화도시 10가지 구성요소(출처: 유니세프 아동친화도시 홈페이지)

가치 돌봄으로 해결할 수 있는 일과 육아 문제

우리나라의 정부가 저출산 문제를 해결하기 위해서 실행하고 있는 생산자적 관점에서의 정책에 대해 고민해 보아야 한다. 더 나아가 이러한 정책을 통해 파생되는 사업들까지 다시 생각해 볼 필요가 있다. 결국 저출산 시대에 가치 돌봄을 추구해야 올바른 육아 문화가 형성되고 본질적으로 저출산 문제를 해결할 수 있다.

그동안 대기업의 전유물로 여겨졌던 사내 어린이집에서 이제는 1인 기업, 소기업, 중소기업 등의 직원들도 누릴 수 있는 가치 돌봄 문화가 만들어지고 있다. 국내 공유 오피스 '패스트파이브Fastfive'는 공유 오피스 최초로 서울 강남구 역삼동에 직장 어린이집을 개원했다.

공유 오피스 멤버들의 육아 부담을 덜고, 아동복지 문제와 저출산 문제를 개선하고자 개원한 패스트파이브 공동 직장 어린이집은 일반 어린이집과 비교해 예산을 2배 넘게 들였으며, 국·공립 어린이집과 비교해서는 1.5배의 예산을 자체적으로 투입해 교사 대 아동 비율을 1명 대 5명으로 맞췄다. 맞벌이 부부들을 위해 12시간 동안 운영하고 있는 것도 장점이다.[10]

아이를 키우는 부모라면 교사 대 아동 비율에 한 번 안심하고, 12시간 보육이라는 운영 시간에 두 번 안심할 것이다. 그만큼 대기업과 견주어도 경쟁력이 있다.

사내 어린이집은 필수가 아니기에 대기업을 중심으로 사내 복지 차원에서 이루어지고 있는 것이 사실이다. 1인 기업, 소기업, 중소기업에 이르기까지 여건이 허락하지 않는 작은 기업에서는 대기업의 복지 차원에서 이루어지는 어린이집 운영이 부러울 수밖에 없다. 결국, 작은 기업에 다니는 사람들일수록 출산에 대한 막연한 두려움과 아이를 맡겨야 하는 부담감의 가중으로 출산을 꺼리는 문화는 지속될 수

밖에 없다. 이런 상황에서 패스트파이브의 새로운 시도, 가치 돌봄의 시작은 저출산 문제를 해결해 나가는 디딤돌이 될 수 있다. 더불어 기업에 대한 충성도도 올리는 효과까지 누릴 수 있다. 패스트파이브의 지속 가능한 사업이 예상되는 이유이다.

단순하게 보육만을 책임지는 어린이집 운영을 넘어서는 사내 어린이집이 있다. 바로 게임회사로 유명한 넥슨이 운영하고 있는 사내 어린이집 '도토리소풍'이다. 이곳은 보육시설이 아닌 교육시설로 자리매김하고 있다. 보육만을 전담하여 부모가 일에 몰두할 수 있도록 배려하는 것을 넘어 아이들의 미래에 투자하고 있다.

도토리소풍은 '디지털 미래세대 양육'이라는 보육 이념에 따라 6~7세 원아들을 대상으로 유아코딩 특성화 교육을 도입했다. 아이들이 코딩을 공부가 아닌 놀이로 인식할 수 있도록 전문적인 교수법을 통해 지원하고, 코딩에 대한 막연한 걱정을 가지고 있는 부모들의 근심을 덜어 준다.[11]

대부분의 어린이집이 4~5세까지 지원하고 6~7세는 유치원에 보낼 수밖에 없는 환경에서, 어린이집에서 채울 수 없는 교육에 대한 지원을 기업이 자발적으로 나서서 정착시키고 있는 것이다.

가치 돌봄은 작은 변화에서 시작한다. 생산자적 관점에서 아이를 낳으면 경제적·물질적 지원을 하겠다는 데에서 벗어나, 가치 돌봄을 추구할 때 저출산 문제는 자연스럽게 해결될 것이다.

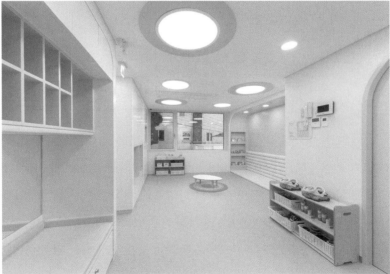

그림 14-6 | **패스트파이브 공동 직장 어린이집 전경 및 내부 시설**(출처: 다람 패스트파이브 공동 직장 어린이집 홈페이지)

가치 돌봄을 추구하는 에듀콘텐츠

2010년 이후 출생한 아이들의 부모들은 대부분 1980년대에 태어난 부모들이다. 이 부모들은 디지털 기기에 매우 익숙하다. 그들의 자녀 역시 디지털 기기에 익숙한 것은 당연하다.

하지만 늘 육아 전문가들이 걱정스레 하는 조언이 있다. 주의력 문제, 자기조절 능력 저하, 자극 반응에 대한 무감각 등 미디어 과노출로 인해 발생하는 문제에 관한 것이다. 그렇다 보니 디지털 기기로 접하는 미디어 콘텐츠에 대한 걱정으로 디지털 기기에 대해 무조건적인 거부 반응을 보이는 부모들이 상당히 많다.

하지만 가치 돌봄을 추구하는 에듀콘텐츠는 이러한 부모들의 우려를 불식시킬 수 있다. 전 세계 아동 문맹 퇴치를 위해 테슬라의 일론 머스크가 후원한 글로벌 소프트웨어 경진대회인 글로벌 러닝 엑스프라이즈Global Learning Xprize에서 우승한 전력이 있는 IT 기업 에누마Enuma는 '토도TODO'를 개발하며 화제를 불러일으켰다.

토도는 아이를 대상으로 '토도한글'과 '토도영어' '토도수학'을 제공하고 있는데, 토도한글의 경우 아이들의 받아쓰기와 읽기 능력을 갖추도록 지원하고 있으며, 그림책 서비스를 제공함으로써 듣기 역량까지 종합적으로 기를 수 있도록 지원하고 있다. 토도수학 및 토도영어 역시 퀴즈 등을 통해 아이들이 학습하고 흥미를 키워 갈 수 있다. 아이는 교사나 부모의 지원 없이 게이미피케이션Gamification에 대한 적절한 적용으로 스스로 학습할 수 있으며, 부모는 카카오톡 알림을

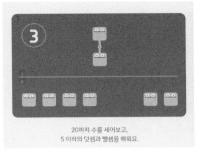

20까지 수를 세어보고,
5 이하의 덧셈과 뺄셈을 배워요.

글자 모양을 외우는 것이 아닌
읽는 원리를 이해해요.

그림 14-7 | 토도수학 및 토도한글 소개(출처: 토도 홈페이지)

통해 학습의 진행 상황, 성과 분석 등을 제공받을 수 있다.[12]

요즘 아이들은 디지털 기기에 익숙한 세대이다. 무조건적으로 디지털 기기 사용을 반대할 것이 아니라 에누마의 사례처럼 디지털 기기를 활용한 가치 있는 교육돌봄을 제공하는 것도 중요한 시대가 되었다.

토도 시리즈가 미취학 아이들과 초등학교 저학년을 대상으로 공부에 흥미를 유발하고 있다면, '아이스크림 홈런'은 아이의 공부 습관을 길러주는 콘텐츠를 제공한다. 아이들이 자신의 공부 목표를 정하고 스스로 이룰 수 있게 돕는다. VR과 3D 기술을 활용해 오감으로 즐기며 공부할 수 있도록 지원한다. 이에 더해 부모들을 대신해 AI 튜터 '아이뚜루'가 실시간으로 아이들의 질문을 받고 이에 답변하며, 인공지능을 통해 아이가 잘하는 영역과 부족한 영역을 판단해 학습을 지원한다. 아이의 흥미를 떨어뜨리지 않도록 나무를 키우는 게임 요소를 가미해 성취감 또한 제공하고 있다.[13]

그림 14-8 | 아이스크림 홈런의 다양한 콘텐츠 소개(출처: 아이스크림 홈런 홈페이지)

과거에는 교육이라는 경쟁에서 뒤처지지 않으려면 선행학습이
중요했다. 하지만 새로운 가치 돌봄은 선행학습의 필요성을 절감시킨
다. 아이들은 에듀콘텐츠를 통해 흥미롭게 지식들을 접할 수 있게 되
었다. 이처럼 에듀콘텐츠는 자발적인 학습을 통해 아이들이 학습에
뒤처지지 않고 따라올 수 있는 문화를 만들어 가고 있다.

아이들의 추억과 행복까지 향하는 가치 돌봄

우리나라 부모들은 아이들이 아파트에서는 뛰면 안 된다는 생각을 갖고 있다. 그렇기 때문에 조금 불편하더라도 아이를 위해 주거공간으로서 아파트나 빌라의 1층을 선호하기도 하고, 아예 아파트를 포기하기도 한다. 층간소음 문제는 현대의 주거 구조에서 반드시 해결해야 하는 문제이다. 특히, 아이들의 활동량과 즐거움을 위해서는 더욱더 고민이 필요하다.

정부가 2022년 8월부터 아파트 층간소음 규제를 강화한 이후 대형 건설사들을 중심으로 층간소음과 관련한 기술이 개발되고 있지만 실제 고객들이 체험하기에는 구조 문제, 자재 보강 및 공사기간 연장 등 다양한 문제들로 인해 당장 혜택을 받기는 어려운 상황이다.[14]

이를 위한 사업으로 층간소음 매트 사업이 떠오르고 있다. 층간소음 매트의 실효성 여부를 떠나 부모들의 심리적인 안정감과 아이들의 행복을 위해 층간소음 매트 시공을 하는 사람들이 늘어 가고 있다. 매트 시공 후 층간소음 문제가 발생하더라도 이웃과 원만하게 문제를 해결할 수 있는 계기가 되어 주기도 해서 더 많은 관심을 받고 있다. 특히 단순하게 매트만 구입하여 까는 방식이 아니라 집의 구조에 맞게 시공함으로써 인테리어 효과까지 노리고 있다.

물론 층간소음 매트를 시공한다고 해도 소음이 완전히 사라지는 것은 아니다. 어느 정도 소음이 발생할 수는 있다. 하지만 전혀 시공하지 않는 것보단 아이들과 교감하고 놀이하는 데에 있어서 훨씬 효율적이다. 정사각형의 매트에서 이제는 다양한 모양의 매트까지 늘어나고 있다. 하지만 비용이 저렴하지 않다는 문제점도 있다. 그렇기 때문에 정부의 비용 지원이 더욱 절실할 것이다.

아이의 가치 돌봄은 집 안에서만 행해지지 않는다. 집 밖에서도 이어져야 한다. 중소벤처기업부 주관 기술창업 지원 프로그램인 팁스 Tips 대상 기업으로 최종 선정된 기업인 '애기야가자'는 아이들의 즐거운 야외 활동을 위해 부모님들을 도와주고 있다. 키즈 액티비티 플랫폼으로서 사용자 지역을 중심으로 아이와 방문할 수 있는 1만 9000여 곳의 정보를 카테고리별로 제공한다.[15]

아이들과 함께 즐길 수 있는 '공간대여' 'YES키즈존' '자연학습현장' 등의 정보를 제공하고, 이에 대한 기존 방문자들의 평가를 공유하고 있다. 특히, '이번 주 핫플'을 제공하여 아이들과 새로운 추억을 만들고 행복을 공유할 수 있는 가치 돌봄 큐레이션을 제안한다.

이처럼 집 안과 밖에서 가치 돌봄을 추구할 수 있는 비즈니스들이 늘어 가고 있다. 우리가 어릴 적에 기억하고 있던 행복한 시절들을 우리 아이들에게도 선물해 줄 수 있게 된 것이다.

저출산 문제의 해결책, 가치 돌봄 비즈니스

우리는 인구 감소를 걱정하고 있다. 더 나아가 생산자적인 관점에서 저출산의 문제까지 접근하고 있다. 하지만 우치다 다쓰루의 서적《인구 감소 사회는 위험하다는 착각人口減少社會の未來學》에서도 살펴볼 수 있는 것처럼 인구 감소는 피할 수 없는 사실이다. 우리는 현재의 인구수를 유지하며, 인구가 더 이상 줄지 않게 하기 위한 노력들을 해 나가야 한다.

이제는 저출산 정책에 대한 패러다임을 바꿀 때이다. 가치 돌봄을 향유할 수 있는 문화를 만들어 가야 하고, 출산을 생산자적 관점에서 독려만 하는 시대를 벗어나야 한다. 가치 돌봄의 관점에서 일과 육아를 병행할 수 있는 정책과 산업, 복지제도가 마련되어야 한다. 더불어 부모의 노동 가치, 육아 부담을 덜기 위한 에듀콘텐츠 시장에 주목하고, 교육에 대한 가치 돌봄을 실현해야 한다. 마지막으로 집 안과 밖에서 아이와 행복을 나누고 경험을 쌓을 수 있는 가치 돌봄을 통해 본질적인 문제를 해결해 나갈 필요가 있다는 사실도 잊어서는 안 된다.

함께 읽으면 더 좋은 책

《코로나로 아이들이 잃는 것들-우리가 놓치고 있던 아이들 마음 보고서》(김현수 지음)
저자는 코로나19로 인해 아이들이 어른보다 더 힘들다고 주장하며, 코로나19를 경험한 아이들의 어려움과 두려움을 이야기하고, 어른들이 아이들의 학력 문제만 걱정할 것이 아니라 아이들의 마음을 이해해야 한다고 주장한다.

《아이들을 놀게 하라-아이들의 몸, 두뇌, 마음을 성장시키는 놀이의 중요성》(윌리엄 도일, 파시 살베리 지음)
저자는 아이들이 놀 시간에 공부를 하는 게 성장에 더 좋다는 시각을 부정하고, 놀이가 신체 성장과 성적을 올릴 수 있는 매우 효과적인 방법이라고 주장한다. 전 세계 아이들의 '놀 수 있는 권리'를 보장해야 한다며 핀란드의 교육 사례와 실험, 그리고 전 세계적으로 차용할 수 있는 놀이를 소개하고 있다.

코로나19로 급성장하고 있는 비대면 진료 시장

코로나19라는 신종 감염병은 우리 사회에 비대면 진료에 대한 필요성과 해결해야 할 숙제를 던져 주었다. 원격의료에 대한 수요를 크게 늘렸고, 이에 따라 전 세계 디지털 헬스케어 시장도 급성장할 것으로 전망되고 있다.

전 세계 디지털 헬스케어 시장은 2019년 1063억 달러에서 연평균 29.5%씩 성장해, 2026년에는 6394억 달러에 이를 것이다.[1] 이에 따라 우리나라 정부는 정보통신기술ICT을 기반으로 한 건강 · 의료 서비스를 확대하고 비대면 진료를 통해 의료 사각지대를 해소하겠다고

밝힌 바 있다.[2]

변화에 발맞춰 원격 의료 플랫폼이 등장하기 시작했다. 그중의 하나인 '닥터나우'는 2020년 12월 우리나라 최초로 비대면 진료와 처방약 배송 서비스를 시작하면서, 병원에서 진료를 받거나 약국에서 약을 타기 힘든 코로나19 환자들을 돌보기도 했다.

앱을 사용하는 방법은 간단하다. 앱을 켠 뒤 자신의 증상을 적고 의사를 지정해서 진료를 신청하면, 얼마 후 지정한 의사에게 전화가 온다. 의사의 비대면 진료를 받고 나면 처방전이 발급되는데, 처방전을 배송받고자 하는 약국에 전송해 편리하게 택배나 퀵으로 약을 수령하면 된다. 닥터나우는 전국 2500여 곳의 병·의원과 제휴를 맺고 있으며, 코로나19와 관련된 진료뿐 아니라 내과, 피부과, 산부인과, 소아청소년과 등 다양한 분야에서 진료부터 처방까지 받을 수 있도록 돕고 있다.[3]

실제 비대면 진료에 대한 국민들의 반응은 긍정적이다. 경기연구원이 2020년에 시행한 '언택트 서비스 소비자 수요조사'에 따르면, 응답자의 88.3%가 비대면 진료에 찬성했다. 더불어 국회 보건복지위원회에서 조사한 '위드코로나 시대 주요 보건의료·복지 분야 정책현안에 관한 국민의식조사'에 따르면, 비대면 진료를 계속 허용해야 한다는 응답자가 56.7%에 달했다.[4]

미국외과학회 연례학술대회American College of Surgeons Clinical Congress 2022에서는 수술 환자 관리에 대한 원격진료의 효용성의 연구 결과가 발표되었는데, 대면 진료만 실시한 환자보다 원격진료로 관리

한 환자가 노쇼 위험이 무려 79%나 감소하는 것으로 나타났다. 비대
면 진료가 환자를 편리하게 해 주기도 하고 병원의 노쇼 문제까지 해
결해 주고 있는 것이다.[5]

의사들이 생각하는 비대면 진료의 범위는 어디까지일까

2022년 11월 25일, 젊은 의사들로 구성된 비대면진료연구회가 '비대
면 진료 가이드라인'을 전격 공개했다. 의사들이 직접 만든 최초의 가
이드라인이자, 보건복지부가 비대면 진료 플랫폼 업체를 대상으로 발
표한 가이드라인과는 다른, 의료계가 생각하는 가이드라인이라는 점
에서 주목을 받았다.

가이드라인은 대면 진료를 기본으로 하고 있다. 더불어 비대면
진료는 보완·보조수단으로 활용해야 한다고 선을 그었다. 대면 진료
는 진료실에서 환자와 마주하여 관찰하는 행태로 정의했고, 비대면
진료는 의료인과 직접 대면하지 않고 ICT 기술을 활용해 의료 서비스
를 받는 모든 행위라고 정의했다. 더불어 비대면 진료 시행 기관을 1
차 의료기관으로 한정했고, 비대면 진료의 부정한 이용 방지 등 비대
면 진료 중개사업자의 의무를 명시했다.[6]

빠르게 커지고 중요해진 비대면 진료

앞서 이야기한 것처럼 비대면 진료는 대면 진료의 보조수단이다. 2022년 5월 기준으로 2020년 대비, 비대면 진료가 약 2배 증가했으며, 이 중 11개 의원은 비대면 진료의 비율이 90% 이상이 되는 것으로 나타났다.[7]

2020년 2월부터 코로나19로 인해 전화 상담과 처방을 허용하는 한시적 비대면이 실시되었는데, 일부 의원에서는 비대면 진료가 주 진료가 되고 있다. 환자라는 고객이 원하는 진료 환경이 비대면인 것을 확인하고, 일부 의원들은 이에 착안해 비대면 진료를 확대하고 있는 추세를 보여 준다.

(단위: 개소, 건, %)

구분	기관 수	총 진료건수(A)	비대면 진료건수(B)	비대면 진료율(B/A)
2020년 (2월~12월)	9,464	563,303,554	963,239	0.17
2021년	10,251	639,981,637	1,784,567	0.28
2022년 (1월~5월)	18,970	296,118,314	10,838,963	3.66

※2020년~2022년 5월까지 비대면 진료 전체 의료기관(24,648개소) 중 77.6%(19,142개소)가 의원급 의료기관
※건강보험심사평가원 제출자료

그림 15-1 | 연도별 의원급 의료기관 비대면 진료 현황(자료: 약사공론)

비대면 진료가 환자에게 무조건 편리하기만 할까

소셜 빅데이터 분석 플랫폼 썸트렌드를 통해 '비대면 진료'에 대한 긍·부정 분석을 한 결과, 긍적적인 반응은 40%, 부정적인 반응은 60%로 나타났다. 부정적 반응이 더 높게 나타났는데, 주목할 키워드는 약물 오남용에 따른 '부작용'과 '우려', 비대면 진료 자체에 대해 '불편하다'는 연관어가 두드러졌다.

비대면 진료가 편리하게 느껴지기도 하지만 실제 국민들은 약물 오남용에 대한 우려와 부작용 노출을 걱정하고 있는 것이다. 또한 비대면 플랫폼을 이용하는 데에 있어서도 불편함을 호소하는 사람들이 많았다.

코로나19 확진으로 비대면 진료 플랫폼을 이용해 보면, 진료 대

그림 15-2 | 소셜 빅데이터 분석 플랫폼의 '비대면 진료' 긍·부정 분석 결과(자료: 썸트렌드)

기 시간도 길었고, 실제 진료 상담 시간은 1분 내외로 사전에 작성한 진단 내용을 유선 전화로 확인하는 것뿐이었다. 그리고 처방받은 약을 퀵으로 수령했는데, 대면 진료보다 훨씬 더 많은 용량을 처방받았고, 효과가 있는지 모를 의구심이 들었다.

이런 의구심은 실제 2022년 국정감사에서도 지적되었다. 전북의 A의원은 지난 1년간 닥터나우를 통해 여드름 치료 전문의약품인 '이소티논'을 싸게 처방한다고 SNS에 홍보해 4개월 동안 1만 2400여 건을 급여 처방했으며, 같은 기간 비대면 급여 처방의 97%가 A의원에서 처방된 것으로 나타났다.[8]

국회에서는 비대면 진료 제도화를 위해 의료법 일부 개정 법률안을 발의했다. 개정안에서는 비대면 진료를 통해 의료 접근성이 떨어지는 환자의 의료 서비스 제공 편의를 높여야 한다며, 의료인이 섬이나 벽지 등 의료기관 밖에 있는 환자에 대해서 컴퓨터나 화상통신 등의 기술을 활용해 지속적으로 관찰 및 상담, 지도하고, 진단과 처방을 실시하도록 권하는 내용을 포함하고 있다. 물론 만성질환자 및 정신질환자, 초진인 환자의 경우는 비대면 진료가 불가하며 재진부터 비대면으로 진료가 가능하다.[9]

의료계가 생각하는 비대면 진료의 범위, 국회에서 발의되는 법안들, 그리고 이를 이용해 국민의 질병을 담보삼아 장사하는 일부 의원들. 급변하는 헬스케어 시장과 메가 트렌드인 비대면 진료가 모두 조화롭지 않은 상황에 놓여 있다.

의료 시장의 새로운 패러다임, 선제적 예방이라는 화두

지난 11월 24일 대구광역시에서 열린 'ICT · 헬스케어 산업 이업종 교류회'에서 의료 서비스 패러다임 전환이 논의되었다. 이 협회에서 고상백 대한디지털헬스학회 차기 회장은 "치료하는 서비스에서 개인의 특성을 반영한 질병 예방 활동 서비스로 바뀌어야 한다"고 이야기했다. 기존 의료 서비스는 의료진의 정형화된 의료 서비스를 환자가 일방적으로 수용하는 방식이었다고 지적하며, 건강 증진과 질병 예방 활동에 집중해야 한다고 강조한 것이다.[10]

비대면 진료가 메가 트렌드로 자리 잡고 있는 상황에서 헬스케어 시장은 선제적 예방 시장에 주목하고 있다. 더불어 선제적 예방 시장은 이미 새로운 패러다임으로 자리 잡아 나가고 있다. 유현재 서강 헬스커뮤니케이션센터 센터장은 "우리가 코로나19를 통해 경험해 본 사실은 코로나19에 걸리지 않기 위해서는 손 씻기, 마스크 착용 등 사전 예방 활동이 중요했다는 점이다. 진료의 영역은 이미 증상이 있을 때, 즉 건강에 이상신호가 발생했을 때 행해지는 것인데, 앞으로 헬스케어 시장은 진료의 영역을 보조해 주는 것 이상으로 선제적 예방 도구로서의 역할을 해 나갈 것으로 생각한다"고 말하며 선제적 예방 시장의 장밋빛 미래를 전망했다.

피젯 토이의 인기,
내 정신건강은 내가 챙긴다

'피젯 토이Fidget Toys'를 아는가? 피젯 토이는 한 손에 쥐고 반복적인 동작을 취하는 장난감이다. 미국 캘리포니아대학 컴퓨터 미디어학과 캐서린 이즈비스터Katherine Isbister 교수는 피젯 토이가 스트레스에 노출된 어른과 어린이 모두에게 실용적일 수 있다고 밝힌 바 있다. 실제로 피젯 토이는 장난감이 아닌 ADHD(주의력 결핍 과잉행동장애) 환자를 치료하는 목적으로 사용되었다.[11] 최근 들어 이 피젯 토이에 대한 인기가 올라 가고 있다.

스위스 최대 완구 유통망 프란츠 카를 베버Franz Carl Weber에서 근무하는 한 직원의 말에 따르면, 현재 인기가 급상승한 완구는 피젯 토이의 일종인 '팝잇Pop it'이라고 밝혔는데, 팝잇은 뽁뽁이를 모티브로 만든 실리콘 장난감이다.[12]

영국의 아동심리학자 윌 쉴드Will Shield 박사는 팝잇은 사람들의 시각, 촉각, 청각을 활성화하는 데에 도움을 주며, 감정적이거나 부정적인 생각을 놀이로 전환해 심리적 안정감을 준다고 했다. 여타 전문가들도 팝잇은 사람들의 집중력을 높이거나 디지털 기기에 의존도 높던 아이들에게 새로운 자극의 전환점이 된다고 말한다.[13]

팝잇은 손가락으로 튀어나온 반구를 누르면 뽁뽁이처럼 눌려지는데, 반구는 반대쪽으로 들어가 다시 반대쪽에서 재사용이 가능한 제품이다. 크기나 모양, 다양한 색깔이 존재하며 많은 사람의 사랑을

그림 15-3 | 인스타그램 '#팝잇' 검색 화면 캡처

받고 있다. 팝잇의 인기를 반영하듯 인스타그램의 팝잇 관련 게시물은 1.6만 건이 넘었다.

피젯 토이에 대한 인기는 성인의 스트레스 해소, 정서 불안 등을 해소하기 위한 제품으로도 확대되고 있다. 2021년 와디즈에서 목표치의 164% 펀딩에 성공한 EK의 '스냅스Snaps'란 제품은 펀딩 목표 금액은 높진 않았지만 시장의 반응을 확인할 수 있었던 제품이다. 스냅

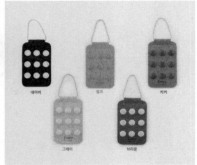

그림 15-4 | EK의 스냅스(출처: 와디즈 홈페이지)

스는 에어캡의 감각과 소리를 더욱 유사하게 구현하고자 했으며, 에어캡과 유사하게 사이즈와 버튼을 배치하고, 직사각형의 명함 정도의 규격으로 디자인하여 휴대성을 높였다.[14]

　피젯 토이 효과에 대해서는 의학 전문가들의 의견은 다소 갈린다. 하지만 바쁜 요즘 사람들이나 어린이들이 피젯 토이에 대해 심리적 안정을 찾는다면, 그것만으로도 정신건강에서 훌륭한 선제적 예방 도구가 될 것이다.

인공지능 스피커의 활약, 치매 예방부터 생명 구조까지

SK텔레콤의 인공지능 스피커인 누구NUGU를 활용한 기억 프로그램인

그림 15-5 | 부여군에 위치한 어르신들이 실제 '두뇌톡톡'을 사용하고 있는 모습(출처: SKT 뉴스룸)

'두뇌톡톡'이 치매 이환율을 낮춰 주는 효과가 있다는 조사 결과가 나왔다. 두뇌톡톡은 SK텔레콤이 행복커넥트와 서울대학교 이준영 교수 팀과의 산학협력을 통해 메타기억교실 두뇌운동 프로그램을 음성 기반의 인공지능 콘텐츠로 개발한 것이다. 실제로 경도인지장애 어르신 50명 중 1명만 치매로 이환되어 치매 이환율이 2% 수준으로 나타났다.[15]

인공지능 스피커는 치매를 선제적으로 예방해 줄 수 있을 뿐만 아니라 홀몸 어르신의 목숨을 지켜 내기도 한다. 어르신들이 집 안에서 갑작스러운 통증을 느끼거나, 위험에 처했을 때, "살려달라"는 말을 들은 인공지능 스피커는 실제 119에 도움을 요청한다.

경상남도에 따르면 2021년 기준 인공지능 스피커를 통해 40여

명의 생명을 살렸다고 한다. 특히, 어르신들이 몸을 사용할 수 없는 상황에서 음성만으로 즉각적인 구조 연계가 가능하고, 건강관련 정보도 인공지능 스피커를 통해 계속 제공할 수 있어 선제적인 예방 활동에 유리하다.[16]

인공지능 스피커는 홀몸 어르신들의 우울증 치료에도 효과적이다. 사전에 동의를 받은 어르신들을 대상으로 인공지능 스피커와의 대화를 녹취하고 이를 활용했는데, 어르신들이 "죽고 싶어" "우울해" "힘들어" "살기 싫다" "서러워" 등의 단어를 자주 말하면 지방자치단체의 사회복지사가 어르신들의 가정을 방문해 심리 상담을 제공하기도 한다.[17]

비단 지자체만이 기업과 연계해 주민들의 선제적 예방 활동을 벌이는 것은 아니다. 수자원공사도 롯데온과 협약하여 수자원공사가 운영 중인 댐 주변 지역을 중심으로 어르신들에게 인공지능 스피커를 기부하여 치매예방 두뇌게임 등을 진행할 수 있도록 지원했다. 여기에 그치지 않고 어르신 안부와 건강 상태 확인 등 복지 서비스도 제공할 예정이다.[18]

누군가에게는 인공지능 스피커가 보조수단에 불과하겠지만, 건강 위기의 접점에 있는 사람들에게는 훌륭한 선제적 예방 도구가 될 것이다.

슬립테크의 등장,
이제는 잠에도 기술이 필요한 세상

선진국 성인 3명 중 2명은 수면 시간이 하루 8시간도 안 된다는 이유로 세계보건기구WHO는 수면 부족을 '선진국 유행병'이라고 선언했다. 맥킨지에서 발간한 보고서 〈숙면: 기술을 통한 수면 부족 감염병 해결Sleep on it: Addressing the sleep-loss epidemic through technology〉에 따르면, 수면 부족은 막대한 경제적 손실을 유발한다. 실제 독일의 경우 수면 부족에 따른 경제적 지출이 매년 600억 달러에 달하고, 호주의 경우 수면 장애로 발생하는 직간접 비용이 국내총생산GDP의 1%에 달하는 것으로 밝혀졌다.[19]

세계수면학회WASM에 따르면 수면 부족은 알츠하이머, 불안, 치매, 우울증, 고혈압, 당뇨 등을 유발하고, 인지기능과 주의력, 의사결정 장애를 초래하는 것으로 나타났다. 특히, 수면 부족은 생산성 저하로 이어지는데, 미국의 경우 수면 장애로 결근하는 근로자의 결근 시간 합계가 연간 1000만 시간에 달하는 것으로 나타났고, 일본은 480만 시간, 독일은 170만 시간으로 조사되었다.[20]

잠이 곧 보약이 되려면, 숙면을 취하는 것이 중요하다. 수면 부족도 결국 숙면을 취하지 못하기 때문에 일어나는 것이다. 실제로 코로나19 팬데믹 이후 전 세계인의 수면 시간은 늘었지만 수면 효율은 떨어진 것으로 나타났다.

삼성전자가 2018년 1월부터 2021년 6월까지 전 세계 갤럭시 워

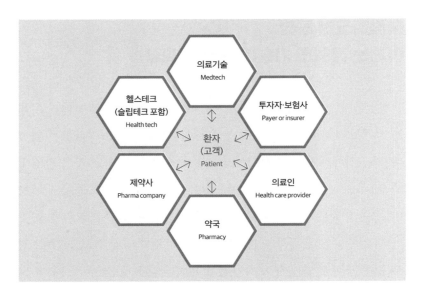

그림 15-6 | 맥킨지에서 이야기하는 디지털 의료 생태계(자료: 맥킨지앤컴퍼니)

치 사용자를 대상으로 조사한 사람들의 평균 수면 시간은 코로나19 팬데믹 이전 평균 6시간 56분에서 이후 7시간 2분으로 소폭 상승한 것으로 나타났다. 하지만 전체 수면 시간 중 깬 시간을 제외한 실제 잠을 잔 시간을 측정한 값인 수면 효율은 87.86%에서 87.79%로 소폭 감소한 것으로 나타났다. 특히, 우리나라의 경우 평균 수면 시간은 6시간 41분이었고, 수면 효율은 86.73%로 세계 평균보다 못한 수면 시간 및 효율을 보였다.[21]

우리나라의 평균 수면 시간이 6시간 41분이지만 이는 평균일 뿐, 다수 경제인구의 평균 시간은 6시간 내외일 것이다. 하지만 6시간 내외로 잔다 해도 매일 피곤한 이유가 있을 것이다. 아마도 그만큼 숙면을 이루지 못하기 때문이 아닐까?

건강에 대한 문제로 직결될 수 있는 수면 문제의 해결책으로 슬립테크Sleep-tech가 떠오르고 있다. 다른 헬스케어 기술에 비하면 아직 시작 단계에 머물러 있는 슬립테크는 2019년 110억 달러(약 15조 7000억 원)에서 2026년 약 320억 달러(약 45조 8000억 원)로 성장할 것으로 예상된다. 물론 슬립테크에 대한 효과 검증에 많은 연구가 필요하다는 전문가들의 의견이 있다. 듀크-싱가포르국립대 의과대 림 웽 콩Weng Khong Lim 박사는 수면 장애 여부를 밝히는 데에 웨어러블 기기를 사용하는 것이 정말 효과가 있는지에 대한 증거가 필요하다고 지적하면서도, 미국 식품의약국FDA이 심방세동 감지 목적의 스마트 워치 사용 승인 배경엔 대규모 임상 연구 결과가 있었기 때문에 수면 장애도 임상 시험을 통해 신뢰성을 확보해야 한다고 밝혔다.[22]

최근 식품의약품안전처에 품목 허가 신청을 낸 불면증 디지털 치료제는 입력된 수면 시간을 바탕으로 수면 처방을 내리고 있다. 평균적으로 사람들에게 80~85%의 수면 효율이 유지되도록 하는 처방이다. 2020년 식품의약품안전처는 디지털 치료제 인허가 가이드라인을 만들었는데, 일반적인 치료제와 마찬가지로 임상 시험 효과를 확인하고 심사를 진행한다.[23] 앞서 이야기한 임상 시험 데이터가 있어야 인허가가 가능하다는 이야기이다.

정부의 인허가와 각종 규제도 국민의 건강을 책임지는 보건 당국의 중요한 역할인 것은 맞다. 실제적으로 임상에 대한 결과도 필요하다. 하지만 수면이 부족하고 수면의 질이 떨어지고 있는 오늘날의 사람들은 숙면을 취하기 위한 다양한 노력들을 계속하고 있다. 선제적 예방 측면에서 관련 산업 역시 지속적인 관심이 필요할 것이다.

수면 전문 브랜드 '삼분의일'은 현재 인공지능 기술을 기반으로 개인화된 최적 수면 온도를 제공하는 매트릭스를 개발하고 있다. 이 제품은 사람이 잠이 들려면 피부가 아닌 몸속 체온이 1도 떨어져야 한다는 수면 연구 결과에 착안해, 진단과 함께 숙면을 취할 수 있는 솔루션을 제공하는 것을 목표로 현재 개발이 한창이다. 제11회 정주영 창업경진대회에서 우수상을 받은 무니스Munice 역시 수면의 질을 높이는 소리를 만들어 주는 '미라클나잇' 앱을 개발해 선보였다. 모노럴 비트Monaural beat로 델타파를 활성화해 뇌파 동조를 일으키고 편안한 수면을 취할 수 있는데, 실제 1만 2000여 명의 사용자를 확보하고 수면 문제를 해결하고 있다.[24]

잠은 곧 보약이다. 하지만 바쁜 사람들은 이런 보약을 맛볼 수 없다. 더욱이 실제 노동환경, 스트레스 등 정신건강 문제, 잠 못 이룰 수밖에 없는 사회적인 문제들까지 겹쳐 있어 우리나라 사람들은 경제협력개발기구OECD 회원국의 평균 수명 시간에도 못 미치는 수면 환경에 노출되어 있다.

수면 부족은 각종 질병의 근원이 되기도 한다. 건강을 선제적으로 예방하고 더 나은 삶을 위해서는 수면테크 시장을 주목해야 한다. 선제적으로 질병을 예방할 수 있는 수면의 질 개선에 우리나라의 미래가 달려 있다.

내 건강 주치의는 선제적 예방의 산물

비대면 진료가 메가 트렌드이지만, 진료의 영역은 이미 질병이 발생한 상황을 의미한다. 그렇기 때문에 이와 연계한 헬스케어 시장에는 많은 규제와 임상 결과 등이 필요하다. 하지만 코로나19 팬데믹은 건강에서 치료보다 예방이 더 중요하다는 것을 우리들에게 알려 주었다. 질병의 예방을 위해 일반적인 놀이 도구로서, 진단 도구로서, 보조 도구로서 미래의 헬스케어 시장은 움직이고 발전할 것이다.

함께 읽으면 더 좋은 책

《디지털 헬스케어는 어떻게 비즈니스가 되는가》 (김치원 지음)
저자는 디지털 헬스케어가 사업적으로 성공하기 위해 필요한 비즈니스 모델을 소개한다. 헬스케어 회사들이 늘어나고 있지만 뚜렷한 성공을 거두지 못했던 이유를 의료 분야에 대한 제대로 된 이해 없이 시장에 진출하기 때문이라고 주장한다. 이런 이유들에 대해 의료 업계의 전문가적인 지식과 맥킨지 컨설턴트 경험을 살려, 헬스케어 비즈니스에서 유념할 사항들을 정리한다.

《디지털 헬스케어-의료의 미래》 (최윤섭 지음)
저자는 인공지능, 사물인터넷, VR 등 디지털 기술 혁신이 의료와 융합되면서 태동된 혁신 분야인 '디지털 헬스케어' 전반을 포괄적으로 소개한다. 디지털 헬스케어의 기본 개념부터, 의료 인공지능, 디지털 치료제, 웨어러블 기기와 같은 최신 기술, 그리고 전략과 규제 기관 등 관계 당국에 던지는 지적과 제언까지 헬스케어에 관한 정보가 총망라되어 있다.

우리 몸을 보충해 주는
건강보조식품 같은 트렌드 책

트렌드 공화국에 깃발 하나 꽂아 보겠다고 달려드는 사람들도 많은데, 그 트렌드 책들을 뒤집어 보겠다고 제시한 게《역발상 트렌드》라니 우리도 참 얄궂다고 생각한다. 그리고 우리 역시 넘쳐흐르는 트렌드 책 시장에 숟가락 하나 얹어 보겠다는 얄팍한 생각이 없지 않았음을 시인한다. 자기 반성 차원에서 독자분들에게 하나 고백하자면, 우리는《역발상 트렌드》를 비롯한 모든 트렌드 책은 '건강보조식품'과 같다고 생각한다.

건강보조식품은 먹어도 되고 안 먹어도 된다. 건강보조식품의 효과 여부는 여전히 논쟁거리이다. 정제된 건강보조식품을 먹는 것이 가격 면에서도 경쟁력 있으며 실제 효과가 있기 때문에 효율적이라는 의견과 건강보조식품은 그저 인공적으로 만들어진 가공품이고, 이에 효과를 본 사람들은 '플라시보 효과placebo effect'를 누리고 있을 뿐이라는 의견이 팽팽하다. 물론 좋은 건강보조식품도 있겠지만 어디까지나 '보조식품'이다. 안 먹는 것보다 낫다는 정도이지, 반드시 먹어야 하는 필수 식품이라거나 만능 약은 아닌 것이다. 그리고 주위 사람들이 다 먹는 건강보조식품을 나만 안 먹는다고 해서 내 건강이 상한다거나 남들보다 뒤처지는 것도 아니다. 불안해할 필요는 없다는 뜻이다.

트렌드 책이 그렇다. 트렌드 책을 많이 읽는다고 미래가 보장되는 것도 아니고 남들보다 더 앞서 나가는 것도 아니다. 그리고 주변 사람들 모두 트렌드 책을 읽는데, 나만 안 읽는다고 해서 뒤처지는 것도 아니다. 트렌드를 파악하고 이해하고, 미래를 대비하고 인사이트를 얻는 방법은 여러 가지가 있다. 그중 하나가 트렌드 책일 뿐이다. 이는 절대적이지 않다. 그러니 트렌드 책을 읽지 않았다고 해서 불안해하지는 말자.

우리가 강조하고 싶은 것은, 건강보조식품을 먹더라도 평소에 편식하지 않고 다양한 음식을 먹는 게 중요하듯이, 트렌드도 한 면만 보고 그것만 쫓으면 안 된다는 것이다. 건강보조식품도 하나만 장기 복용하면 효과가 떨어질 수 있다. 다양하고 상반된 트렌드를 접하고, 그것을 내 안에서 소화하는 과정을 거쳐야 한다. 식상한 말로 '트렌드의 정반합 과정'을 꼭 거치라는 뜻이다.

그런 의미에서 이 책을 읽고 있는 독자분들에게 감히 한마디 조언을 건네고자 한다. 어떤 트렌드 책에 등장하는 개념이나 용어를 자신의 보고서와 리포트에 그대로 인용하는 것은 지양해야 한다. 의심 없이 그대로 썼다가는, 보고서와 리포트 결과물의 수준은 현저하게 떨어질 수 있다는 점을 유의하기 바란다. 이 책의 시작 부분에서 언급했듯이 트렌드가 곧 시장도 아니고, 어떤 트렌드의 방향도 일방적이지 않기 때문이다. 그래서 이 책을 읽은 여러분은 트렌드의 양면을 이해하고, 그것을 융·복합한 결과에 따라 다양한 사고를 하고 전략을 세울 수 있길 바란다.

읽고 그치지 마세요, 경험에 양보하세요

보다 중요한 것은 건강보조식품을 먹는 것보다 건강한 음식을 섭취하는 것이다. 건강보조식품도 실제 음식을 건강하게 먹었을 때 더 효과가 있다고 한다. 트렌드에 있어서 건강한 음식이란 직접 경험하는 것이다. 업계든 학계든 자신이 관심 있는 곳에 가서 직접 보고 듣고 느끼고 내부에서 체화된 것을 바탕으로 정리하는 게 더 좋은 트렌드를 발굴하는 방법이다.

여기서 중요한 한 가지가 있다. 직접 경험을 하더라도 트렌드는 단 며칠 만에, 혹은 1년 만에 느껴지고 다가오는 것이 아니다. 트렌드는 몇 년 전부터 이어져 온 흐름에서 나온다. 그래서 제대로 된 트렌드를 파악하려면 그 경험을 지속해서 쌓아 가면서 흐름을 꾸준히 읽어야 한다. 건강한 음식을 단기간 먹는다고 해서 건강이 눈에 띄게 좋아지는 게 아닌 것과 마찬가지이다.

반복해서 말하지만, 트렌드 책만 읽는다고 세상의 모든 트렌드를 알게 되는 것이 아니다. 지금부터라도 트렌드 책을 읽기만 하면 트렌드를 다 알게 된다고 착각하지 말길 바란다. 여행 가이드북을 읽더라도 실제 여행을 떠나듯 트렌드 책을 읽더라도 실제 경험이 중요하다. 일전에 인스타그램의 여행 사진과 실제 관광지 사진이 비교된 피드가 돌았다. 인스타그램에서는 아름답게 보정된 여유로운 여행지의 모습이 담겼지만 실제 관광지는 발 디딜 틈도 없이 복잡하고 지저분했다. 트렌드 책과 실제 트렌드도 그럴 수 있다. 책에서 읽은 것과 현장에서 확인한 것이 생각했던 것과는 완전히 다를 수 있다.

우리가 이 책을 쓰면서 트렌드에 일침을 가하는 이유는 트렌드 책 시장에서 목소리를 높여야 제대로 메시지가 전달된다고 느꼈기 때문이다. 그리고 그것이 이 책을 찾아서 읽는 여러분의 지적 건강을 위한 올바른 방법이라고 생각했기 때문이다.

Mnet 〈쇼미더머니 10〉에서 머드 더 스튜던트가 랩을 하고 악뮤 AKMU 이찬혁이 피처링을 한 곡 〈불협화음〉에 이런 가사가 있다. "어느 새부터 힙합은 안 멋져. 이건 하나의 유행 혹은 TV쇼. (중략) 쇼미더머니가 세상을 망치는 중이야." 이른바 힙합 프로그램에서 힙합을 '디스'한 것이다. 이에 대해 이효리는 TVING의 예능 프로그램 〈서울체크인〉에서 이찬혁에게 그 가사를 쓰고 무대에서 불렀다는 것에 큰 감명을 받았다고 말했다. 우리 역시 그런 의미로 《역발상 트렌드》를 썼다. 그리고 그 가사와 같이 《역발상 트렌드》가 트렌드 책 시장에 중요한 메시지를 던질 수 있기를 바란다.

〈쇼미더머니〉에서 "힙합이 안 멋지다"고 한 건 시대에 던지는 메시지였어요. 모든 게 빠르고, 모든 게 유행처럼 지나가고 그런 것들 속에서 멋진 걸 찾기가 힘들다는 표현이었어요.

TVING 〈서울체크인〉, 이효리와 이찬혁의 대화 중에서

참고 문헌

책 제목	지은이·옮긴이	출판사	출간 월
메타버스 트렌드 2025	심재우 지음	글라이더	2021. 10.
빅테크 미래보고서 2025	야마모토 야스마사 지음 신현호 옮김	반니	2022. 1.
대한민국 인구 트렌드 2022-2027	전영수 지음	블랙피쉬	2022. 2.
2030 마켓 트렌드	제프 데자댕 지음 박유안 옮김	여의도책방	2022. 3.
디지털 시대의 피트니스 트렌드 4.0	조일형 외 2인 지음	모디북스	2022. 3.
AI 세계미래보고서 2023: 휴머노이드가 온다	박영숙 외 2인 지음	더블북	2022. 4.
메타버스 새로운 부의 탄생	위자닝·최준용 지음 정주은 옮김	비즈니스맵	2022. 5.
뉴마켓, 새로운 기회	김명선 지음	경이로움	2022. 6.
여행을 바꾸는 여행 트렌드	김다영 지음	미래의창	2022. 7.
엔데믹 빅체인지 7	최윤식 지음	김영사	2022. 7.

책 제목	지은이·옮긴이	출판사	출간 월
웹 3.0 혁명이 온다	김재필 지음	한스미디어	2022. 7.
싱글라이프와 소비트렌드 2023	비피기술거래·비피제이기술거래 지음	비티타임즈	2022. 8.
비욘드 코로나, 뉴비즈니스 생존 전략	하라다 요헤이·고이와이 요시오 지음 김승훈 옮김	동아엠앤비	2022. 9.
모바일 미래보고서 2023	커넥팅랩 외 8인 지음	비즈니스북스	2022. 9.
디지털 뉴트렌드 메타버스 NFT 활용서	황영오 외 5인 지음	메타북스	2022. 9.
트렌드 코리아 2023	김난도 외 9인 지음	미래의창	2022. 10.
세계미래보고서 2023	박영숙·제롬 글렌 지음	비즈니스북스	2022. 10.
라이프 트렌드 2023: 과시적 비소비	김용섭 지음	부키	2022. 10.
디지털 미디어 인사이트 2023	김경달 외 5인 지음	이은북	2022. 10.
그레이트 리세션 2023년 경제전망	김광석 지음	지식노마드	2022. 10.
친절한 트렌드 뒷담화 2023	이노션인사이트그룹 지음	싱긋	2022. 10.
뉴미디어 트렌드 2023	샌드박스네트워크 데이터랩 외 3인 지음	샌드박스스토리	2022. 10.
2023 트렌드 노트	이원희 외 6인 지음	북스톤	2022. 10.
2023 트렌드 모니터	최인수 외 3인 지음	시크릿하우스	2022. 10.
2023 대한민국 대전망	이영한 외 35인 지음	지식의날개	2022. 10.
디지털 트렌드 2023	김지혜 지음	책들의정원	2022. 10.
Z세대 트렌드 2023	대학내일20대연구소 지음	위즈덤하우스	2022. 10.
카이스트 미래전략 2023	KAIST 문술미래전략대학원 미래전략연구센터 지음	김영사	2022. 10.

책 제목	지은이·옮긴이	출판사	출간 월
디지털 파워 2023	박현제 외 22인 지음	하다	2022. 10.
문화 트렌드 2023	금태섭 외 10인 지음	북코리아	2022. 10.
2023 한국이 열광할 세계 트렌드	KOTRA 지음	알키	2022. 10.
암호화폐 트렌드 2023	표상록 외 4인 지음	나비의활주로	2022. 11.
2023 한국경제 대전망	이근 외 6인 지음	21세기북스	2022. 11.
요즘 소비 트렌드	노준영 지음	슬로디미디어	2022. 11.
매경아웃룩 대예측 2023	매경 이코노미 지음	매경출판	2022. 11.
한경무크: 2023 산업대전망	한경비즈니스 외 4인 지음	한국경제신문	2022. 11.
채용 트렌드 2023	윤영돈 지음	비전코리아	2022. 11.
IT 트렌드 2023	김지현 지음	크레타	2022. 11.
글로벌 트렌드 2023	〈트렌즈Trends〉지 특별취재팀 지음	일상과이상	2022. 11.
OTT 트렌드 2023	유건식 외 2인 지음	형설이엠제이	2022. 12.

주

들어가는 말

1 고경석, 〈"답을 아는 사업만 하면 오래 못 가" 매일이 '창업 첫날'〉, 《한국일보》, 2017. 04. 29.

1장 열정 시대 VS. 알파세대

1 Mark McCrindle, Ashley Fell, 《Understanding Generation Alpha》, Hachette Australia, 2021.

2 Christian Gollayan, 〈This baby's first word was 'Alexa'〉, 《New York Post》, 2018. 06. 04.

3 이주희, 〈[빅데이터로 보는 트렌드] 알파세대, 마케팅 영역의 메인 타깃이 될 것〉, 《더피알타임스》, 2022. 08. 26.

4 McCrindle https://mccrindle.com.au/article/topic/generation-z/gen-z-and-gen-alpha-infographic-update/

5 박남수, 〈위치공유앱 '젠리' 종료로 '아이쉐어링' 전세계 이용자 3500만 돌파〉, 《정보통신신문》, 2023. 01. 21.

6 송한나, 〈Z세대 61% "M·Z세대 묶는 것 부적절"…MZ세대 구분, 출생연도보다 특성으로〉, 《한국일보》, 2022. 03. 26.

7 송한나, 〈Z세대 61% "M·Z세대 묶는 것 부적절"…MZ세대 구분, 출생연도보다 특성으로〉, 《한국일보》, 2022. 03. 26.

8 이 접근 방법은 〈더플랩(THE PL:LAB) People Report 2022〉 '[강승훈 LG경영연구원 연구위원] 세대가 아닌, 시대 맞춤형HR'에서 참고했다.

9 Philip N. Cohen, 〈Opinion | Generation labels mean nothing. It's time to retire them.〉, 《The Washington Post》, 2021. 07. 07.

10 윤경일, 〈새로움을 추구하는 욕구와 회피하는 욕구〉, 《정신의학신문》, 2020. 12. 08.

11 아푸바 차브라, 〈가트너 기고 | 디지털 전환에 성공하는 CIO, 리더십 특징 5가지〉, 《CIO Korea》, 2022. 09. 22.

12 뱅크샐러드 공식 블로그 https://blog.banksalad.com/news/데이터_리포트_발표_202109/

13 이승준, 〈크몽, 클래스101, 쿠민레시피와 같은 재능공유 플랫폼 확대〉, 《시민일보》, 2021. 04. 06.

14 신희은, 〈누적 7.5억 투자유치, 문카데미 "1인1반려악기 시대로"〉, 《벤처스퀘어》, 2022. 10. 18.

15 유지혜, 〈춤바람 난 시청자들…"'스걸파'는 활력소"〉, 《스포츠동아》, 2021. 12. 16.

16 남지은, 〈"김신영 보려 알람 맞춰"…4살도 어르신도 '노래자랑' 본방사수〉, 《한겨레》, 2022. 10. 17.

17 롱블랙 공식 인스타그램 https://www.instagram.com/p/CkhDcp7Pd-J/?igshid=YmMyMTA2M2Y%3D

18 윤지혜, 〈요즘 10대, 페북 안 쓴다…Z세대 꽂힌 이 SNS는?〉, 《머니투데이》, 2022. 11. 08.

19 더밀크 공식 인스타그램 https://www.instagram.com/p/Cf3DCUQJ0mJ/

20 임서영, 〈미국에선 '틱톡'이 아마존보다 책을 더 잘 판다?〉, 《중앙일보》, 2022. 08. 12.

21 David Barnett, 〈UK publishers take £6.7bn in sales as TikTok crazes fuel purchases〉, 《The Guardian》, 2022. 04. 21.

22 시티호퍼스 https://cityhoppers.co/content/story/thenewyorkpubliclibrary

23 비크닉 공식 인스타그램 https://www.instagram.com/p/Cg6Yk1Ls3oG/

24 더밀크 공식 인스타그램 https://www.instagram.com/p/CiynRkOrrcG/

25 김용출, 〈출퇴근길에… 운동하며… '귀로 듣는 독서' 급속히 번진다[이슈 속으로]〉, 《세계일보》, 2022. 01. 08.

26 장슬기, 윤유경, 〈책을 보는 게 아니라 경험하게 해주는 '북텔러'의 세계〉, 《미디어오늘》, 2022. 09. 17.

27 WGSN https://www.wgsn.com/ko

28 최다래, 〈GS샵, 넷플릭스 '블랙의신부' 소개 방송 진행〉, 《지디넷코리아》, 2022. 07. 06.

29 김병희, 김신동, 홍경수, 《보랏빛 섬이 온다-인구소멸시대의 문화예술행정 이야기》, 학지사, 2022.

30 WGSN https://www.wgsn.com/ko

31 손고은, 〈[현장 브리핑] 코로나19로 생긴 취미, 여행과 연결〉,《여행신문》, 2022. 10. 11.

32 김동환, 〈'손흥민을 직관하라!' 축덕원정대, 토트넘 개막전 배낭여행 참가자 모집〉,《풋볼리스트》, 2022. 07. 02.

33 신찬옥, 〈코로나에 창업 줄었지만…'취업난' 20대, '은퇴족' 60대 자영업은 늘어〉,《매일경제》, 2022. 03. 13.

34 채제우, 〈요즘 대세 '무인 창업'…독박육아 주부가 월 500만원 번다 [사장의 맛]〉,《조선일보》, 2022. 11. 11.

35 박소영, 〈로컬 어르신 경험자산을 창업으로…〉,《스타트업레시피》, 2022. 11. 11.

36 벤처스퀘어 공식 블로그 https://blog.naver.com/venturesquare_/222839877976

2장 똑똑한 기회주의자 VS. 불경기 비관주의자

1 2022년 한국벤처창업학회 추계학술대회 기조발제

2 코인니스 https://coinness.live/news/1041157

3 정은혜, 〈『부자 아빠…』 기요사키 "모든 자산시장 무너지고 있다, 부자 될 시간"〉,《중앙일보》, 2022. 09. 02.

4 최재원, 〈"햄버거 vs 수제버거, 당신의 소비는?" 국민들 과소비에 '가스라이팅' 들어간 것 같다는 정부기관〉,《인사이트》, 2022. 08. 30.

5 다이켄의 테크인사이트 https://www.youtube.com/watch?v=YN65pa95cHA

6 크리스 정, 〈11~12월 투자 전략 부합 기업 톱10〉,《더밀크》, 2022. 11. 01.

7 더밀크 공식 인스타그램 https://www.instagram.com/p/Ck4gHEzvkky/

8 The Most Sensational Sheep 공식 인스타그램 https://www.instagram.com/the_most_sensational_sheep/

9 김인순, 〈"불황기에 건강한 스타트업이 탄생한다"〉,《더밀크》, 2022. 11. 17.

10 김인순, 〈"불황기에 건강한 스타트업이 탄생한다"〉,《더밀크》, 2022. 11. 17.

11 The Most Sensational Sheep 공식 인스타그램 https://www.instagram.com/the_most_sensational_sheep/

12 전혜영, 〈1600만 원 에르메스백 대신 에르메스 주식…그녀가 옳았다〉,《머니투데이》, 2022. 11. 12.

13 류준영, 〈한물 간 장난감? 11조원 시장 열린다…키덜트 지갑 여는 플랫폼〉,《머니투데이》, 2022. 06. 25.

14 김태현, 〈네이버 '스노우', 스니커즈 리셀 '크림' 분사…"MZ세대 소비 문화 선도"〉,《와우테일》, 2020. 11. 21.

15 류준영, 〈한물 간 장난감? 11조원 시장 열린다…키덜트 지갑 여는 플랫폼〉, 《머니투데이》, 2022. 06. 25.

16 정기영, 〈"넌 무슨 테크 하니" 소액투자로 재밌게 돈번다〉, 《중기이코노미》, 2022. 02. 16.

17 전효진, 〈"마이크로 컬렉터 시대가 온다…조각투자, 미술품 대중화 한 축"〉, 《조선비즈》, 2022. 11. 01.

18 이상은, 〈사모펀드도 뛰어드는 음악 저작권 투자…'노다지' vs. '과대평가' 엇갈리는 전망〉, 《인베스트조선》, 2022. 11. 24.

19 임하영, 이대훈, 〈나도 영화 투자할 수 있다!〉, 《팍스넷뉴스》, 2022. 08. 18.

20 허미담, 〈음악·부동산 이어 한우도 쪼개서 산다는데…'조각 투자' 안전할까〉, 《아시아경제》, 2022. 04. 29.

21 김동현, 〈식지 않는 한류 열풍…'팬덤 플랫폼'에 뭉칫돈 몰린다〉, 《서울경제》, 2022. 02. 13.

22 더밀크 공식 인스타그램 https://www.instagram.com/p/ClaK2NOpdLM/

3장 믹스버스 VS. 메타커머스

1 기묘한, 〈[기묘한 커머스 이야기] 메타버스는 알겠는데, 메타커머스는 뭔가요?〉, 《모비인사이드》, 2022. 07. 22.

2 이나연, 〈유통업계에 부는 '메타커머스' 바람…시장 전망은?〉, 《디지털데일리》, 2022. 07. 08.

3 롱블랙 https://www.longblack.co/note/217

4 이나연, 〈유통업계에 부는 '메타커머스' 바람…시장 전망은?〉, 《디지털데일리》, 2022. 07. 08.

5 R/GA Ventures 공식 유튜브 https://www.youtube.com/watch?v=NOc6BnnTAek

6 양일국, 〈NH투자증권, MZ세대 팝업 스토어 'NH슈퍼스톡마켓' 오픈〉, 《시장경제》, 2021. 03. 26.

7 방영덕, 〈"들어간 손님, 나올 생각을 안 해요"…달라진 피팅룸, 어떻길래〉, 《매일경제》, 2022. 11. 03.

8 유지연, 〈'임영웅 얼굴'만으로 홀렸다…40분간 샴푸 매출 15억 찍은 비결〉, 《중앙일보》, 2022. 11. 03.

9 롱블랙 공식 인스타그램 https://www.instagram.com/p/CkHTd_lvbBr/?igshid=YmMyMTA2M2Y%3D

10 시티호퍼스, 〈레이트 체크아웃을 모두에게 무료로 제공하는 호텔〉, 2022. 10. 31.

11 김수민, 〈K-POP 디지털 콘서트와 오프라인 갤러리의 만남…공연산업의 미래를 엿보다〉, 《중앙일보》, 2021. 06. 22.

12 비넥트스튜디오 https://virnect.com/value/public_education

13 서혜림, 〈개별 여행 트렌드와 크리에이터 경제가 만났다: 트로바트립〉, 《더밀크》, 2022. 11. 08.

14 EO 공식 유튜브 https://www.youtube.com/watch?v=Dis3YUUT-to

4장 규칙 없는 조직문화 VS. 주4일제와 워케이션

1 이해인, 〈요즘 2030 "승진 안 할래요" "본사 안 갈래요"〉, 《조선일보》, 2021. 10. 11.

2 박대웅, 〈불 붙은 주 4일제 근무…찬반 양론 뜨겁다〉, 《오피니언뉴스》, 2022. 04. 15.

3 송지유, 〈"월화수목토토일"…유니레버 '주4일제' 실험 확대한다〉, 《머니투데이》, 2022. 11. 02.

4 로버트 월터스 https://www.robertwalters.co.kr/hiring/hiring-advice/act-like-a-start-up.html

5 잡코리아, 〈구직자 72.3% "스타트업 취업도 OK!"〉, 2022. 05. 20.

6 오민호, 〈[KHC-STM 분과1]포스트 코로나 병원 조직 예측〉, 《병원신문》, 2022. 04. 28.

7 우형준, 〈"정장 이제 안 입어요"…삼성전자 임원들도 매주 금요일은 '캐주얼'〉, 《SBS Biz》, 2022. 07. 02.

8 곽노필, 〈개방형 사무실은 정말로 짜증을 유발했다…8분 실험 결과는?〉, 《한겨레》, 2021. 07. 07.

9 더플랩 인사이트 https://www.thepllab.com/

10 팀블라인드 공식 유튜브 https://www.youtube.com/watch?v=OeSoiYL_Exk

11 서정민, 〈[밀레니얼 트렌드 사전] 워라블〉, 《중앙일보》, 2022. 06. 16.

12 Philippe Rothlin, Peter R. Werder, 《Boreout!: Overcoming Workplace Demotivation》, Kogan Page, 2008.

13 더플랩 인사이트 https://www.thepllab.com/post/432

14 황순민, 〈[트렌드] 인재 마음 훔치는…'컬처덱' 제작 열풍〉, 《매일경제》, 2022. 03. 30.

15 김문관, 〈'안티-핸드북 핸드북'으로 본 테슬라…"일론 머스크에게 직접 말하라"〉, 《이코노미조선》, 2021. 01. 11.

16 Callum Borchers, 〈The Gurus Who Say They Can Make Quiet Quitting Disappear—for $15,000 a Day〉, 《The Wall Street Journal》, 2022. 10. 06.

17 더플랩 인사이트 https://www.thepllab.com/

18 정병준, 〈퇴사율 30% 낮춘 어도비의 성과관리 체계, 체크인(Check-in)!〉, 《사례뉴스》, 2021. 04. 28.

19 더플랩 인사이트 https://www.thepllab.com/

20 오민호, 〈[KHC-STM 분과1]포스트 코로나 병원 조직 예측〉, 《병원신문》, 2022. 04. 28.

21 박현익, 〈20~40대 절반 "연봉 줄어도 조직문화 맞으면 이직"…휴가 최우선〉, 《동아일보》, 2022. 11. 17.

22 Martin Bayer, 〈애플, 9월부터 홈오피스 시대 끝낸다 "주 3일 출근 강제"〉, 《ITWorld》, 2022. 08. 17.

5장 플로우 관계 VS. 인덱스 관계

1 김난도 외 9인, 《트렌드 코리아 2023》, 미래의창, 2022.

2 권성희, 〈목적 지향이 아니라 관계 지향으로 살아야 하는 이유〉, 《머니투데이》, 2018. 04. 07.

3 손봉석, 〈솔로남녀 1만 5000명이 답한 '소개팅 어플을 쓰는 이유'〉, 《스포츠경향》, 2022. 09. 02.

4 이수호, 〈[테크M 트렌드] 커뮤니티로 진화한 카카오 오픈 채팅 "연결의 힘은 무궁무진"〉, 《Tech M》, 2022. 07. 27.

5 신진상, 《미래의 부를 위한 투자 공부》, 미디어숲, 2022.

6 김병규, 〈코로나에 우울한 청년…20대 우울증 환자 2년간 45.2% '급증'〉, 《연합뉴스》, 2022. 06. 24.

7 김경원, 〈한국 자살률, OECD 평균 2.2배…남자가 여자보다 많아〉, 《서울와이어》, 2022. 06. 15.

8 김수진, 〈'코로나 세대가 포기한 것' 직장인은 인간관계, 구직자는 취업〉, 《에듀동아》, 2020. 11. 30.

9 김민정, 〈[비크닉] 키워드로 읽는 2022 칸 국제광고제 결산〉, 《중앙일보》, 2022. 06. 29.

10 권순재. (2012). 온라인 커뮤니티에서 공부와 게임의 재미와 플로우 관계, 정보시스템연구, 21(2), 161-180.

11 방준식, 〈외로움에 지친 30대 여성들…주말이면 '남의집' 몰려간다? [방준식의 레저 스타트업]〉, 《한국경제》, 2022. 11. 12.

12 유지연, 이경은, 〈"이번엔 흥행 두 배"…석촌호수 러버덕에 사람들 열광하는 까닭〉, 《중앙일보》, 2022. 10. 01.

13 김정우, 〈7년 만에 유니콘으로…당근마켓 폭풍 성장 스토리〉, 《매거진한경》, 2022. 03. 01.

14 이동욱, 〈[삼촌설] 외로움 대책팀〉, 《경북일보》, 2022. 11. 14.

15 조안나 요크, 〈"EQ: '감성 지능'이 리더들에게 각광받는 이유〉, 《BBC》, 2022. 10. 16.

16 김성훈, 〈랜디 MDRT 회장 "코로나 이후 보험설계사 생존전략은 '감성적 지능'〉, 《헤럴드경제》, 2022. 06. 29.

6장 셀프 아웃 사회 VS. 아바타 사회

1 오효진, 〈비대면 문화의 새로운 표준이 된 '아바타 산업'〉, 《벤처스퀘어》, 2022. 09. 11.
2 장회정, 〈아바타가 입은 그 옷, 나도 사입었다···'피지털' 요즘 패션 트렌드〉, 《경향신문》, 2022. 11. 05.
3 신홍주, 신미규, 윤현민, 윤재영. (2022). 메타버스 사용자의 아바타 형성 과정 변화 연구, 디자인융복합연구(구.인포디자인이슈), 21(5), 120.

7장 필수적인 TV VS. 선택적인 OTT

1 서정윤, 〈OTT 조금 더 저렴하게 보고 싶다면?〉, 《지디넷코리아》, 2022. 03. 16.
2 임경호, 〈글로벌 OTT 시장, 2027년까지 매년 20% 커진다〉, 《PD저널》, 2022. 08. 30.
3 박효길, 〈[기획] 국내 OTT·콘텐츠 시장 지형 바뀐다〉, 《매일일보》, 2022. 11. 06.
4 강은영, 〈"사회적 거리두기 완화로 영화관 이용 늘고 OTT 이용 감소"〉, 《브릿지경제》, 2022. 11. 11.
5 안세준, 〈넷플릭스 광고시장 진출···"온·오프라인 광고 잠식 우려" [OTT온에어]〉, 《아이뉴스24》, 2022. 11. 22.
6 윤진우, 〈토종 OTT 스타트업 왓챠 '벼랑 끝'···매각 어렵고 이용자 이탈까지〉, 《조선비즈》, 2022. 11. 30.
7 강은영, 〈"사회적 거리두기 완화로 영화관 이용 늘고 OTT 이용 감소"〉, 《브릿지경제》, 2022. 11. 11.
8 김가연, 〈"뭐 볼지 고민만 1시간" '넷플릭스 증후군'을 아시나요〉, 《아시아경제》, 2020. 09. 19.
9 남궁경, 〈OTT 이용자 40% '계정 공유'···추가 과금에는 '해지'〉, 《데일리안》, 2022. 11. 30.
10 안세준, 〈넷플릭스 광고시장 진출···"온·오프라인 광고 잠식 우려" [OTT온에어]〉, 《아이뉴스24》, 2022. 11. 22.
11 이희권, 〈'OTT 파티는 끝났다'··· 엔데믹 시대 '옥석 가리기' 본격화〉, 《문화일보》, 2022. 05. 23.
12 손남원, 〈넷플릭스 vs 애플 vs 아마존 vs 디즈니, OTT 뭐 볼까 [손남원의 연예산책]〉, 《OSEN》, 2022. 11. 14.
13 채널A, TV조선, JTBC, MBN 등 종합편성채널, tvN, ENA 등 케이블채널, 그리고 KT, SK브로드밴드, LG유플러스 등 IPTV 등이 있지만 이 책에서는 KBS, MBC, SBS 지상파 3사로 좁혀서 설명했다.
14 김고은, 〈3명 중 1명은 돈 내고 OTT 본다〉, 《한국기자협회》, 2022. 01. 20.
15 이영아, 〈'태양의후예'부터 '전원일기'까지, 레전드 드라마 '정주행 열풍'···웨이브 주간순위〉,

《테크M》, 2021. 03. 09.

16 황연도, 〈'옷소매' 꺼지지 않는 인기, OTT 2월 1주차 통합 콘텐츠 랭킹 5위〉, 《앳스타일》, 2022. 02. 07.

17 강소현, 〈가입자 이탈에 고민커진 OTT…"방어 전략 필요"〉, 《디지털데일리》, 2022. 11. 22.

18 안진용, 〈스타PD도 못 웃었다… OTT 예능 5년째 'TT'〉, 《문화일보》, 2021. 12. 14.

19 안진용, 〈스타PD도 못 웃었다… OTT 예능 5년째 'TT'〉, 《문화일보》, 2021. 12. 14.

20 안진용, 〈스타PD도 못 웃었다… OTT 예능 5년째 'TT'〉, 《문화일보》, 2021. 12. 14.

21 한국갤럽 https://www.gallup.co.kr/

22 장경영, 〈"디지털과 오프라인 매체간 균형이 이슈입니다"〉, 《한국경제》, 2022. 11. 11.

8장 현실 개선 온라인 서비스 VS. 현실 복제 메타버스

1 박지윤, 〈현실 본 뜬 메타버스, 범죄도 본 뜬다〉, 《바이라인 네트워크》, 2022. 3. 26.

2 박윤예, 〈[단독] 코로나 속 디지털 성범죄 급증…작년 1만 6866명 적발〉, 《매일경제》, 2021. 12. 07.

3 필 리빈 트위터 2022. 01. 12.일자 게시물 https://twitter.com/plibin/status/148105775
8187241476?s=46&t=owp1yc3pNL503TsmiQSuGA

4 송승욱, 〈'메타버스 열풍' 끝났나?…로블록스·제페토 이용 급감〉, 《SBS 뉴스》, 2022. 05. 22.

5 오동현, 〈'메타버스' 10명 중 8명이 안다더니…해본 사람은 '1명'〉, 《뉴시스》, 2022. 08. 18.

9장 고객을 위한 버추얼 휴먼 VS. 기업을 위한 버추얼 휴먼

1 차형조, 〈[BbCONF] 백승엽 로커스엑스 대표 "첫 가상인플루언서 '로지'는 마케팅 성공 사례"〉, 《비즈한국》, 2022. 10. 13.

2 정초원, 〈[special] 늙지 않는 가상 인플루언서, '메타 휴먼'을 꿈꾸다〉, 《매거진한경》, 2022. 09. 30.

3 이현정, 〈관광공사 가상인간 홍보대사 여리지, 8억 들여 만들었다는데…아이린 얼굴이랑 '너무 비슷'〉, 《매일안전신문》, 2022. 10. 22.

4 조용준, 〈버추얼 휴먼 '리아', 한복캠페인 펀딩 시작…中 한복공정 대응〉, 《뉴스핌》, 2022. 07. 20.

5 이하린, 〈가상인간 뜸해졌나 했더니…롯데호텔서 호캉스 찍는 이 여성〉, 《매일경제》, 2022. 11. 22.

6 이종림, 〈연 160억 원 버는 가상인간 릴 미켈라, 이렇게 만들어진다〉, 《주간동아》, 2022. 08. 12.

7 김형자, 〈누가 진짜 인간? 가상인간이 일상 속으로〉, 《주간조선》, 2022. 09. 29.

8 전유진, 〈이스트소프트 AI 기술 콘퍼런스 만족도 조사, '메타버스·버추얼 휴먼' 관심↑〉, 《CCTV 뉴스》, 2021. 11. 16.

9 하미래, 〈마케팅의 새로운 트렌드 된 '버추얼 휴먼'…범죄 악용, 외모지상주의 심화 등 부작용 우려도〉, 《시빅뉴스》, 2022. 10. 20.

10 최태범, 〈'가상인간 연예인 기획사' 만든다…커팅엣지-유어라운드 맞손〉, 《머니투데이》, 2022. 11. 17.

11 정명화, 〈커팅엣지, 버추얼 휴먼 매니지먼트 사업 진출〉, 《와우테일》, 2022. 11. 17.

12 류혜원, 〈오승근, 아내 故김자옥 아바타로 만났다…"기쁘고 뭉클해"〉, 《머니투데이》, 2022. 10. 07.

13 EASPORTS FIFA21 https://www.ea.com/ko-kr/games/fifa/fifa-21/news/kiyan-prince-long-live-the-prince

14 Cannes Lions Festival of Creativity 2022 https://www.lionscreativity.com/cannes-lions-festival-of-creativity-2022

15 김기훈, 〈사진 한장이면 부모·애인 가상인간 1주일 만에 만든다…2년 뒤엔 대화까지〉, 《조선일보》, 2022. 04. 25.

16 이시은, 〈'AI 인강쌤' 나온다…이스트소프트, 휴넷과 맞손〉, 《한경닷컴》, 2021. 06. 10.

10장 정부의 웹 3.0 vs. 민간의 웹 3.0

1 김제이, 〈카카오 먹통이 드러낸 데이터 독점, 블록체인이 대안 될까〉, 《코인데스크코리아》, 2022. 11. 09.

2 이상욱, 한정엽. (2021). 실감 콘텐츠 윤리적 부작용 대표사례 및 규정 연구, 《한국공간디자인학회 논문집》, 16(7), 415.

3 이태규, 〈업비트도 '잡코인 퇴출' 현실화…투자자 불만 폭발〉, 《서울경제》, 2021. 06. 12.

4 박진우, 〈암흑화폐 위믹스 퇴출…'코인 구조조정' 신호탄?〉, 《한국경제》, 2022. 11. 25.

5 윤숙영, 〈국내 기부 플랫폼 '체리', 세계 표준 블록체인 기술로..〉, 《머니투데이》, 2022. 11. 17.

11장 선제적 개인정보 보호 기술 VS. 선제적 대응 기술

1 IFTTT란 'IF THIS, THEN THAT'의 약자로 인터넷과 컴퓨터 그리고 여러 가지 IT 기기들을

연동시켜주는 서비스를 말한다. 자피어 역시 트리거를 기반으로 다음 액션을 설정하여 자동화를 돕는 대표적인 자동화 노코드 서비스 중 하나이다.

2 이한승, 〈터널 진입시 창문까지 닫아준다, THE K9의 신기술〉, 《탑라이더》, 2018. 03. 10.

3 최아름, 〈빅데이터 분석해 범죄 예측·대응⋯스마트치안 '주목'〉, 《정보통신신문》, 2022. 03. 27.

4 김현수, 〈인공지능 스피커 '알렉사'로 전 여친 스토킹·협박한 남성〉, 《뉴시스》, 2022. 11. 07.

5 에반 슈만, 〈칼럼 | 진정한 온라인 프라이버시란 없다〉, 《CIO Korea》, 2017. 02. 23.

6 정은지, 〈일정 환경에 자동으로 닫히는 현대車 'AI 공기청정시스템'⋯똑똑하긴 하지만 모르면 '깜놀'〉, 《녹색경제신문》, 2022. 06. 08.

7 나현준, 〈우리집 월패드가 내 가족을 훔쳐본다 어떡하지?〉, 《매일경제》, 2021. 12. 17.

8 조영선, 〈메타, 개인정보 유출 혐의⋯또 3680억 원 '벌금 폭탄'〉, 《한국경제》, 2022. 11. 29.

9 문병기, 〈바이든도 '틱톡 제재' 만지작⋯"중국앱, 제3기관 감사 등 규정 도입"〉, 《동아일보》, 2022. 02. 03.

10 2022 Cisco Consumer Privacy survey

12장 상생하는 인공지능 VS. 인간 대체 인공지능

1 고현경, 〈직장인 10명 중 4명, AI가 내 일자리 대체 위기감 느낀다!〉, 《에듀진》, 2022. 04. 29.

2 온라인 중앙일보, 〈눈으로 찾기 힘든 초미세 불량, 이제 인공지능이 찾는다!〉, 《중앙일보》, 2021. 07. 19.

3 서민준, 〈AI 필요한 분야 1순위는 '의료'⋯만족도 낮은 AI는 '챗봇'〉, 《한경닷컴》, 2021. 09. 01.

4 〈국산 의료 AI, 위암 조기발견 정확도 98.5% 달성⋯'의사 보조자' 합격점〉, 《동아사이언스》, 2019. 11. 08.

5 Garry Kasparov, 〈Don't fear intelligent machines. Work with them〉, TED, 2017.

13장 퍼스트 로컬 VS. 세컨드 하우스

1 (주)임팩트피플스 https://aful.co.kr/bo_data_view.php?brt_idx=87&sel_search=&search_txt=&pg=

2 김용섭, 《라이프 트렌드 2023》, 부키, 2022.

3 이혜인, 〈시골집, 양도·종부세 계산서 빠진다⋯'세컨드하우스' 마련해볼까〉, 《한국경제》, 2022. 07. 31.

4 정우태, 곽재화, 〈[대구의 미래 청년기업.8] 건축 스타트업 '스테이빌리티'…비대면 시대 '공유 별장·세컨드 하우스' 선도 기업으로 주목〉, 《영남일보》, 2022. 09. 15.

5 강세훈, 〈'세컨드하우스' 열풍도 식어간다…속초 집값 3억 원 뚝〉, 《뉴시스》, 2022. 08. 24.

6 KOSIS, 행정구역(시군구)별 인구 수 https://kosis.kr/statHtml/statHtml.do?orgId=101&tblId=DT_1B040A3

7 경북매일 사설, 〈포항, 애플과 손잡고 '앱 개발자' 産室된다〉, 《경북매일》, 2022. 05. 01.

8 Apple Newsroom, 포항시에 개소한 애플 개발자 아카데미를 통해 iOS 앱 경제 일자리 창출, https://www.apple.com/kr/newsroom/2022/04/apple-developer-academy-in-pohang-city-creates-new-career-opportunities/

9 차주경, 〈일본·중국·이스라엘의 최신 스타트업 지원·육성 정책은?〉, 《동아일보》, 2022. 11. 02.

10 스타트업레시피, [DailyRecipe] 만29세 이하…생애 첫 청년 창업 지원사업 도입한다 https://startuprecipe.co.kr/archives/invest-newsletter/5686121

11 스타트업레시피, 2022 지역 대표 스타트업 30 https://startuprecipe.co.kr/archives/startups/5684177

12 김주완, 〈'교수 CEO' 서울·한양·성균관대 톱3…인문·예체능도 창업 열기〉, 《한국경제》, 2022. 08. 09.

13 이덕주, 〈강원창조경제혁신센터, '2022 온보딩 플라이트 데모데이' 성료〉, 《매일경제》, 2022. 11. 03.

14 심양우, 〈현대차그룹, 지역재생사업으로 새 단장한 '강릉 서부시장' 오픈〉, 《헤럴드뉴스》, 2022. 10. 28.

15 정상명, 〈광양시, 읍 도시재생 한옥거점공간 본격 운영〉, 《데일리한국》, 2022. 11. 30.

16 허호준, 〈주민이 마을카페 운영하고 여행·워케이션도〉, 《한겨레》, 2022. 10. 14.

14장 고효율 가치 돌봄 VS. 저출산 생산 독려

1 이정수, 〈CSRI "韓출산율 세계 최저…10년 후 경제적 압박 시작"〉, 《서울신문》, 2022. 11. 07.

2 박종훈, 《자이언트 임팩트》, 웅진지식하우스, 2022.

3 이명철, 〈작년 영광군 합계출산율 1위…'강남 맘' 나이 가장 많아〉, 《이데일리》, 2022. 08. 24.

4 김민주, 〈정규직 출산율, 비정규직에 비해 1.89배 높아〉, 《여성신문》, 2022. 11. 04.

5 곽용희, 〈남성 육아휴직 증가세…소기업 다닐수록 쓰기 어려워〉, 《한경닷컴》, 2021. 12. 21.

6 정영효, 〈日, 출산율 반등…韓, 저출산 악몽〉, 《한경닷컴》, 2022. 11. 07.

7 정영효, 〈日, 출산율 반등…韓, 저출산 악몽〉, 《한경닷컴》, 2022. 11. 07.

8 김선영, 〈일본 고학력 여성 출산율 반등 비결은…'남녀 모두 야근 없는' 직장〉, 《문화일보》, 2022. 10. 27.

9 유니세프 아동친화도시 http://childfriendlycities.kr/

10 조민정, 〈공유오피스 기업 패스트파이브, 직장어린이집 공식 개원〉, 《스포츠조선》, 2020. 05. 20.

11 박응서, 〈직원 자녀 코딩 교육까지 책임지는 게임사, 넥슨 도토리소풍 어린이집〉, 《이뉴스투데이》, 2022. 09. 05.

12 김명희, 〈에누마, '토도한글' 출시…토도 국·영·수 완성〉, 《전자신문》, 2021. 11. 30.

13 장지영, 〈이윤석 아이스크림에듀 대표 "아이들이 공부를 즐길 수 있도록 '습관' 길러줄 것"〉, 《아시아투데이》, 2022. 10. 25.

14 유엄식, 〈"차라리 매트 까는게 낫다"…'설익은' 층간소음 방지 기술〉, 《머니투데이》, 2022. 10. 27.

15 도현정, 〈애기야가자, 중기부 '팁스 대상기업' 최종 선정[Whats up Startup]〉, 《헤럴드경제》, 2022. 08. 24.

15장 선제적 예방 VS. 비대면 진료

1 박소현, 〈코로나19, 헬스케어 투자 트렌드〉, 《벤처스퀘어》, 2021. 03. 11.

2 정희석, 〈윤석열 정부, 보건의료·디지털 헬스케어 정책 밑그림은?〉, 《라포르시안》, 2022. 05. 03.

3 이현지, 〈코로나로 자가격리 중이라면? '비대면 진료' 이용하세요〉, 《MSTODAY》, 2022. 11. 28.

4 노상우, 〈[이슈크래커] 비대면 진료, 이제는 시대적 흐름 아닐까요?〉, 《이투데이》, 2022. 11. 11.

5 이인복, 〈원격진료의 또 다른 순기능…환자 노쇼 발생 79% 낮춰〉, 《메디컬타임즈》, 2022. 10. 18.

6 박민식, 〈젊은 의사들이 내놓은 '비대면 진료 가이드라인'…"대면 진료 기본·1차의료기관 중심"〉, 《메디게이트》, 2022. 11. 26.

7 이지원, 〈비대면 진료 대면 '보조수단' 맞나?…99.87%인 곳도 존재〉, 《약사공론》, 2022. 10. 06.

8 김영원, 〈[2022 국감] 비대면 진료 "약사법 위반" vs "의료 접근성 향상"〉, 《아시아경제》, 2022. 10. 07.

9 어환희, 〈여야 나란히 발의한 '비대면 진료법'…연내 통과 기대감〉, 《중앙일보》, 2022. 11.

02.

10 이정환, 〈"대구 디지털 헬스케어, 예방의료 생태계로 진화해야"〉, 《데일리팜》, 2022. 11. 24.

11 임지혜, 〈[놀이터통신] 누르면 톡톡…아이가 '팝잇'에 빠진 이유는〉, 《쿠키뉴스》, 2021. 05. 31.

12 Kotra 해외시장뉴스 https://dream.kotra.or.kr/kotranews/cms/news/actionKotra BoardDetail.do?SITE_NO=3&MENU_ID=180&CONTENTS_NO=1&bbsGbn=243&bbs Sn=243&pNttSn=191935

13 유채연, 〈손으로 톡톡 누르는 장난감 '팝잇', 수업에 썼더니 참여도 ↑〉, 《EBS NEWS》, 2021. 11. 23.

14 와디즈, 휴대용 뽁뽁이 피젯토이 Snaps! https://www.wadiz.kr/web/campaign/detail/100994

15 심지혜, 〈SKT "'두뇌톡톡' 기반 인지훈련, 치매 예방에 효과"〉, 《뉴시스》, 2022. 11. 23.

16 박준하, 〈지자체 'AI 스피커' 다양한 돌봄서비스는?〉, 《농민신문》, 2022. 11. 07.

17 박준하, 〈지자체 'AI 스피커' 다양한 돌봄서비스는?〉, 《농민신문》, 2022. 11. 07.

18 김철훈, 〈수자원공사, 댐 주변 어르신 위한 '홈 헬스케어' 선보여〉, 《에너지경제》, 2022. 11. 08.

19 이선목, 〈"수면 장애, 막대한 경제 손실 유발…슬립테크가 해결책 될 것"〉, 《이코노미조선》, 2022. 11. 25.

20 이선목, 〈"수면 장애, 막대한 경제 손실 유발…슬립테크가 해결책 될 것"〉, 《이코노미조선》, 2022. 11. 25.

21 이강, 〈팬데믹에 세계인 자는 시간 늘었는데 수면 효율은 떨어져〉, 《SBS》, 2022. 10. 11.

22 이선목, 〈"수면 장애, 막대한 경제 손실 유발…슬립테크가 해결책 될 것"〉, 《이코노미조선》, 2022. 11. 25.

23 신현욱, 〈'약' 대신 '앱' 처방…'국내 1호' 디지털 치료제 나오나〉, 《KBS》, 2022. 11. 19.

24 김철, 〈40조원 '꿀잠' 시장 잡자, '슬립테크 스타트업' 뜬다〉, 《아시아경제》, 2022. 11. 03.